法学教育研究

（第五辑）

Studies on Legal Education (Volume 5)

刘定华　段启俊　主编

郭　哲　执行主编

知识产权出版社

全国百佳图书出版单位

图书在版编目（CIP）数据

法学教育研究．第五辑／刘定华，段启俊主编．--北京：知识产权出版社，2019.9
ISBN 978-7-5130-6415-6

Ⅰ.①法… Ⅱ.①刘… ②段… Ⅲ.①法学教育—研究—中国 Ⅳ.①D92-4

中国版本图书馆 CIP 数据核字（2019）第 179672 号

责任编辑：齐梓伊　　**责任校对**：谷　洋
执行编辑：凌艳怡　　**责任印制**：孙婷婷
封面设计：乔智炜

法学教育研究（第五辑）

刘定华　段启俊　主编
郭　哲　执行主编

出版发行：知识产权出版社有限责任公司　　网　址：http://www.ipph.cn
社　址：北京市海淀区气象路 50 号院　　邮　编：100081
责编电话：010-82000860 转 8176　　责编邮箱：qiziyi2004@qq.com
发行电话：010-82000860 转 8101/8102　　发行传真：010-82000893/82005070/82000270
印　刷：北京九州迅驰传媒文化有限公司　　经　销：各大网上书店、新华书店及相关专业书店
开　本：787mm×1092mm　1/16　　印　张：19.25
版　次：2019 年 9 月第 1 版　　印　次：2019 年 9 月第 1 次印刷
字　数：295 千字　　定　价：78.00 元
ISBN 978-7-5130-6415-6

编者的话

2017年5月3日习近平总书记在中国政法大学考察时强调，全面推进依法治国是一项长期而重大的历史任务，要德法兼修，培养大批高素质法治人才；2018年8月中央全面依法治国委员会第一次会议上，习近平总书记再次强调要加强法治工作队伍建设和法治人才培养，更好发挥法学教育基础性、先导性作用，进一步明确了法治人才培养的重要地位和作用。

高校法学专业教育是贯彻党的全面依法治国方略，培养法治人才的重要平台。湖南各高校认真学习习近平总书记的法学教育思想，重视法学教育经验总结，探讨新时代法学教育理论和实践，为更好地实施国家法学教育改革计划坚定前进方向，夯实思想基础，增添践行动力。本辑《法学教育研究》是2018年湖南法学教育成果的部分展示。收录的文章有对改革开放四十年法学教育的回顾展望，也有对新时代法学教育理念、目标和实践的探讨；有对法学本科专业教学质量基本标准问题的研究，也有对法学专业特色建设的探讨；有对德法兼修培养机制的探索，也有对法学专业教师职业能力的讨论。总之，本书内容广泛，既包含对法学本科教育、研究生教育的探析，也包含对法学远程教育、法律职业继续教育等领域研讨，一定程度上反映了我国法学教育的现状和改革发展进程。

编　者

二〇一九年三月一日

目　录

改革开放四十年湖南法学教育回顾与展望

法学教育理论研究

法学课程教学改革

法学实践教学

改革开放四十年湖南法学教育回顾与展望

改革开放四十年湖南法律硕士教育的辉煌历程

夏新华*

摘　要:湖南省法律硕士专业学位教育自1998年湘潭大学首次获批学位授权点,现已拥有12家培养单位,在探索高层次、复合型、实践型法律人才的道路上,不断创新培养模式、优化布局结构、加强合作交流,实现了法律硕士专业学位教育的飞跃发展。湖南省作为法律硕士教育大省,法律硕士培养单位的规模在国内已经名列前茅。要实现湖南省从法律硕士教育大省向法律硕士教育强省迈进,推进深化法律硕士教育的改革刻不容缓。

关键词:湖南　法律硕士　回顾　展望

我国于1995年设立法律硕士专业学位,并将其定位为具有特定法律职业背景的专业性学位,主要培养立法、司法、行政执法、法律服务和法律监督以及经济管理、社会管理等方面需要的高层次法律专业人才和管理人才。经过近30年发展,我国法律硕士教育取得很大成绩,截至2018年,全国共有243家法律硕士专业学位授权单位。

湖南省法律硕士专业学位教育自1998年湘潭大学首次获批学位授权点以来,历经整整20个春秋,现已拥有12家培养单位,在探索高层次、复合型、实践型法律人才的道路上,不断创新培养模式、优化布局结构、加强合作交流,实现了法律硕士专业学位教育的飞跃发展。本文主要依据

---

* 作者简介:夏新华,男,湖南师范大学法学院教授、博生研究生导师,全国法律硕士专业学位教育指导委员会委员,湖南省法学会法治文化研究会会长,湖南师范大学法治文化研究中心主任。本报告的如期完成得益于湖南师范大学法学院2018级法律硕士研究生罗康正、戴卫斌两位同学的辛勤付出。特别鸣谢12家培养单位领导的大力支持,以及湖南省法学教育研究会郭哲秘书长的催促和理解。鉴于本报告有待完善,不建议引用。本报告难免挂一漏万,不周不妥之处敬请谅解。

各培养单位的自我评估总结报告、申报书和招生简章等材料,拟对各单位的法律硕士培养现状做基本介绍,重点聚焦湖南省法律硕士专业学位教育所取得的重要成就,剖析存在的问题,并就如何推进湖南省法律硕士教育持续健康发展提出完善建议。

一、发展历程

(一)第一阶段:湘潭大学一枝独秀,法律硕士教育扬帆起航

湘潭大学法律硕士获批于1998年,从1999年开始招生。这是湖南省设立的第一个法律专业硕士学位授权点。该校2010年被列为开展专业学位研究生教育综合改革试点单位,2013年通过验收;2018年全国首次专业学位水平评估获得B等级。

(二)第二阶段:三校法律硕士迎头赶上,四大法学院并驾齐驱

1. 湖南大学

湖南大学于2003年获批法律硕士专业学位授权点,自2004年开始招生,逐渐形成了包括全日制法律硕士(非法学)、全日制法律硕士(法学)、非全日制法律硕士(非法学)和非全日制法律硕士(法学)在内的完整培养体系。2018年全国首次专业学位水平评估获得B等级。目前,湖南大学已向社会输送1634名专业扎实、能力全面、职业操守良好的优秀法律实务人才,为地方经济和社会发展做出了重要贡献,社会影响力和办学声誉日益增大。

2. 湖南师范大学

湖南师范大学于2004年获批法律硕士授权点,于2005年开始招生,2018年全国首次专业学位水平评估获得B等级。该校系湖南省唯一的全国法律硕士专业学位教育指导委员会委员单位,夏新华教授是该委员会第三届和第四届资深委员。湖南师范大学目前已形成全日制法律硕士(非法学)和法律硕士(法学),以及非全日制法律硕士(非法学)和非全日法律硕士(法学)两大类、四小类培养类型。

3. 中南大学

中南大学的法律硕士学位点于2006年获批,2007年开始招生。2018年全国首次专业学位水平评估获得B+等级,这是本次评估中湖南省内法律硕士参评院校最好成绩。该授权点拥有众多教学与科研平台,下设

法理学、宪法与行政法、民商法等9个研究所,拥有“专利信息实验中心”和“立法实验室”等6个实验室,“知识产权研究院”和“中国文化法研究中心”两个中国智库索引(CTTI)来源智库,“经济法研究中心”“医疗卫生法研究中心”和“司法与人权研究所”等16个研究中心以及22个校外联合培养基地。

(三)第三阶段:八所院校竞相迸发,法律硕士之花开遍三湘

1. 长沙理工大学

长沙理工大学于2014年获批法律硕士专业学位授权点,2015年开始招生,2018年顺利通过法律硕士专项合格评估验收。其法学专业获批为校级教学综合改革试点专业,并拥有省级优秀实习教学基地。

2. 湖南商学院

该校法律硕士学位授权点于2014年获批,自2015年开始招生,培养法律硕士(法学)和法律硕士(非法学)两种全日制研究生。2018年顺利通过法律硕士专项合格评估验收。其法律硕士学位点依托湖南商学院经济学、管理学等学科优势,面向市场、面向企业、服务地方,与校外单位共建“人才合作培养基地”25个,办学规模不断壮大,办学质量与学术地位持续上升。

3. 南华大学

2013年,依托法学学科,南华大学入选湖南省首批高等学校与法律实务部门“双千计划”高校。南华大学法律硕士专业学位点于2014年由校内调整设立。2018年顺利通过法律硕士专项合格评估验收。其依托地方法治与法文化研究中心等省级社会科学普及基地,发展迅速。

4. 湖南科技大学

该法律硕士学位授权点于2016年由校内调整设立。该校法学与公共管理学院拥有模拟法庭、刑侦实验室和法律实训室等实践教学平台,始终以培养“宽口径、厚基础、强能力、高素质的复合型人才”为目标,狠抓学风建设,高度重视教学质量。

5. 吉首大学

吉首大学法律硕士专业学位授权点于2016年由校内法理学二级学术学位点调整设立,2017年开始招生。该校法学院确立了立足武陵山片区、面向中西部、服务基层的人才培养定位,积极探索创新应用型法律人才培养模式,形成了稳定的“高校+实务部门”协同培养机制。

6.湖南省委党校

该法律硕士专业学位授权点于2016年设立,2017年开始招生。截至2018年,该授权点招生人数总计46人。

7.湖南工业大学

湖南工业大学法学院成立于2000年3月,前身为法律系,于2007年4月更名为法学院。2010年,法学院获得法学一级学科硕士点授权资格。法律硕士专业学位授权点于2018年获批。

8.湖南理工学院

湖南理工学院政治与法学学院始建于1978年,面向全国招收本科和硕士研究生。该法律硕士专业学位授权点于2018年获批。

二、主要成就

自湖南省12家法律硕士培养单位先后获批以来,各单位遵循专业学位研究生教育培养基本规律和专业学位研究生教育发展方向,在探索法律实践人才培养的道路上取得了一系列成果,为湖南省法治建设做出了重要贡献。

(一)探索各具特色的法律硕士培养方式

在培养方案的制定方面,基于法律硕士(非法学)和法律硕士(法学)两类硕士培养目标和教育模式的不同,省内多家单位有针对性地确定不同方向的法律专业学位研究生培养方案:法律硕士(非法学)的培养目标确定为培养复合型高级法律人才,应对市场需求,实现法学与其他学科的结合,即按照学科交叉结合为标准设立培养方向,如法商结合、法工结合、法医结合等。如湘潭大学法律硕士(非法学)以知识产权方向为主,培养复合型综合性法律人才。法律硕士(法学)针对市场对法律人才的需求,以培养立法与政府法务、诉讼法务、非诉法务三类法律人才为目标,在设计专业选修课与实践课时,给予灵活处理,学生可以根据自身的特色,选择不同的组合。

(二)突出实践教学和实务技能训练

在法律实践方面,湖南省多家法律硕士单位建立了数量众多并且长期稳定的实践基地,积极获取实务部门的支持,重视学校和实践基地的联系。如湖南师范大学法律硕士学位授权点积极组织研究生参加模拟法庭、辩论赛等教学实践活动。该授权点与长沙市仲裁委员会、长沙市雨花区人民检察院等7个单位签订了法律硕士专业研究生联合培养计划,双方建立了湖南师范大学法学院"法官助理联合培养计划""检察官助理联合培养计划"和"律师助理联合培养计划"工作指导委员会,办公室设在湖南师范大学法学院法律硕士办公室,主要负责人员派遣、组织教学团队、共同设计培养方案。该校2015级法硕研究生实行联合培养集中实习试点,2016级同学全部实行了集中实习,该实习方式卓有成效。

(三)形成较完备的制度保障体系

如湖南大学建立了研究生权益保障制度:第一,建立院长书记带队,研究生工作、思想政治工作副院长(副书记)分管的主要领导团队;设置法律硕士教育中心,负责法律硕士教育管理具体工作;配备辅导员等负责学生工作的老师,负责研究生党团建设和思想政治等各项具体工作。第二,建立QQ、微信等多种直接交流和对话工具,确保政策及时发布、意见及时沟通、问题及时解决,实现了管理信息化,管理工作规范有序。第三,评优、评奖等各项政策和管理工作公开化、透明化,确保公平、公正。第四,提供学生参与管理的途径。学生代表可根据学院规定参加有关会议,学院支持研究生会履行维护学生权益的职责。第五,学院严格按照《湖南大学学生申诉管理办法》(湖大教字〔2017〕28号)相关规定,切实保障学生申诉权利。

(四)推动湖南省经济社会发展

湖南省多家法律硕士培养单位,能够积极与行业开展合作,尤其是通过"订单式培养",培养行业急需专业人才;同时也能将"引进来"和"走出去"相结合,重视专业学位研究生培养的国际化,为湖南省经济社会发展做出了重大贡献。如中南大学法律硕士学位点每年进行国际性学术交流5次以上,近5年举办了洪堡会议、全球卫生法论坛等10多次国际会议,邀请国外知名学者学术讲座至少20次,每年有2名以上学生去美国、英国、荷兰等地联合培养高校攻读硕士学位。湖南科技大学法律硕士学位点的导师与湘潭市人民代表大会合作起草了《湘潭市城市市容和环境卫生管理条例》《湘潭市城市绿化条例》等多部地方性法规草案,与湘潭市城市管理和综合执法局合作起草了《湘潭市城市市容标准》《湘潭市共享单车管理办法》等行政规范性文件草案。

三、主要问题

湖南省法律硕士教育自湘潭大学肇始至今已有20余年,在这20年所取得的成绩固然可喜,但其中仍存在的问题我们必须清晰认知并加以重视。

(一)师资队伍结构有待优化

湖南省法律硕士教育除了实务型教员缺乏以外,省内高校之间师资力量的差距也较大,师资力量主要集中在湘潭大学、湖南大学、中南大学、湖南师范大学这四家培养单位。省内八所培养单位的师资力量相比之下则略显不足。通过对专职教师总数、拥有副教授以上职称的人数以及拥有博士学位人数的对比,可以看出湖南省东西部师资力量有较大差距,教师资源在一定程度上分配不均,导致湖南省各培养单位之间法律硕士教学水平存在差距。湖南省中西部法律硕士教育相对落后,培养的法律硕士人才无法满足当地的经济社会发展。

(二)分类培养尚待完善

湖南省部分高校在授课阶段将法律硕士(法学)与法律硕士(非法学)编为大班制教学,如某单位部分课程的上课模式即为大班制教学模式。由于两者在基础知识水平的差异,对上课所追求的知识和内容也有不同。若老师所讲理论有一定深度,法律硕士(非法学)学生必定难以消化;若老师上课内容浅显,以基础理论知识为主,法律硕士(法学)学生也会“欲求不满”,无法达到上课所期望的效果。

(三)实习实训有待强化

法律硕士教育与法学硕士教育最大的区别就在于法律硕士教育重点培养的是实践型法律人才。因此,对法律硕士进行实习实训方面的强化是培养法律硕士人才的重要方面。虽然湖南省各培养单位都建立了相应的实习实训基地,为法律硕士的实习实训提供制度上的保障。但是,各培养单位在法律硕士培养方案的制定上,仍未充分重视对法律硕士在实践方面的强化。

(四)制度保障有待落实

社会上重学术硕士,轻视专业硕士的现象由来已久,在法学领域也不可避免。在法学领域内，大多数人认为法学硕士才是“根正苗红”的硕士学位，而法律硕士学位在含金量上则稍显不足。甚至在部分院校，对法律硕士在教学资源配置、生活补贴、奖助学金的发放方面存在歧视。同时，教师对于法律硕士也有一定的偏见，认为法律硕士都是无法考上法学硕士而被淘汰下来的“残次品”，不能和法学硕士相比，于是在教学上也无法将法律硕士与法学硕士一视同仁。这就导致法律硕士学生觉得自身是受到歧视的“二等公民”，心有不满，情绪不稳，从而影响了学生学习积极性与法律硕士的教学质量和声誉。

四、完善建议

结合上述湖南省法律硕士教育存在的问题，找出解决上述问题的途径和方案就成为湖南省法律硕士教育未来发展的重中之重。法律硕士教育要经历“申报—培养—评估”三大环节，目前湖南省法律硕士教育总体上还停留在“重申报”阶段，各培养单位应该转换思路，将工作重点放在法律硕士教育的“培养”环节。湖南省是法律硕士教育大省，法律硕士培养单位的规模在国内已经名列前茅。但在全国法律硕士学位水平评估中，仅仅只有中南大学法律硕士学位点获得 B + 等级，法律硕士教学质量与教学数量之间存在差距。要实现湖南省从法律硕士教育大省向法律硕士教育强省迈进，推进深化法律硕士教育的改革刻不容缓。

（一）明确指导思想

法律硕士教育最重要的是培养法律硕士职业伦理素养，通过教学让学生掌握法律职业技能。因此，湖南省各培养单位应该树立一个总体指导思想：法律硕士教育应该以法律职业为导向，以人才培养质量为抓手。

（二）改进培养、管理、招生工作，加大教育保障措施

在培养方向方面，法律硕士重实务操作，法学硕士重学术研究，要将法律硕士与法学硕士的培养方向予以区分，避免将两者在培养上进行混同。在管理方面，针对现阶段对法律硕士的偏见，各培养单位的管理人员和教师必须扭转固有观念，将法律硕士与法学硕士同等看待，坚决避免在教学态度、奖助学金、师资配置上的不平等对待。消除各种对非全日制研究生的偏见与歧视，不应厚此薄彼。在招生方面，湖南省各培养单位应通过宣传，让广大有志于在法学领域深造的考生真正理解法律硕士的重要

作用，通过在待遇上实现法律硕士与法学硕士平等，吸引更多优秀本科毕业生报考法律硕士。

（三）鼓励案例编纂，加强案例库建设，促进案例教学

湖南省各培养单位在解决案例教学中的问题时，要突出问题导向，注重选用真实案例，注重提高学生诸如法律文书写作等实践操作能力。同时，可以借鉴国内先进培养单位的做法。湖南省各培养单位应加强与实务部门合作，研发满足法律硕士教育需求的案例库，为法律硕士培养提供精准、全面、高效的一站式案例解决方案。同时应注重收集教学典型案例，组织各实践培养基地、兼职校外导师、非全日制法律硕士研究生收集、整理真实、典型、鲜活案例，在不涉及国家秘密、商业秘密和个人隐私的情况下，要求每个案例必须有案件陈述、证据材料、法律文书等材料，为授课老师和学生提供丰富的案例素材。

（四）加强实务性教学队伍建设

一流的师资队伍是培养一流人才的保障。法律硕士教育需要提升在职教师的实务能力，通过经费和制度的保障及支持，有计划、有步骤地推荐优秀教师到司法机关挂职锻炼，鼓励教师积极到律师事务所、检察院、法院等实务部门参与实践训练。聘请有实务经验的法官、检察官律师等兼职或专职教员，充实实务教师队伍。在“双导师”制度的架构和完善上，应当开通多渠道的导师推荐模式、更灵活的兼职导师工作机制，以及有教师助理参与的“三合一”模式等。

（五）构建结构合理的课程体系

各培养单位应开设一些与法律联系紧密、有助于培养复合型人才的其他课程，如政治学、管理学、会计学、金融学、谈判学、演说学、文秘、心理学等方面的课程。通过其他领域知识的了解与学习，提升学生的综合素质。同时还应重视法律职业伦理教育，不仅提高学生的法律职业能力，其职业伦理道德同样不可忽视。通过职业伦理教育，培养学生对法律和职业的荣誉感和自豪感，同时保证学生在今后从事法律职业能够恪守职业道德，维护公平正义。还应提高实践型课程比重，应注重法律谈判、法律文书、模拟法庭、证据法学等实践课程的开设及实践效果。

（六）强化实践教学

通过开展法律诊所教学，加强教学方式的实务化，即以实物教学为目

的、学生为主导、法律援助为途径，模仿医学院利用诊所培养实习医生的方式，让学生在一个个具体鲜活的案例中不断提高自己的实务能力和水平，真正实现法律硕士教育的最终目标。

（七）建立校内实践教学平台，校外实践教学基地

校外实践基地主要以法院、检察院和律师事务所为主，并进一步扩宽到政府机关、社会团体、企事业单位，实现实践教学基地的多元化，满足复合型法律人才培养的需要。

（八）规范学位论文写作，优化质量评价

我省各培养单位应制定较为完善的毕业论文写作的规章制度，规范学生的论文写作，一般而言，毕业论文应该经过选题、开题、指导、预答辩、评阅、答辩、学术委员会审核等几个步骤，培养单位可通过匿名评审，采用"反学术不端行为控制系统"等措施来为毕业论文的质量把关。

（九）各培养单位互帮互助，实现全省法律硕士教育合作共赢

湖南省现有的12家法律硕士培养单位的实际情况总体上呈现"东强西弱"的局面，主要的教学资源和师资力量集中在长沙、湘潭等地，资源分布不均匀是湖南省法律硕士教育当前的现状。基于全面依法治国这一大背景，社会对法律硕士的需求也与日俱增，但从湖南省目前情况来看，法律硕士人才大多集中于长株潭城市群，其他地区尤其是湘西地区法律硕士人才极度匮乏，当地法律硕士教育资源不足以满足社会需求。因此，湖南省各法律硕士培养单位应当加强彼此的联系，实行互帮互助。湘潭大学、中南大学、湖南大学和湖南师范大学等几所在法律硕士教育上有一定优势和经验的培养单位可以通过教师定期培训，开办法律硕士教育培训讲座，优秀教师在其他稍显薄弱的培养单位任兼职教授的方式帮助其他培养单位发展法律硕士教育。同时，全省12家法律硕士培养单位也可以加强信息资源的互联互通，实现省法律硕士教育信息的共享。

发展法律硕士教育是全面推进依法治国、建设社会主义现代化法治国家的必然要求。法律硕士教育的发展以及最近几年来的改革实践，已对我国法学教育和法治建设产生了积极而深刻的影响。纵观世界各国，法学教育的改革与发展已成为衡量社会文明程度和法治建设进程的重要标志，我们有理由相信，健康发展的法律硕士专业学位教育，必将在实现中华民族伟大复兴的进程中发挥重要的推动作用，做出历史性的贡献。

改革开放四十年湖南法官职业继续教育的发展与经验

周国军*

摘　要：改革开放四十年，湖南法官职业继续教育经历了从学历教育为主向岗位培训为主，从应急性、临时性的法官培训为主向系统化、规范化的法官培训为主，从普及型培训为主向职业化、精英化培训为主的转变。同时，也面临着法官来源大众化与法官职业化精英化、法官工作任务重与继续教育不足、法官培训封闭性与个体需求多样化之间等冲突。随着司法改革的深入，法官准入门槛的提高，法官继续教育存在的问题将会得到渐次解决，法官职业继续教育前景会更加宽广。

关键词：法官继续教育　成就　冲突　发展

湖南省法院系统的法官培训工作主要由湖南省高级人民法院承担，最高人民法院和湖南中基层法院承担少部分培训任务。湖南省高级人民法院从20世纪70年代启动法官培训工作，从最初委托其他学校办班，到成立业务培训和学历教育的业余法律大学，再到今天推进法院队伍三化建设的国家法官学院湖南分院建设，前后已走过四十余年的历程。

一、改革开放四十年湖南法官职业继续教育的回顾

1978年以前，湖南省高级人民法院委托省公安干校办班进行法官培训；1979—1982年，湖南省高级人民法院设置培训科，承担法官培训工作；1985年1月，最高人民法院下发《关于创办全国法院干部业余法律大学的通知》，明确最高人民法院设业余大学总校，各高级人民法院设分校，中级人民法院办分部，基层人民法院设教学班的规定；1985年3月，湖南省高级人民法院向湖南省委政法委员会、省机构编制委员会、省委组织部提交《关于创办湖南省法院干部业余法律大学分校的报告》；1985年5月，湖南省高级人民法院创办全国法院干部业余法律大学湖南分校，承担法官

---

* 周国军，男，国家法官学院湖南分院教务部主任、讲师。

业务培训和学历教育职能;1991 年 5 月,省编办批复在湖南省高级人民法院设立湖南省法官培训中心,与全国法院干部业余法律大学湖南分校合署办公,一套人员,两块牌子。2002 年全国法院干部业余法律大学湖南分校被撤并,由湖南省法官培训中心承担法官业务培训工作;2013 年 12 月,最高人民法院批复同意设立国家法官学院湖南分院,2014 年 4 月,国家法官学院湖南分院正式挂牌成立,专职承担法官培训职能。

(一)学历教育

到 1984 年年底,全国法院共 15 万余名干警,大专以上文化程度的只占总人数的 7% ,其中属于大学法律专业毕业的,不到总人数的 3% ;全国有一半以上的法院干警,没有受过最起码的专业训练。在此背景下,1985 年,国家创办全国法院干部业余法律大学,在最高人民法院设业余大学总校,各高级人民法院办分校,中级人民法院办分部,基层人民法院设教学班。通过业余法律大学的培养,计划到 1990 年,使法院队伍大专以上学历占到 40% 以上。

1985 年 5 月,全国法院干部业余法律大学湖南分校成立。1985 年 7 月,湖南法院系统有近 3000 人参加入学统一考试,招录业大学员 2068 名(正式生 1458 名、旁听生 221 名、免试生 389 名)。1988 年 11 月 1 日,全国法院业余法律大学湖南分校举行首届学员毕业典礼,经全国统考招收的首届学员,系统地学完 18 门大专基础课和法律专业课,有 1313 人按期获学历毕业证书,成为第一批法院系统自己培养的法律大专生。业大首届学员毕业,使全省法院法律大专生从 1985 年占干警总数的 3.5% 上升到 20% ,增长 4.7 倍,改变了全省法院干警的文化、专业知识结构。其余入该校的学员修完课程并获合格以上成绩,结业后领取《法律(审判)专业证书》。1995 年 12 月 16 日,全国法院干部业余法律大学湖南分校庆祝建校 10 周年时,已毕业、结业学员共有 4611 人,使全省法院具有大专以上文化水平的干警达 7317 人,占干警人数的 64% 。

业大在抓好大专学历教育的同时,与相关高校联合办学,进行“专升本”教育。其与湘潭大学、湖南师范大学 3 次联合举办法律本科函授班,规模达 150 人;与北京大学、湖南大学合作,在全省法院系统开办了 2 个“专升本”远程教育教学班,使在读的一百二十多名学员拿到本科毕业证书。推荐攻读研究生的比例也逐年加大,1998 年被录取攻读在职硕士的有25名,1999年28名,2000年35名。至2002年,全省已有64名法官获得硕士、博士学位,在读研究生达193人,业大还选派了优秀法官赴国外进修深造。通过大专学历教育、本科学历教育、专业证书教育、大学后继续教育等多种方式、多种渠道的教育培训,从整体上改变了历史上形成的法院干部队伍文化、业务素质偏低的状况。2002年,业大停办,法院培训不再承担学历教育职能。

(二)岗位培训

湖南省高级人民法院把岗位培训列入成人在职教育的一项经常性任务,通过各种方式,采取多种途径,培训在职审判人员。从20世纪70年代开始,即开展这项工作。

1988年9月,湖南省第十三次全省法院工作会议提出,建立培训制度,加强对审判人员的教育培训,进行知识更新,是提高审判人员素质的有效办法。随后,全省法院经常对审判人员进行培训,按照计划和分工,培训各级法官,提高审判人员的执法水平。新招收、调入的干部一律参加岗前培训,学习拟任职务所必备的基本业务知识和技能;机关在职人员落实年度学习业务"百课时"制度;最高人民法院设立中国高级法官培训中心,湖南法院积极输送培训人员。干部培训期间的学习成绩和鉴定,作为晋升职务和级别的依据之一。

1990年1月,湖南省第十四次全省法院工作会议就法官分级培训提出要求,由湖南省高级人民法院培训全省法院院长、刑一庭庭长,中级人民法院培训辖区法院庭长特别是法庭庭长,基层人民法院培训审判人员。根据不同的培训对象确定培训内容,既学政治理论又学审判业务。形成法官每隔几年轮训一次的制度,没有轮训的不能晋升,新进人员未培训的不能上岗。此后,岗位培训已由"急用先学"向岗前培训、专业培训、新法培训和续职资格培训等系统化、规范化发展。

据资料记载,1995—2002年,湖南省高级人民法院围绕审判工作的重点、热点和难点问题开展培训,共举办业务短训27期,培训法官六千余人次,收到了较好的效果。

2000年10月20日,最高人民法院颁布《法官培训条例》(2001年1月1日起生效),该条例明确:法官培训实行两级管理体制。最高人民法院统一领导全国法院的法官培训工作,高级人民法院领导本辖区人民法院的法官培训工作。根据需要和条件，经高级人民法院批准，可设立地（市）级法官培训机构。省级法官学院或其他法官培训机构承担：拟任基层人民法院院长、副院长的任职资格培训；地方各级人民法院拟任法官的任职资格培训；地方各级人民法院一级以下法官的续职资格培训；最高人民法院指定的其他培训；最高人民法院委托的培训。

《法官培训条例》的施行，标志着新时期的法律继续教育的战略重点已经发生了变化，从学历教育为主向岗位培训为主，从应急性、临时性的法官培训为主向系统化、规范化的法官培训为主，从普及型培训为主向职业化、精英化培训为主转变。

国家法官学院湖南分院自2014年4月成立以来，共举办岗位业务培训104期，培训法官二万余人次；年均举办培训二十余期，年均培训法官四千余人次。

二、法官职业继续教育的困境

（一）法官来源大众化与法官职业化精英化的冲突

在20世纪80年代百废待兴之时，各种层次和背景的人被充实到各级法院，承担起维护社会公平正义的重任。如初中毕业生、高中毕业生、转业军人等，在特殊的历史时期汇聚在法院，逐渐成长为日后各级法院的主要审判力量。法律业大及其他一些培训机构为进入法院但对法律知识所知甚少的法院干部，进行了拉网式的补课，使他们具备了基本的法律知识和审判技能。这一时期的法官培训主要是对干警进行法律知识的补课。

2002年开始，国家实行统一司法考试，意在提高法官门槛，促进法官队伍的职业化建设。由于司法考试对报考资格没有设定专业背景，任何专业的本科毕业生都可以参加司法考试，使得法官来源呈现多面性，与高度职业化和精英化的预期存在差距。在此基础上的法官继续教育，在采取新的模式适应培养高度职业化法官的需求的同时，在内容上依然有补课的成分，对法律和法学的基本原理与理念、法律法规的正确解读与适用、审判的基本技能等内容进行培训。

2018年开始，国家实行新的统一法律职业资格考试，对报考资格进行了限制，要求具备全日制普通高等学校法学类本科学历并获得学士及以上学位，或全日制普通高等学校非法学类本科及以上学历并获得相应学位且从事法律工作满3年。报考资格的限定,为法官职业化精英化提供了学历基础。可以预见的是,今后的法官职业继续教育将向职业化、精英化大步迈进。

(二)法官工作任务重与继续教育不足的冲突

2014年6月6日,中央全面深化改革领导小组第三次会议审议通过《关于司法体制改革试点若干问题的框架意见》,标志着我国司法体制改革正式启动。司法改革的成果之一,就是建立法官、检察官员额制。湖南法院首批遴选员额法官5480名;第二批遴选员额法官426名;因转岗、退休、离职等原因有二百余名法官退出员额,目前员额法官约五千七百余名。

根据2018年1月26日康为民院长在湖南省第十三届人民代表大会第一次会议上所做的《湖南省高级人民法院工作报告》提到的数据显示,2017年全省法院结案70.1万件,其中全省办案超过100件的法官达到2161人。不同地区,案件数量不同,相当一部分法院的法官年均办理的案件在200件以上。由于工作任务重,有的法官难以有时间参加培训,工学矛盾突出。

(三)法官培训封闭性与个体需求多样化之间的冲突

根据管理体制,湖南省法院的教育培训在业务上由国家法官学院指导,人财物由湖南省高级人民法院领导和管理。每年法官培训工作的开展,由湖南省高级人民法院政治部制定计划,法官学院组织实施,按计划落实培训任务。另外,在培训的组织上,以行政指令下达培训通知,统一培训,以共性为主,个性关照不足。因不同地方的具体情况不同,难以照顾到多样的个体。

三、法官职业继续教育的展望

尽管法官职业继续教育不尽如人意之处非常多,但这些问题只是法官继续教育中的旁枝问题,它们来源于前面所提到的困境与冲突。随着司法改革的深入,准入门槛的提高,这些问题将会逐步得到解决。

在今后的法官培训中,应通过加强法官职前培训,从源头上推动法官职业化进程;在岗位培训上,以提高法官的实践理性、司法技能和效力为目标,向精英化迈进;在培训组织上,通过市场实现教育资源的合理配置,加强调研增强培训的针对性;推行培训项目菜单化,并实行选课制。相信今后法官职业继续教育的路一定会更加美好和宽广。

改革开放四十年湖南党校领导干部法学培训的经验与展望

彭　澎*

摘　要:党校是培养领导干部的主阵地,领导干部法学教育培训是各级党校工作的重要内容,是强化和创新党校工作的重点领域。推动领导干部法学教育培训在全面推进依法治国的时代显得尤为重要。湖南党校领导干部法学教育培训借助改革开放的春风,与改革同行,与开放同步,取得显著的成绩,面临发展的契机。

关键词:改革开放　党校领导干部培训　法学教育

改革开放四十年,国家持续不断地推进法治建设的现实需要以及各级领导干部在国家政治进步和社会发展中所处的地位决定了从事党的领导干部培训教育工作的各级党校需要落实中央战略部署、紧贴实际的开展新时代领导干部法学教育培训工作,正是在这样一种宏观背景和发展环境之下,湖南党校的领导干部法学教育培训事业不断发展,茁壮成长,为湖南省的法治建设培养了一大批合格的领导者和实践者。

一、回顾过去:改革开放四十年湖南党校领导干部法学教育培训取得显著成绩

(一)认识不断深化

这四十年来,逐步强化了一种观念,即加强领导干部法学教育培训是推进国家治理体系和治理能力现代化的基础工程;是适应市场经济发展和社会现代化发展的现实需要,是全面推进依法治国的核心工程;是科学谋划与有效解决发展问题,在现代化进程中建设有中国特色社会主义民主政治制度的重点工程;更是加强党风廉政建设和净化党内政治环境的重要举措,是党要从严治党管党的关键工程。

---

* 作者简介:彭澎,男,法学博士,法学博士后,中共湖南省委党校法学部副主任,教授。

(二)作用不断加强

湖南省委党校领导干部法学教育培训有力地推进了法治湖南建设的需要,有效地满足了专业化的法治建设需要,顺应了党政干部的发展需要。

(三)体系不断完整

湖南省委党校自1984年成立法学教研部,至今已有将近35年的法学学科积淀。1999年,开始招收法学专业全日制学历研究生,至今为止共培养了一百七十余名全日制的学历研究生。2003年招收法学专业在职学历研究生,共培养了二千五百多名法学在职学历研究生。2016年湖南省委党校获得国家法律硕士专业学位授予权,制定了较为完整的法律硕士教育培养方案,2017年招收了24名法律硕士研究生,2018年招收了22名法律硕士研究生。

(四)特征不断明显

长期开展干部培训和在职研究生教育,湖南省委党校具有经验丰富、特色彰显的办学优势。目前,中共湖南省委党校的教学科研实力在全国省级党校、行政学院中处于第一方阵,办学经验多次在全国党校和行政学院系统会议上进行交流,得到中央党校、国家行政学院的充分肯定和全国同仁的高度评价。湖南省委党校领导干部法学教育培训的特征就是“法政结合,党校特色”。

(五)课程不断丰富

湖南省、市、县各级党校深入贯彻党的路线方针政策,准确把握法治建设的重大意义,明确了各级党校干部法学教育培训的重点内容。全省各级党校主要设置了以下干部法学教育课程:①形势与政策课;②实用性的法治研讨课;③针对性的法条导读课;④知识性的基础理论课。

(六)课时不断充足

从课时比例来看,省委党校各类主体班干部法学教育课时量一般占该班总课时的10%—17%;地市级党校各类主体班干部法学教育课时量一般占该班总课时的10%—17%,在各个主体班中所占的比例最低为8%,一个地市级党校在各个主体班中占比达到23%,最高的在各个主体班中所占比例达到33.33%。

(七)方法不断更新

对于领导干部的法学教育培训,湖南省各级党校主要采取案例式教学等教学方法来开展教学活动,力求使得每堂课都能体现出一定的理论性和实践性,具体教学方式方法主要包括:①案例式教学;②专题讲授式教学;③研讨式教学(含结构化研讨);④“研讨式+案例式”教学;⑤项目教学;⑥实践教学;⑦情景模拟式教学。

(八)师资不断增强

从省委党校来看,目前省委党校有专职教师15人,兼职教师25人。专职教师队伍中,有教授8人,其中二级教授2人,副教授6人,博士5人;国务院特殊津贴享受者1人,湖南省优秀社科专家1名,湖南省十大杰出中青年法学家1人,湖南省121人才第一层次人才1人,新世纪百千万人才工程国家级人选1人。省委党校法学教育培训师资具有自身的特色,表现在:第一,从教师的实践能力来看,湖南省委党校教师具有最鲜明的实践能力。在职教研人员中有3位教师曾在政法系统工作过;有9位教师曾经在县、乡(镇)人民政府挂职锻炼过,非常熟悉基层工作现状;还有6位教师从事法律实务工作,熟练掌握法律的运作过程。第二,湖南省委党校教师中有多位是湖南省委、省政府和相关部门的决策咨询专家,多项决策咨询报告得到湖南省委、省政府主要领导批示。

(九)科研成果丰硕

一是科研成果对策性强。以解决现实问题为目的的科学研究和政策咨询是湖南省委党校科研的基本特色,许多决策咨询建议被湖南省委、省政府采纳。二是科研成果社会影响大。有45篇论文的观点被《新华文摘》《中国社会科学文摘》《高等学校文科学术文摘》《中国人民大学复印资料》等刊物全文转载或者论点摘编。三是成果数量多。近几年来湖南省委党校共获批国家社科基金项目3项,省部级课题35项,发表论文三百五十余篇,出版著作与教材十多部。四是科研成果发表刊物的层次高。近五年来在国家级报刊上发表了有学术价值的文章二十余篇,在《中国法学》等学术刊物上发表了有影响的论文六十余篇。

二、展望未来:新时代、新发展对湖南党校领导干部法学教育培训提出新要求

党的十九大明确“全面推进依法治国”的战略方针为党校领导干部法

学教育培训带来新的契机、新的机遇。不断加强和创新党校领导干部法学教育培训工作是新时代领导干部法学教育培训发展的根本途径,是推进新时代领导干部法学教育培训发展的重要出路。

(一)强化理念认同,拓宽党校领导干部法学教育培训的功能范畴

1. 增强党校领导干部法学教育培训的组织保障功能

以严格的教育培训来保证领导干部在法治建设中能够积极发挥作用。发挥党员领导干部在法治建设中的先锋模范作用,结合新时代党校工作的特点和要求,构建新时代党校充满活力的领导干部法学教育培训的新机制和新模式。加强领导干部法学教育工作是以法治为主体构筑起新的教育培训体制,法学教育是当前领导干部教育的基本内容,加强领导干部法学教育工作要充分引导并激活领导干部群体对法治的自觉、自省和自信。全面推进依法治国进程中加强领导干部法学教育,尊重和发挥党校现有的体制优势,充分挖掘既有的教育经验和培训资源,充分激发优势资源中的法治基因,构筑彰显现代法治特色和符合现代干部教育培训要求的党校教育体制,建构党校规范化、制度化和现代化的法学教育培训格局。

2. 增强党校领导干部法学教育培训的价值导向功能

在经济社会转型期,加强和创新党校工作,增强领导干部法学教育培训的价值导向功能,就是要加强党校的法学教育培训,增强党员领导干部的法治素养和法治能力来应对经济社会转型期出现的新问题,彰显党的领导思想和领导理念在应对经济社会转型新变化中的核心基础地位,从而从根本上提高依法治国和依法执政的能力和水平,保障经济社会转型期依法治国各项事业的健康、有序、科学发展。加强领导干部法学教育培训就是要加强党员领导干部对全面推进依法治国的认识,让领导干部从政治维度来理解依法治国,从法治视角来思考依法治国。通过法学教育培训,让领导干部对法治蕴含着的价值和制度形成统一的共识,从而将法治的精神和理念内化于心、外化于行,在自己的日常工作中得以展现。

3. 增强党校领导干部法学教育培训的行为规范功能

加强和创新党校工作,增强对领导干部法学教育培训的行为规范功能,使广大党员领导干部自觉地制定和推行保护和发展广大人民根本利益的制度与政策,阐释党对依法治国的政治主张,扩大和规范政治参与,提高民众

的政治意识和治理水平,既能够实现党执政领导的政治目标,又能保障社会的法治秩序。在新时代,党校拥有强大的政治规范化的组织资源,党拥有中央、省、市、县四级党校组织,这些正式的组织机构拥有丰富的教育经验和培训资源,能够充分使领导干部法学教育培训的行为的规范功能演进为体制机制优势,可以促使社会的法律规范和政策规范渗入社会共同体之中,满足社会的法治需求,培育健康有序的领导中坚力量,从秩序上为社会政治空间的规范塑造坚实的基础,实现党对社会法治的科学领导。

(二)深化方向认知,拓宽党校领导干部法学教育培训的目标视域

1. 党校领导干部法学教育培训要面向实践

实践教学应当是法学教育的一个特色,对于检验学员所学的专业知识和理论体系、训练法学专业思维、强化法律职业伦理修养、提高法律职业技能等,具有极其重要的作用。特别是对于党校领导干部法学教育培训来说,学员大多来自各类党政机关和行政部门,来自工作一线。因而,党校领导干部法学教育培训应当以实践为本位,要求党校法学教育培训树立正确的教育理念,变革传统的教学模式,从法学教育的实践性、职业性特点出发,构建以实践为核心的、面向实践和重视实践的教学模式。

2. 党校领导干部法学教育培训要面向基层

面向基层应当是党校领导干部法学教育培训的选择倾向。基层就是国情、基层就是感情、基层意味着本领。基层是生产劳动最直接的领域,是社会实践最丰富的地方,最能反映中国的国情,也是我国法治最薄弱的环节,是中国法治建设不能忽视的重要一环。党校作为培养我国各级领导人才的红色学府和干部摇篮,它的学员有很大一部分来自基层,因此,党校法学教育培训一定要深入基层,使广大领导干部充分地了解国情、民情,与广大群众建立深厚的感情,引导领导干部将自身个人价值与国家的基层民主法治建设紧密结合起来。有感情,知国情,才能激励领导干部在党校法学教育培训中努力掌握改变基层法治落后面貌的知识和本领,才能使各级领导干部在改变基层法治落后面貌的社会实践中做出贡献。

(三)固化时代使命,突出党校领导干部法学教育培训的时代价值

1. 新时代是全面推进依法治国的时代

在法治社会,党校的领导干部法学教育培训应当成为尊重和遵守旨在维护秩序、保障公正、实现自由的法律规则的模范,成为抵制和监督一

切违法行为、捍卫法律尊严的英雄。因此,党校领导干部法学教育培训应该担当起培养这种法律领导干部人才的历史责任。

2. 新时代是走向权利的时代

面对权利时代,党校领导干部法学教育培训应当注重帮助各级领导干部树立民主的、理性的、科学的权力观,明确自身权力行使的界限性,在法定范围内行使自己的权力,自觉地遵守宪法和法律,权为民所用、情为民所系、利为民所谋,勇敢地捍卫人民群众的权利,要对一切合法的权利(包括个人的、集体的、国家的、人类的权利)给予同等的尊重和维护。

3. 新时代是建设和谐社会的时代

协调发展与和谐社会建构必将深刻地影响法律的价值体系、制度构成、调整机制,从而对党校领导干部法学教育培训提出更高的要求。面对中国社会的转型和转型后的中国社会建设和发展目标以及法律的变革,党校领导干部法学教育培训的自身定位也将相应调整,以适应建设和谐社会对高素质法律人才的需求。

4. 新时代是经济全球化趋势越发明显的时代

法律全球化的趋势越发明显,法律全球化的发展是经济全球化的发展必要条件和内在保障。对于各级领导干部来说,一定要有国际化的发展眼光和世界性的战略思维。作为培养各级党政领导干部摇篮的党校,要注重未来世界法律人才的国际化,要拓宽干部的视野,这对未来的党校领导干部法学教育培训提出了更高要求。

(四)细化建设举措,探寻党校领导干部法学教育培训的发展路径

一是合理设置法学课程。根据党校特点和不同班次的不同需求开设相应的法学课程。将提高领导干部法治意识作为党校法学教育与实践的战略重点。重点开设法治理论教育、宪法意识教育、政府法治教育、司法理念教育、社会法治教育、廉政法治教育等课程,省委党校应继续开设法治湖南教育等课程。二是适当增加法学课时。根据省委党校及市级党校的特点,所开设的干部法治教育课程应不低于同一班级总课时的20%,这样方能适应全面推进依法治国方略新形势发展的需要。三是创新教学方式方法。要注重教学方式方法的灵活运用,该使用讲授式就使用讲授式,该使用案例式就使用案例式,该使用其他教学方式就使用其他教学方式,不可强求一律,不可因形式影响内容,从而达到形式为内容服务的目的。

四是强化师资力量配备。通过引进新人等方式强化法学教师队伍建设。同时,引导和培养法学教师能形成自己的研究方向和研究领域。要加大对法学师资力量的培训力度,还应该为增加其法治经验提供相应的实践活动,鼓励有司法从业资格的老师从事兼职法律服务工作,争取让更多的法学教师到公检法等实际工作部门进行挂职锻炼。五是加强法学教材建设。省委党校应组织在法学研究领域取得一定成绩的专家学者及一线法律工作者共同编写出既有理论高度,又有实践指导价值的教材,准确定位党校法学教育培训目标,丰富教学内容,切实提高党校法学教育质量。六是实现党校资源共享。各兄弟党校之间应加强联系,构建省级交流平台,定期交流干部法治教育信息,研究干部法治教育问题,逐步实行党校系统内部法学教学科研资源共享。七是加强交流合作。加强与高等院校法学院系的交流,在人才培养、教学设计、课题研究、学会工作等多方面进行合作和交流,取其所长,补己之短,充分利用好湖南法学教育大省的学术资源和智慧宝库。加强与党政机关、司法机关的交流,增强法学教育培训的针对性,创新法学教育培训的新模式。

三、结　语

加强党校领导干部法学教育培训是将来很长一段时期各级领导干部教育培训的核心和重点。加强党校领导干部法学教育培训,全面推进依法治国的发展,必须立足于党校教育培训的现有体制和既有制度,将领导干部法学教育培训与政治民主、法治建设统一和协调起来,通过完善领导干部法学教育培训结构,健全领导干部法学教育培训模式,以实现党校领导干部法学教育培训与全面推进依法治国、国家现代化建设同步。加强党校领导干部法学教育培训代表着一种使命,成为一种必然,可以拓展政治民主发展的空间,指引着法治文明和政治现代化的发展方向,是中国法治建设中特别重要的一环。

改革开放四十年湖南广播电视大学法学教育的光辉岁月

刘建宏*

摘　要：湖南广播电视大学法学教育经历了成人专科和普通专科教育（1985—1998年）与开放教育（1999年至今）两个阶段。2006年接受教育部评估获得优秀。2015年，刘建宏主持的法学专业（农村法律事务方向）经教育部批准备案，以国家开放大学共享专业名义在湖南广播电视大学试点招生，被纳入湖南"农民大学生培养计划"。该专业主持人刘建宏参加"基于网络学习空间精准培养农民大学生的创新实践"项目，获得2017年湖南省职业教育省级教学成果奖特等奖和2018年职业教育国家级教学成果一等奖。湖南广播电视大学法学教育的基本定位是面向基层培养应用型的法律服务人才。今后，将对现有的法学本科、法学专科教育进行重大改革，提升教学质量，并且申请开办法律硕士教育，努力打造良好的品牌，争取获得社会的广泛认可。

关键词：远程教育　农民大学生　应用型法律人才

一、发展历程

由邓小平同志批示和大力推动，经过一年多的筹办，1979年2月6日，中央广播电视大学和包括湖南广播电视大学（以下简称湖南电大）在内的28所省级广播电视大学同时宣告成立，并举行隆重的开学典礼。湖南电大自成立以来，一直按照全国广播电视大学系统的统一步调办学，其中，法学教育经历了以下几个发展阶段。

（一）成人专科和普通专科教育（1985—1998年）

湖南电大自1985年开始招收法律专业（含经济法专业、律师专业、检察专业）成人专科和普通专科学生，在参加成人高考和普通高考达到录取分数线的考生中按计划择优录取，同时招收了少量免试入学的自学视听生，学习形式为脱产和半脱产，学习方式包括听广播、看电视和听面授辅

---

* 作者简介：刘建宏，男，博士，湖南广播电视大学文法教学部主任、教授。主要研究方向：民商法、农村政策法规。

导课。1992年起，实施免试入学、宽进严出的注册视听生制度，学习形式由脱产、半脱产学习为主向业余学习为主转变。成人专科累计招生34871名，普通专科累计招生4762名。

（二）开放教育（1999年至今）

1999年，中央广播电视大学与中国政法大学合作开办法学专业专科起点本科和专科，作为试点专业，参加教育部组织实施的"中央广播电视大学人才培养模式改革和开放教育试点"项目，实行免试入学，择优注册，招生对象为普通高中、职业高中及相当学历的在职人员及社会青年，学分8年有效。这种新型的教育形式称为开放教育。湖南电大法学专业参加开放教育第一批试点，招收专科起点的本科和专科学生，2006年接受教育部评估，获得优秀等级。开放教育试点结束后，中央广播电视大学于2012年更名为国家开放大学，获得独立颁发法学专业本科毕业证书和授予法学学士学位的权利。

2015年，湖南电大刘建宏教授主持的法学专业（农村法律事务方向）经教育部批准备案，以国家开放大学共享专业名义在湖南电大试点招生。根据湖南省委组织部、湖南省教育厅、湖南省财政厅、湖南省人力资源和社会保障厅联合发出的《关于实施"农民大学生培养计"的通知》（湘组发〔2014〕12号），将法学专业（农村法律事务方向）纳入湖南"农民大学生培养计划"。

湖南电大自1999年至2017年，开放教育法学专业本科累计招生31898名，开放教育法学专业专科累计招生34612名，法学专业（农村法律事务方向）本科累计招生1063名，法学专业（农村法律事务方向）专科累计招生3282名。

二、教学实施

湖南电大法学教育作为电大的一部分，最初是通过广播、电视等媒体加集中面授辅导的方式开展教学。实行开放教育以后，学生学习更加方便灵活，可以依托学习网站，根据自己的需要选择文字教材、广播（录音）、电视（录像）、CAI课件、在线课程学习等多种媒体进行自学，教师给予必要的集中面授辅导和全过程学习支持服务。

（一）教学平台

2013年，国家开放大学建设了先进的国家开放大学学习网，并且单独为湖南“农民大学生培养计划”建设了农民大学生学习网。目前,湖南电大的法学专业就在这两个网站开展教学。

(二)统设课程的教学

统设课程的教学资源建设、考核评价方案的制定与题库建设等,由国家开放大学负责。统设课程教材主编和视频课主讲人都是名师,统设课程的考试、考核实行全国统一。为了提高教学水平,有效地开展统设课网上教学支持服务,湖南电大系统的三十多名法学专业教师都接受了国家开放大学组织的答辩主持人培训,多名骨干教师参加了国家开放大学的学术组织与教学组织,融入国家开放大学的法学专业教学体系。

(三)非统设课程的教学

非统设课教学资源建设或引进,网上教学支持服务,考核评价方案的制定与题库建设由湖南电大教师负责。湖南电大在全省组建了法学(农村法律事务方向)专业教学团队和18门法学核心课程的教学团队,在国家开放大学和湖南省普通高校专家的支持下,进行多种媒体一体化教学设计,开展教学资源建设,耐心细致地开展答疑、组织网上讨论,引导和督促学生完成学习过程,线上教学和线下教学相结合,凡是能够在线上完成的教学,一律不放到线下,充分发挥网络教育方便学生学习的优势。

(四)毕业论文与毕业作业教学

法学专业本科毕业论文、学士学位论文和专科毕业作业的教学由湖南电大发布实施方案,市、县电大指导写作、初审、组织答辩,湖南电大负责本科毕业论文、学士学位论文复审和专科毕业作业的抽查。为了落实国家开放大学关于学位论文和毕业论文的管理办法,湖南电大对法学专业毕业论文、毕业作业作出明确具体的规定,要求毕业论文必须结合当地实例进行分析,毕业作业必须写成案例分析,必须附案例或实例来源备查。

三、主要成绩

(一)专业建设

教育部“一村一名大学生计划”专业、国家开放大学共享专业——法学专业(农村法律事务方向,含本科和专科),是湖南省“农民大学生培养计划”的重点专业之一。湖南电大在国家开放大学和湖南省法学教育研究会指导下，在湘潭大学、湖南师范大学、湖南大学、中南大学、中南林业科技大学教授的帮助下，依托法学远程教育专业委员会，组织法学专业（农村法律事务方向）的论证与申报，获得教育部审批备案，于2015年开始招生。同时开展专业建设，编写出版《农村常见法律纠纷调解》《农村土地法律实务》《农村自然资源保护法》《农村产业法律制度》《村民自治法律制度》和《农村经济组织法律制度》等课程教材，并建设相应的视频资源、文本辅导资源、试题库，上传湖南农民大学生学习网。2018年5月，本专业的建设与教学每年接受湖南省委组织部、湖南省教育厅、湖南省财政厅和湖南省人社厅联合组织的“农民大学生培养计划”专项督查，获得高度评价。

（二）课程建设

湖南电大法学教师先后主持建设了国家开放大学立项的共建共享课程——学前教育政策法规、公务员制度讲座、农村常见法律纠纷处理技巧、税务行政执法专题，其中，学前教育政策法规、公务员制度讲座获得国家开放大学精品课程荣誉；编写教育部“一村一名大学计划”教材——《农村常见法律纠纷处理实务》《教育合同实务》《学前教育政策法规概论》《教育合同》《新时期法律明白人培训教材》《行政法和行政诉讼法》《法律模拟实践》《税务行政执法》《公务员法教程》。

（三）网上教学

根据全省电大各市州分校推荐，省校组建了24名老师参加的法学专业网上教学团队，依托国家开放大学学习网和湖南农民大学生学习网，组织开展法学专业和法学专业（农村法律事务方向）网上教学，省、市、县电大分级负责，为学生提供学习支持服务，及时做好安排布置、发布讨论主题、引导和指导学生上网学习。截至2018年10月，以法学专业（农村法律事务方向）为重点专业之一的湖南省“农民大学生培养计划”项目的学生上网学习率，一直稳居全国各省级电大与开放大学之首，法学专业在前10名内。

（四）队伍建设

湖南电大系统现有法学专业教师32名，其中副高以上20名，正教授3名，市电大负责人5名，省电大负责人1名。自湖南省法学教育研究会法学远程教育专业委员会2013年11月成立以来，湖南电大依托该会开展教学团队建设，先后在长沙、益阳、娄底、永州等地召开年会，取得了良好效果。2016年7月在娄底召开换届大会，修改了章程，调整了领导机构成员,5 位市电大负责人进入理事会。这支队伍稳定而充满活力,在全国电大系统首屈一指,也是湖南电大系统成立的唯一因学术研究组织的专业团队。

四、未来展望

湖南电大法学教育的基本定位是面向社区、企业和农村,为基层培养应用型的法律服务人才。今后几年,将对现有的法学本科、法学专科教育进行重大改革,并且申请开办法律硕士层次的教育。

1. 法学本科教育的改革与提升

国家开放大学法学本科教育的改革重点是提升教学质量,强调应用型人才的培养;在提升现在专升本内涵的同时,开展高中起点法学本科教育。高中起点本科的管理与教学,将参照普通高校招收高职学生后的管理方法进行管理。在国家法律职业资格考试制度将电大法学本科学生排除在外的情况下,如何进一步找准办学定位,培养应用型法律专门人才,是需要深入调研和论证的重要问题。

专科起点法学本科教育也将按照高中起点本科的改革理念进行梳理、论证,并将参照普通高校招收高职学生升本的教学管理重新设置本科阶段所学的内容。

2. 法律事务专业改革

2018 年,国家开放大学根据高等职业教育专业目录,将成人教育的法律专业、开放教育的法学专业改为法律事务专业,原来的法学专业(农村法律事务方向)也改为法律事务专业(农村法律服务方向)。但是,课程体系和教学内容尚未改动。为了进行专业改革,湖南电大刘建宏教授和国家开放大学的法律事务专业负责人申报了“六网融通模式下法律事务专业课程建设与教学应用研究课题”,已被立项为国家开放大学重点课题。

3. 法律硕士教育的申办

国家开放大学已经制定法律硕士教育建设团队建设方案。定于 2020 年向学位办申请。与国家开放大学同时更名的上海开放大学,已于 2017 年收到《上海市学位委员会关于印发〈上海市新增博士硕士学位授予单位建设规划〉的通知》(沪学位〔2017〕4 号),开始招收免试入学的法律硕士生,国家开放大学在这个方面已经慢了一步。基于网络开展免试入学的法律硕士教育,是一种全新的教育类型。

改革开放四十年湖南高职法学教育的拓荒与奋进

孙长坪*

摘　要:改革开放四十年,高职法学教育,虽然受法学教育发展的影响,但更多地随着职业教育的发展而发展。湖南高职法学教育伴随着高职教育萌生探索阶段、形成发展阶段、大规模发展阶段、内涵式发展阶段和特色化发展阶段五个阶段的发展而发展,在湖南法律人才培养和人才培养的法律教育方面发挥了自身的作用。展望未来,湖南高职法学教育应定位于高职各类专业法律类课程教育,参与和服务于高职各专业人才培养。

关键词:改革开放四十年　湖南高职法学教育　历程与展望

改革开放后,我国法学教育随着高考制度的恢复而恢复,并逐步发展壮大,成为了高等教育的重要学科,为社会培养了大量的各级各类法律人才。高等职业教育也参与到了我国法律人才的培养之中。改革开放四十年高职法学教育,虽然受法学教育发展的影响,但更多地随着职业教育的发展而发展。改革开放四十年,我国职业教育历经了萌生探索阶段、形成发展阶段、大规模发展阶段、内涵式发展阶段和特色化发展阶段五个阶段的发展。湖南高职法学教育伴随着高职教育的发展历程而发展,在湖南法律人才培养和人才培养的法律教育方面发挥了自身的作用。

一、高职教育萌生探索阶段的湖南高职法律教育的发展

改革开放前,我国基本没有真正意义上的高等职业教育。改革开放后的20世纪80年代是中华人民共和国成立以来我国职业教育的萌生探索阶段。随着改革开放的深入,日益激烈的国际竞争以及社会发展对专业化人才需求越来越旺盛,国家开始把眼光放到被长久忽视的职业教育

* 作者简介:孙长坪,女,硕士,湖南商务职业技术学院教授。主要研究方向为:职业教育法治建设。

上。1982年第五届全国人大五次会议提出要试办一批职业大学,1985年《中共中央关于教育体制改革的决定》(中发〔1985〕12号)提出要鼓励和发展高等职业教育。1986年国务院《普通高等学校设置暂行条例》(国发〔1986〕108号)明确界定高等职业教育为高中后实施、有别于普通教育且与行业配套的一种新的专科层次的高等教育类型,并规定了高等职业学校设置必须具备的具体条件。这为我国高职教育的起步做出了基本规范。

在改革开放前,因我国基本没有真正意义上的高职教育,当然,也就没有高职法学教育,湖南也是如此。20世纪80年代,湖南和我国其他地方一样,职业教育也还处于萌生探索阶段,基本没有高职院校,故也谈不上高职法学教育。但这个时期的高职教育的前身职业大学、成人高校和高等专科学校等都纷纷开办了专科层次的法律专业。[1]

二、高职教育形成发展阶段的湖南高职法律教育的发展

20世纪90年代是我国高职教育的形成发展阶段。这一时期,我国出台了大量的发展高职教育的政策。1994年,全国教育工作会议确立了"三改一补"发展高职教育的基本方针,即通过职业大学、成人高校和高等专科学校改革发展高职教育,如若还满足不了需要,则可在国家级重点中专里办高职班作为补充。1996年,我国出台了《中华人民共和国职业教育法》,更好地促进了职业教育的发展。这一时期进一步鼓励和倡导高职教育的发展,湖南早期的高职院校主要成立于这一时期。

湖南早期设立的这些高职院校中有部分学校开设了一些法律类专业,如法律事务、经济法、法律文秘等专业,但这些法律类专业规模都非常有限。不过这一时期的高职法律类专业如果和其他同属于大专层次的院校开办的法律类专业合计,那么大专层次的法律类专业毕业生人数远远超过本科层次毕业生人数。据统计,1997年,全国各类法律本科毕业生有1.87万人,专科毕业生达到3.41万人。[2]

三、高职教育大规模发展阶段的湖南高职法律教育的发展

21世纪初的前5年是我国高职教育大规模发展阶段。这一时期也正

是我国高等教育大扩招的开始阶段。高等教育大众化的发展目标为高职教育发展带来了机遇。在一系列政策的推动下，高职教育蓬勃发展，呈现出前所未有的繁荣景象。2005 年，全国高职院校数量迅速达到 1091 所，占到我国高等学校总数的 60.8%，高职高专在校生达 713 万人，占高等学校在校生总数的 45.6%。[3] 这一时期，湖南高职教育也呈快速发展趋势。一大批的高职院校在这一时期纷纷成立，高职院校数量迅速超过本科院校数量。

在这一时期，湖南高职法律教育也得到快速发展。湖南专门从事法律类高职人才培养的高职院校——湖南司法警官职业学院即形成于这一时期。还有一批高职院校则设立了专门的法律系，作为学院的二级教学单位，这些高职学院的法律系开设有法律事务专业、经济法专业、法律文秘专业等法律类专业。还有一些高职院校虽未设立法律系，但也开设了法律类专业。这一时期的高职法律类专业人才培养基本沿用了原法律专科教育的专业人才培养教学计划。

这一时期，高职法律类专业学生人数急剧增加，而且高职其他专业学生人数也呈现出迅猛增长。高职法律教师不仅要承担法律类专业的专业教学，还要承担高职其他专业的法律课程教学，因此，这一时期的高职法律教师严重短缺。为满足教学需要，一大批本科层次甚至更低层次的法学专业毕业学生或非法学专业毕业生进入了高职法律教师队伍。

四、高职教育内涵式发展阶段的湖南高职法律教育的发展

2005—2011 年，是我国高职教育内涵式发展阶段。2005 年国务院出台了《国务院关于大力发展职业教育的决定》，开启了我国职业教育内涵式发展阶段，高职教育开始由规模发展走向内涵发展。2006 年教育部出台了《关于全面提高高等职业教育教学质量的若干意见》，高职教育的教学质量受到高度重视，并推出了示范学校建设，对专业实习实训教学也提出了专门要求。湖南在这一时期，建立了一批示范（骨干）性高职院校、精品专业、精品课程和实习实训基地等旨在提高高职教育质量的重点建设项目。

湖南高职法律教育随着职业教育对教育质量的要求也更加强调提升

教育教学质量。各高职院校法律类专业非常重视专业教学质量建设,纷纷开展了精品专业、精品课程建设,有的学院从法律类专业人才培养方案、课程标准、教案资源、课件资源、案例资源、习题资源、法律法规资源等多方面建立了专业建设教学资源库。法律类专业建设还十分重视专业实习实训教学的开展,一些高职学院建立了模拟法庭、商事法律事务实训室等实训场地,并开发了系列的法务实训课程及配套实训指导书。

这一时期,湖南高职法律教育培养了一大批基层法律人才。大多数高职法律类专业学生进入了基层法律服务行业,或其他相关行业。高职法律教育除了专科层次的法律专业人才培养外,还开展了部分法律本科人才的培养。部分高职院校法律类专业与本科院校进行对接开展法律本科人才培养,如通过短线自考开展法律本科人才培养;还有部分高职院校开展了长线自考法律本科人才培养。高职法律类专业学生在就读高职专科的同时就可以攻读法律专业本科学历,大约在专科毕业的同时或毕业后1—2年内即可取得本科文凭。有部分取得本科学历文凭的学生通过参加国家司法考试进入了司法行业担任法官、检察官、律师等。

这一时期,湖南高职法律教师的教育科研能力也取得了较大的提高。由于实习实训在这一阶段受到高职教育的特别重视,因此,高职院校法律教师也开展了实习实训教育教学相关法律问题研究,重点围绕高职院校顶岗实习实施的困境与对策、学生顶岗实习伤害的法律保障等开展了系列研究。老师们还积极开展了法学学科方面的研究,相关研究主要涉及商法、经济法、环境保护法、社会法等学科门类,其中,在商法方面,进行了比较深入的研究,内容涉及合伙企业、公司、国有企业、农民专业合作社等商事主体法律制度以及反商业贿赂等方面的研究。总之,这一时期老师们在法学学科方面的研究相对高职教育法治问题研究更深入,研究成果也更有档次。

五、高职教育特色化发展阶段的湖南高职法律教育的发展

2012年至现在,是我国高职教育特色化发展阶段。2012年我国进入了十二五发展时期,我国高职教育也逐步从内涵发展走向特色化发展,2014年国务院出台了《国务院关于加快发展现代职业教育的决定》,明确

指出“产教融合、特色办学”是职业教育发展的基本原则。随后，教育部出台了《教育部关于深化职业教育教学改革全面提高人才培养质量的若干意见》等系列文件，职业教育实习实训、校企合作、产教融合更加受到重视，职业教育与产业发展的对接备受关注。教育部还联合其他相关部委出台了《职业学校学生实习管理规定》和《职业学校校企合作促进办法》，规范了职业教育实习管理和校企合作。在这一时期，湖南推出了示范特色专业群、特色专业、校企合作生产性实习实训基地建设等职业教育专项项目，并在原示范性高职院校建设基础上从2015年开始又推出了新一轮卓越职业院校建设项目，更加强调实习实训、校企合作、产教融合在职业教育特色化建设中的地位。

这一时期，由于特色化建设的需要，湖南高职法律专业基本停办了。因为，湖南卓越高职院校立项要求必须有3个以上的示范特色专业群，而专业群建设又要求群内专业必须具有关联性，因此，一般不与本校特色专业群具有关联性的专业纷纷被砍掉。高职法律类专业，在非法律类高职学院中基本不与其特色专业群具有关联性，因此，高职法律类专业在这一特色化发展时期也纷纷被各高职院校砍掉。目前湖南除湖南司法警官职业学院外，湖南高职院校基本没有开设法律类专业了。

由于高职院校基本没有了法律类专业，高职院校原来的法律教师，有的转行从事其他专业教学，如原来的国际商法、国际经济法老师，转行从事国际贸易类专业教学，或通过接受培训转行从事其他专业的教学工作；有的转岗从事教育管理工作；有的则离开了高职院校；少数老师则继续从事法律课程教学，但这些课程都是非法律类专业的课程，如商贸类专业的经济法课程、财会类专业的财税法课程、旅游类专业的旅游法课程等。

这一时期的高职法律老师虽然没有了法律类专业课程，但仍然在相关专业的法律类课程建设与教学方面取得了长足的发展。在教材建设方面，适用于高职财经贸易类专业经济法课程的《经济法律基础与实务》教材立项为“十二五”职业教育国家规划教材。在课程建设方面，有多位老师主持的《经济法》网络课程建设立项为“湖南省职业教育名师空间课程”，并被推荐为湖南省教师信息化教学应用示范网络学习空间。在教学比武方面，老师们以各专业的法律课程参加各类比赛，获得了微课比赛、说课比赛、信息化教学比赛等省级职业院校教师职业能力竞赛和教育部组织的全国信息化教学大赛等的多项奖项。在教学成果方面,经济法课程建设成果《SPOC 混合式教学模式:高职财经类专业〈经济法〉课程教学创新与实践》获得省职业教育省级教学成果奖一等奖。此外,老师们还在物权法、物流法规等课程建设方面取得了较好的成绩。

这一时期,湖南高职法律老师在科研方面主要集中精力开展了与职业教育相关的法治研究。一是继续开展了职业教育顶岗实习学生权益保护研究,主要探讨了职业教育顶岗实习劳动伤害的防范与救济、权益保障与保险制度建设等,并发表了一系列相关问题的职业教育学与法学交叉的研究论文,研究成果还被纳入《湖南省学校学生人身伤害预防与处理条例》中采用。二是开展了职业教育治理现代化研究,主要涉及职业学校治理能力现代化建设、混合所有制职业院校法人治理结构等。老师们在法学学科研究方面也开展了一些有益的探索,主要涉及经济法、环境保护法、社会法等学科领域。总之,这一时期老师们因法律类专业基本被砍掉,开展法学学科研究也随之减少,老师们对法学学科研究的深度、广度和影响度都不如对高职教育法治问题的研究。

六、湖南高职法学教育发展的展望

湖南高职法学教育随着湖南职业教育的发展,基本经历了从专业兴起到专业膨胀,再到专业消停的历程,现在除湖南司法警官职业学院开设有法律类专业外,其他高职院校都不再招收法律类专业学生了,由此湖南高职法学教育也就基本定位于高职各类专业法律类课程教育了。展望未来,湖南高职法学教育应主要是参与和服务于高职各专业人才培养。

(一)定位高职各专业法律课程教育,做好各专业法律课程建设与教研教改

根据湖南高职法学教育发展的定位,湖南高职法学教育未来目标应主要是参与高职各类专业的人才培养,做好高职各类专业法律类课程的教学与教研教改。具体来说,一是继续开展财经贸易类专业公共基础课程《经济法》的课程建设与教研教改。在这个方面,湖南高职法学教育已具有了较好积累,下一步应继续深入开展《经济法》课程线下线上教学改革,充实课程资源库,丰富课程教学内容与方式,冲刺国家精品课程。同时,加强教材建设,搞好职业教育国家规划教材《经济法律基础与实务》的

修订与完善，教材建设不仅要紧跟规范经济活动的法律法规的最新发展，还应积极融入信息化教学、课程思政等教育教学改革最新内容。二是开展行业性法律法规课程建设。高职教育发展要求产教融合，专业建设要求对接行业发展，各专业课程建设要密切紧跟行业发展，法律课程是各专业课程建设的一部分，必须紧跟行业法律法规发展新动向。顺应高职教育发展要求，湖南高职法学教育下一步应更深入地开展物流法律法规、旅游法律法规、财经法律法规、电子商务法律法规等不同行业法律法规课程建设与教研教改，提升课程教学水平，更好地为高职各专业建设服务。

（二）积极关注职业教育发展新形势，深入开展职业教育法治建设研究

湖南职业教育正在经历着从蓬勃发展到内涵发展再到特色化发展的转型，职业教育的新发展也带来了一系列有待法律规范的新问题，如顶岗实习、校企合作、产教融合、现代学徒制、现代职业学校制度、职业院校治理、职教集团治理、实习实训基地治理、混合所有制办学、特色专业群建设等都是有待深入研究与规范的新问题。湖南高职法律老师应围绕这些职业教育发展中的新问题，从依法治教的角度，深入开展相关研究，争取形成一系列有分量有价值的好成果，并积极推动成果的应用与转化，积极参与湖南职业教育法治建设实践，为湖南职业教育实现依法治教贡献力量。

（三）积极关注社会经济发展新情况，开展相关法律问题研究

湖南高职法律老师在商法、经济法、社会法、环境保护法等方面有一定研究基础，随着社会经济的发展，会有一系列的新问题有待法律规范，如农村产权制度改革、农村合作经济组织治理与扶持、大学生社会保险、智能时代的社会保障，等等，高职法律老师对这些问题也应给予高度关注与思考，并力争在法学相关学科领域形成有价值的研究成果。

参考文献

[1]冀祥德. 对中国法学教育全面反思与展望[J]. 中国政法大学学报，2010(4)：50－58.

[2]国家教委计划建设司. 中国教育事业统计年鉴：1997[M]. 北京：人民教育出版社，1998：24－27.

[3]李志宏. 做好评估工作推动高等职业教育健康发展[J]. 中国职业技术教育，2006(16)：5－7.

法学教育理论研究

我国法学硕士研究生科研创新能力培养研究

李爱年　卢志文*

摘　要:法学硕士研究生科研创新能力的培养关系着我国法治人才的生成,也影响着我国总体依法治国建设的水平。当前,在"卓越法律人才培养计划"和"应用型法治人才"培养目标的指引下我国法学硕士研究生科研创新能力不足,造成这种困境的主要原因是对科研创新能力理论认知错位、师资配备与教学方法不得当和法学硕士研究生自我认知不足。结合湖南师范大学法学院在法学硕士研究生科研创新能力培育的经验,我们可以从正确理解法学硕士研究生创新能力、改革课程教学内容和教学方法、优化导师资源配备和加强法学研究生日常管理四个方面上寻找答案。

关键词:法学　硕士研究生　科研创新能力　探索

创新能力是推动人类文明进步与发展的动力,也是当今世界各国综合国力的重要体现,培养具有创新能力的人才是当今世界各国的共同追求。科研创新能力是创新能力的重要表现。教育部曾在2003年、2007年和2013年多次发布教育振兴计划,其中重点提出要"坚持能力为重,培养研究生创新能力"。另外,当前我国正在实施依法治国战略,需要大批优秀的法治人才,如何培养法学硕士研究生的科研创新能力对我国法治国家的建设、法治人才的生成具有重要意义。因此,各高校法学院针对法学硕士研究生科研创新能力的培养做出了诸多有益探索,其中湖南师范大学(笔者所在学校)法学院在研究生科研创新能力培养实践中,从培养法

* 作者简介:李爱年,女,湖南师范大学法学院教授,博士研究生导师,湖南省专业特色智库"生态环境保护法治研究中心"主任。卢志文,湖南师范大学法学院硕士研究生。

治人才的目标出发，以筛选具有“科研潜质”的学生为前提、以培养研究生自身创新思维为基础、以建设导师队伍为关键、以营造科研氛围为重点和加强研究生日常管理的监督为保障对法学研究生科研创新能力培养做了积极的探索和尝试。

一、我国法学硕士研究生科研创新能力培育现状

法学硕士研究生科研创新能力作为社会科学的创新，其创新不仅包含对社会现实的总结与新探索，还在一定程度上通过理论研究为社会树立正确的舆论导向。为深化法学教育改革，培育法学硕士研究生科研创新能力，在国家政策的引导下，我国法学院系近年来开展了层次多元、形式多样的法学硕士研究生培养方式，以下便是当前我国法学硕士研究生科研创新能力培养方式的培育现状。

（一）“卓越法律人才计划”指导下法律人才的培育

“卓越法律人才计划”是由我国中央政法委联合教育部为了实施依法治国，培育创新法治人才在教育领域内实施的一项重要举措，其提出了法律人才培养目标，对如何开发法律人才的培育提出了具体规划。“卓越法律人才计划”对我国法学教育的培养模式和方式产生了巨大影响，但其过分关注法律人才培养的倾向过于功利或现实，过度改革和重视应用型人才培养，使法学教育有沦落为法律“技术员”培训的趋势①，在这种政策背景下法学硕士研究生科研创新能力的培育也受到了冲击，法学硕士研究生科研创新能力不足的弊端开始凸显。通过调查发现，当下国内法学院受卓越法律人才计划影响，都在一定程度上压缩了学生理论课程学习时间，延长学生课外实践实习时间，开展的讲座也多是邀请实务方面的专家进行讲授。法学硕士研究生创新意识不强、创新意愿不大，作为研究生毕业的资格论文和学位论文也多是在答辩前进行复制粘贴敷衍了事。过于重视对应用型法律人才的培育，缺乏对学生法学科研能力的培养是当前的现状之一。

---

① 何跃军、陈淋淋：“从法律人才到法治人才——卓越法律人才培养计划实施六年检讨”，载《宁波大学学报（教育科学版）》2018 年第 5 期。

(二)"应用型法律人才"导向下研究生科研创新活动的开展

自司法考试改革以来,法学硕士研究生参与司法考试(当前叫作"法律职业资格考试")成为高校法学院的一道风景。据调查发现,初入研究生生涯的高校法学硕士研究生有相当大的比例没通过司法考试(法律职业资格考试)。在诸多硕士研究生考司法考试的背景下,法学院为了提高司法考试通过率和缓解就业率低的窘境,也把培养"应用型法律人才"作为法学教育的主要目标,司法考试"通过率"成为对外宣传的一项重要指标。

二、我国法学硕士研究生科研创新能力的桎梏

回顾中国法学研究生教育发展轨迹,在分析了我国当前法学研究生培养的现状后,深入探索造成这种现象的原因,主要集中在以下几个方面。

(一)科研创新能力认知错位

当前部分硕士研究生、硕士研究生导师和研究生监督管理部门对科研创新能力存在一定程度上的认知错位,创新能力理应是行为主体在已有知识积累的基础上通过自身的抽象思维和具体实践活动获得新知识、新技能或新方法可能性的量化指标,是现代社会对高层次人才的必然要求①。培养一种法律职业者的批判性、创新性的法律思维尤为重要。目前我国法学硕士研究生除了司法考试、参与模拟法庭竞赛和校外实习外,科研创新活动十分少。透过现象看本质,这说明了当前各方主体对于什么是创新能力的认知并不具备充分的智识,错误地将国家教育改革中关于卓越法律人才的目标定位解读为创新能力,并沿着这一误读开展各种实践活动,导致法学硕士研究生创新能力培育与真正的创新能力培育越行越远。

(二)师资配备与教学方法不当

优质的研究生导师队伍是培养学生科研创新能力的重要保证,但目前许多高校师资配备并不能完全满足法学高等教育需求。一方面,法学

---

① 王璟、刘政、方丽丽:"论法学研究生的创新能力培养——基于价值序列和创新动力构成的双重视角",载《世纪桥》2008 年第 10 期。

教师资源不足。随着高校本科和研究生不断扩招，许多学生进入了高校进行研究生阶段的学习，这导致了当前研究生的学生数量急剧上涨。而硕士生导师的增加速度却远远跟不上，曾经一个导师带一名研究生，当下热门专业的导师往往一个人带着两到三名硕士研究生，有些老师还需要跨专业担任导师。其造成的结果就是学生的科研创新能力急剧下降。另一方面，部分法学教师教学方式较为单一。由于学生数量较多，特别是民商法专业学生经常是"大班教学"，致使教师课堂教学针对性不强，专业性不突出，其上课形式还是和本科一样，由老师在讲台上讲课，台下学生记笔记，缺乏对研究生课堂上思辨、独立思考能力的培育。

（三）法学硕士研究生自我认知不足

高校法学硕士研究生科研创新能力不足除了培育管理部门和导师的认知错误、教师资源不足和教学方法不当的外部原因外，还有很大一部分便是由于高校研究生自我认知的不足，主要体现在学生对学习动机和自我管理两个方面的认知不足。一个良好的学习动机是自身在科研道路上不断前进的催化剂，当前多数研究生学习动机不单纯，考研更多是为了能逃避就业或者为了更好地就业，面对这种情况我们在一开始便需要筛选具有"科研潜质"和"科研热情"的学生。另外，研究生自我管理能力的不足也制约了高校研究生科研创新能力的培养，许多研究生都是读完大学后直接进入了研究生阶段进行学习，缺乏一定的社会阅历和理解，进入研究生阶段后面对更加宽松的环境往往不知所措，无法进行自我管理和自我学习，加上自身导师很忙，则会导致学生的自我放纵。

三、我国法学硕士研究生科研创新能力的培育

法学硕士研究生教育是培养高级法律人才的重要途径，其科研创新能力培育与提高关乎创新型国家建设战略的实施。法学硕士研究生科研创新能力不足问题，需要从正确理解法学硕士研究生创新能力、改革课程教学内容和教学方法、优化导师资源配备和加强法学研究生日常管理四个方面寻找答案，结合笔者所在学院做的积极探索，特提出以下几点建议。

（一）正确理解法学硕士研究生科研创新能力

目前，中国法学硕士研究生创新能力培育存在学术创新与应用技术

能力混淆的问题,创新能力应包括科研创新和法律应用技术的提高两个方面。事实上,在法学硕士研究生学习阶段需要重视培育学生的法律应用技术,但更应该培育学术科研能力。科研创新能力的培育是创新意识和创新思维的培养,其应该是在积淀深厚的法学理论与法律知识的基础上,培养其创新思维和创新意识。创新思维与创新意识属于内生性要素,为了锻炼科研创新意识和思维需要高校法学院加强对学生的日常训练,通过不断地进行训练使学生的行为符合法律行为规则、进行法律思维模式的思考和讲法言法语。

(二)改革课程教学内容和教学方法

课程教学内容和教学方法是促进研究生科研创新能力的重要手段。笔者所在学院通过对课程内容和教学方法的创新,提升学院学生的科研创新能力。改革课程教学内容和方法首先要认识到研究生阶段的学习不能再追求学科知识的全面性,而更应该注重学科的专业性和重点性。具体来说,在上课时我们鼓励学生进行讨论、辩论、老师在其中扮演一个引导话题和提升话题的角色;在课后,我们还会让学生对本次专题讨论进行总结,发掘和提升学生的创新思维,鼓励学生将自己的观点写成一篇论文进行发表。学生论文的撰写和指点可以不局限于自己的论文指导导师,所有任课导师都愿意帮助学生和指导学生学习进行论文和学业上的提升。在教学方法上,改革传统的以学科知识体系为线索、以教师讲授为主的灌输式的单一教学形式①。除了这种教学课堂上的改变,我们还开设了三种课后科研活动:读书报告会、专题讨论会和博士论坛。三种研讨会都有至少两名导师在现场,通过老师、同学们分层次的参与教研活动,能够大大促进硕士研究生们的科研创新能力。每次讨论会研究生都会上台脱稿演讲,台下同学点评和老师总结,开完会后还会发表新闻稿在学院官网上。

(三)优化导师资源配备

导师是研究生指导过程的主体,决定研究生的培养质量。在指导研

---

① 李爱年、谌意桃:“环境法学硕士研究生培养模式的探索”,载《湖南师范大学教育科学学报》2010 年第 9 期。

究生的过程中，应避免两种情况：一是放任自流型，二是保驾护航型①。为了更好地指导研究生，首先在导师配备上我们积极引入本专业有实力的导师，能够做到一对一的专业辅导，从导师资源上解决了资源短缺的问题。其次，在引进导师上，我们注重导师的年龄构成、科研实力和道德素质，对有道德品质污点的坚决不引进，同时注重引进年轻导师，形成老中青三代导师队伍梯队。随后，在导师资源分配上，第一，我们采取了学生和导师双向选择的方式，硕士研究生会在入学半学期后填表申请适合自己的导师，而导师也会对每个学生进行考查，最后根据每个学生的特质制定培养方案。第二，对研究生的培养采取导师集体指导，集体指导主要表现在负责研究生命题、复试，制订和修改培养方案，负责每位硕士研究生中期考核、学位论文开题、论文的交叉审阅、论文答辩的组织和评价，组织有关学术活动等。第三，聘请兼职指导教师。为了增强学生的实务能力，我们还积极与校外实务领域内的知名专家学者签订协议，积极引进，聘请作为兼职导师，通过兼职导师和校内导师共同指导的方式，形成指导上的优势互补，这样有利于学生开阔眼界，接受不同观点的熏陶，从而拓展学生的思维。第四，导师的淘汰制。我们对导师具有十分严格的标准，并且有量化指标，对指导教师在业务水平、务实作风、道德品质等方面提出了很多要求，并有量化的考核指标。

(四)加强法学研究生日常管理

法学研究生存在自我认知和自我管理上的不当，因此，作为学校我们理应从制度上加强对其的管理，从而激发学生科研创造能力。为了激发硕士研究生的科研创新热情，我们每学年院、校两级设立了各种奖项进行补助，我们学位点还设立了专门的奖学金制度。以环境法学位点为例，我们会对本学位点发表论文、参与年会并获奖的同学发放现金进行支持，每发表一篇普通省级期刊奖励 1000 元，C 刊奖励 2000 元；学生参与省级学术年会获奖，一等奖 600 元、二等奖 400 元、三等奖 200 元；通过学校、学院和学位点三层次的奖励，激励了研究生从事科研的热情。

---

① 应义斌、曾超、徐惠荣、邹黎明、许叔平："研究生创新能力培养的探索"，载《高教探索》2003 年第 2 期。

法学理论专业硕士研究生创新能力培养机制探析

姜素红*

摘　要：肩负着我国法治建设未来的法学理论专业硕士研究生，其创新意识和创新能力的培养是十分重要和有意义的。通过分析我国法学理论专业硕士研究生创新能力的现状及阻碍其发展的因素，笔者提出了法学理论专业硕士研究生创新能力培养的具体对策。

关键词：创新能力　法学理论专业研究生　培养

人才是经济和社会发展的引擎。如果没有创新型人才的支撑，国家的整体发展将失去内生动力。而人才创新水平的提升很大程度上取决于高校的人才培养质量。高素质的法学研究生应当具备卓越的创新能力，才能适应“法治中国”建设的新要求、新目标，才能运用法治思维，发挥法律知识才干，实践法治精神。肩负着我国法治建设未来的法学理论专业硕士研究生，其创新能力的有无及高低，影响着我国法治建设的完善和进步。因此，对法学理论专业硕士研究生创新意识和创新能力培养机制的构建是十分重要和有意义的。

一、法学理论专业硕士研究生创新能力培养的意义

建设教育强国是中华民族伟大复兴的基础工程，必须把教育事业放在优先位置，深化教育改革，加快教育现代化，办好人民满意的教育。“实施研究生教育创新计划，加强研究生创新能力培养，提高研究生培养质量，是我国研究生教育战线共同的重要任务。”①法学理论专业硕士研究生创新能力的培养具有十分重要的意义。

---

* 作者简介：姜素红，女，中南林业科技大学政法学院教授，硕士研究生导师。

① 教育部：“关于实施研究生教育创新计划加强研究生创新能力培养进一步提高培养质量的若干意见”，http://old. moe. gov. cn//publicfiles/business/htmlfiles/moe/moe _836/201002/xxgk_82745. html，访问日期：2005 年 1 月 21 日。

(一)顺应时代的潮流,是社会发展的需要

如今的时代是信息飞速发展的时代,国家的创新意识和创新能力在不断的增强,服务于法治实践方略的观念与制度也在不断的创新与发展。因此,对于创新型的法律人才的需求也日益增长。法学理论作为以历史和现实中的各种法现象为对象,研究法的基本问题、一般问题和发展规律的学科,在法学体系中对法学的其他学科都有不同程度的影响。因此,法学理论为中国的法治建设在战略、路径、方法与对策等诸多方面提供了理论指导和智力支持。但是,当前的就业形势十分严峻,人才竞争日趋激烈,如果法学理论专业的硕士研究生不具备创新意识和创新能力,就不能满足当今社会的需求。所以,培养法学理论专业研究生的创新能力和创新意识是社会发展的需要。

(二)跟随社会的步伐,是高校自身发展的需要

培养创新型人才是当代教育的主要特征。创新教育是经济发展的保证。一个民族要想屹立于世界前列,就必须不断地创新。特别是在经济高速发展的今天,创新教育就成了重中之重。"因此,必须要在高等教育中培养学生的创新思维、创新能力。"①

肩负着我国法制建设未来的法学理论专业硕士研究生,更需要不断地培养自己的创新意识,增强自己的创新能力。创新能力的确立并不能单单靠学生自己,这与学校的教育机制和教育方法是密不可分的。法学理论学科对于学生的教育必须以培养学生具有法律创新能力为己任。"近年来,由于素质教育的不断推进,法学理论专业的学生法律素质得到了一定程度的提升,但学生中仍普遍存在一些问题,例如,迷信法条和权威、对问题不敏感、缺少科学的怀疑态度和精神、不敢质疑、生搬硬套、追求个案结果的唯一性和标准答案等。"②这种情况的存在表明其法律创新能力不容乐观,法学理论教育在培养学生法律创新能力方面任重而道远。

(三)面对严峻的就业环境,是法学理论专业学生自身的需求

目前我国改革已进入攻坚阶段,就业市场上人力资源结构总体表现为供过于求的状态。需要更高质量、更高素质的具有创新能力的人才才

---

① 廖志豪:《基于素质模型的高校创新型科技人才培养研究》,华东师范大学2012年硕士学位论文。

② 刘万波:"浅谈法律教学中创新能力的培养",载《科技创业家》2011年第3期。

能满足就业市场的需要。

法学理论这一专业的学生在就业市场上也面临同样的问题。“法律创新能力是法学理论专业的学生所具有的顺应社会的发展变化,运用创新思维解决法律中的模糊、疑难问题,或者说是一种能够以独特的视角和方法创造新的法律文化的能力。这种能力的培养,有利于培养学生独立思考的能力和探索发现的能力,从而有利于学生用发散性的思维考虑法律问题,掌握新的法律知识和规律,学会运用创造性的方法解决法律实践中遇到的问题。”①因此,培养法学理论专业硕士研究生创新能力是法学理论专业的学生自身发展的需求。

二、我国法学理论专业硕士研究生创新能力培养的影响因素

(一)教学中缺乏对学生创造性思维的培养

法学理论这一学科的培养目标是培养面向世界,面向未来,面向现代化,德智体全面发展的,为社会主义现代化建设服务的高层次法学理论人才。所以对于学生的日常教学,需要加强对学生的思维训练,让学生形成自己的法律逻辑思维。“但是,目前看来,法学理论的教学方式过于单一,多数采取填鸭式教学,老师处于主动地位,主导课堂,学生只能全盘接受老师的思维,缺乏自己思考的空间。这种教学方法会让学生的思维过于狭隘,只是像机器一样在大脑里记忆老师的论述,没有给学生形成发散性思维的机会,课堂的参与度较低。从而遏制了学生创新能力的发挥。”②我国的法学理论研究生的教育也一直沿袭过去的教学模式,再加上“严进宽出”的招生政策,这使得真正具有创新能力的法学理论的研究生数量很少。如果一味地沿用过去的教学培养模式,势必会阻碍学生创新能力的培养,这种模式更无法担负起培养高素质的创造性法律人才的重任。

(二)教学方法与司法实践存在脱节

当前的法理学专业学生最大的弱点就是不能很好地把在学校所学的知识运用到实务中去。学生只能停留在理论层面,一旦走出校门,不能很好地把从书本学到的知识运用到实际。

---

① 李祎迪:“大学生就业能力与社会需求匹配状况研究”,北京中医药大学2015年硕士学位论文。

② 张翠芳、韦汉吉:“以创新能力为导向的研究生培养路径”,载《教育观察》2017年第6期。

我国法学理论教育专业的实践主要是毕业实习。但是就目前来看毕业实习有许多弊端，主要表现为：第一，实习周期过短，学生无法在短期内将几年所学很好地运用于法律实务中。第二，实践内容面过于狭窄，学生的毕业实习往往会被固定在一个法律部门，这就会造成学生所接触到的法律知识是十分有限的。第三，缺乏对实习效果的关注度。法学理论研究生的毕业实习大多是由学院自行安排或考核，而且对于考核的标准和学生所要达到的实习效果要求较低。这就导致学生的实习效率低下，无法达到社会对于创新型法律人才的需求。由于缺乏实践经验，从而使法学理论专业研究生在毕业时达不到用人单位的职业要求，阻碍了学生的自身发展。

（三）课程内容过于单一

研究生课程教学是研究生创新能力培养的切入点和关键环节。在学好专业知识的前提下，广泛地学习其他学科的知识，从而形成更加开放的创新思维。但是，就目前我国法学理论的课程设置来看，课程的内容还是以本专业的课程内容为主，这样的课程设置会阻碍学生知识面的拓宽。因为硕士研究生的思维更加成熟，对于专业知识的把握也有了一定程度的深化，所以他们需要更多的关于不同领域的知识。过于单一的课程设置已经不能满足当前法治社会对于创新型法律人才的需求。①

三、法学理论专业硕士研究生创新能力培养的基本途径

（一）优化专业课程的配置，丰富课程内容

法学理论专业学生创新能力的培养首先应该从课程配置上入手。因为学生创新能力的培养主要是靠拓宽知识面，增强创新思维的建设，这就要求法学理论专业在课程的设置上进行改革和创新。

（二）创新研究生教育教学方法，加强实践性教学

传统的法学理论专业研究生的教育教学方法是以老师为主导的，依托于书本中的内容，向学生灌输知识的模式。这种传统的教学模式已经无法满足社会发展对于创新型人才培养的需要。② 法学理论专业研究生

---

① 乌云娜、宋彦涛、邱择雷："高校研究生创新能力培养研究"，载《教育教学论坛》2013 年第 9 期。

② 苏喆、宋玲、宋健："文科研究生创新能力培养模式研究——以网络条件下法学专业研究生培养为例"，载《教育研究》2009 年第 2 期。

创新能力的培养体现在日常的教学中,所以在教学的过程中应让学生作为课堂的中心,要给学生营造一种自主提出问题、解决问题的课堂学习氛围。学生在不断的探索与发现中,其法律逻辑思维得到了锻炼,创新能力也会得到提高。这是传统的教学模式不能达到的效果。

法学其实是一门实践性很强的科学,它要求学生具有较高的专业素养,能够把自己所学到的理论知识运用到实践当中,做到学以致用。可以在课堂上通过模拟一些经典的法律案例,来巩固学生的理论知识,同时也锻炼了学生的实务能力;也可以以小组的形式针对不同的法学理论的观点展开讨论,这样有助于形成独立思考的能力,可提升学生的课堂参与度,促进创新型思维的发展;还可以以学生为主体,模拟案件咨询的场景,从而达到巩固理论知识,提升实践能力的目的。通过以上几种方法,可以让学生在课堂上自主地对问题进行分析和整理,培养其独立思考的好习惯,有利于法学理论专业研究生创新能力的培养。

(三)创设良好的法学理论教育的教学环境,提升老师的专业素质

老师作为学生的引路人,他们自身对创新理念的把握和对教育观念新思维的理解直接影响到学生的创新思维和创新能力的培养。培养学生对问题的探索能力,即提出问题后让学生集思广益,通过老师的引导,让学生独立发表自己的见解。对于传统的教育观念应该取其精华,去其糟粕,不断更新自己教育观念才能有利于学生创新能力的提升。①

老师除了要更新自己的教育观念,还要提升自己的专业技能。作为社会调整器的法律所面临的社会问题也日趋复杂化、综合化。这就要求法学理论专业的老师不仅要具备本专业的知识,还要拓宽自己其他学科的知识面,②这就要求法学理论专业的老师要做到以下几点:第一,要对整个法学理论的知识框架有一个整体的把握,还要在此基础上加上自己对于这些基本理论的梳理。这样才能让学生更好地理解庞大的法学理论的框架和内容。第二,要勤于学习其他与法学理论相关的学科的知识,如哲学、社会科学等。通过学习不同学科的知识,来开阔自己的法律思维。这

---

① 乌云娜、张凤杰、王冰、欧晓霞:"创新教育模式对高校人才创新能力培养的重要性",载《中国现代教育装备》2012年第5期。

② 王少军、毛雪梅:"硕士研究生创新能力形成中培养机制的相关问题探讨",载《内蒙古师范大学学报(教育科学版)》2014年第11期。

样才能给学生传授更加广的知识，形成多样化的知识体系。第三，要时时关注法学理论这一学科的最新学术动态。通过参加学术交流提升自己的学术力，从而让学生接收到最新的学术思想，让学生紧跟新思潮的步伐稳步前进。第四，要学会紧跟时代的步伐，积极学习社会中的新事物，培养自身的创新意识。老师的职责是传道、授业、解惑，只有自身素质足够高，培养出来的学生才会足够优秀。①

（四）营造浓厚的学术氛围，提升研究生的学术能力

法学理论专业研究生的学术能力是指其对于法学理论专业知识的认知能力、对于法学问题在理论上加以分析和解决的能力。法学理论专业研究生学术能力的高低与其自身的学习态度和学习方法有关。这就要求学生在学习的过程中养成良好的学习态度，对于问题要有坚持不懈的钻研精神，针对专业的法律问题要学会主动地提出问题，只有这样才能增强自身对于问题的概括能力和创造力，才能提升自己的学术能力。

学生自身的努力固然重要，而良好的学术氛围可以培养学生的积极性，鼓励学生投入学术研讨中去，发现其学术能力的不足，有意识地加以培养。在教育方法上，更应该以引导为主，引导学生自主探索课题的内容，对于学生不能理解的问题再加以解析。还可以通过召开一些学术研讨会、组织法学理论相关的知识竞赛等活动调动学生的积极性，提高学生的参与度。还可以采取一些奖励措施，来激励善于学习，善于创新的同学来进行法学理论专业的相关学习活动。

研究生创新能力的培养是一个系统而又复杂的工程，涉及教育理念、教育方法和教育环境的全面、系统的变革和创新，需要不断学习新理念，创新教学手段，为培养法学理论硕士研究生创新能力构建一个完备的体系。

---

① 郭洁、闫海："法学硕士研究生培养模式的改革与创新"，载《教育与教学研究》2009年第9期。

法学本科教育的理念、内容与过程

肖洪泳*

摘　要:法学本科教育的基本理念在于理解法律的真正本质,而法律的本质在于其是"人成其为人"的基本标准。法律规则对于人成其为人的指引意义,决定了法学本科教育的基本内容与教学过程。课程体系的设置与教学、文献的阅读与检索、写作以及实践与实习,构成了法学本科教育的基本内容与主要过程。而在贯彻这些基本内容与过程的同时,强调理论法学在法学本科教育中所起的基础作用,无疑是落实法学本科教育理念的必然要求与关键环节。

关键词:法学本科教育　理念　课程体系　文献检索　写作　实习

法学本科教育是个比较宏大而宽泛的主题,笔者择要讲三个问题,而这三个问题又都主要集中在第一个问题上面,也就是法学本科教育的理念上面。因为法学教育作为中国近代兴起的一门学科教育,在中国的传统文化教育中是可有可无的,苏东坡就曾跟他弟弟苏辙写诗开玩笑说:"读书万卷不读律,致君尧舜知无术。"足见当时"读书不读律"是儒家士大夫的一种普遍现象,否则也就不用苏东坡来开这样的玩笑了。因此,我们的法律教育应该怎么办,应该坚持什么样的理念,至今仍是众说纷纭,莫衷一是。笔者结合笔者个人对法律的学习与研究过程或经验来谈谈对中国法学本科教育的理解。

一、法学本科教育应该坚持什么样的理念

理念是指导法律教育的一个基本原则,或者说是一个目标,而这个原则或目标的关键在于理解什么是法律,进而告诉我们如何学习法律。其

---

* 作者简介:肖洪泳,男,法学博士,湖南大学法学院副教授。本文是在笔者2018年9月14日于中南林业科技大学政法学院所做的同题讲座的基础上整理、修改而成的,特别感谢中南林业科技大学政法学院院长王飞跃教授与法学系主任阳永恒副教授的热诚邀请以及宁洁博士的辛勤主持,而该院2016级法学本科生刘宇琪同学的初步整理使得讲座的内容能够行诸文字,笔者所指导的研究生曹孝前律师为了微信公众号传播的需要而所做的结构层次上的润色,尤其让笔者感铭于心。

实要如何判断什么是法律,这就应该思考人类为什么需要法律。那么人类为什么需要法律?这是因为人类要摆脱动物性进入到文明状态,从野蛮走向文明。因为人类创造了规则,人类才成其为人类,并且创造出了辉煌的文明成果。这就是法律对人类具有的最重要的意义。

因此在希腊,法律被认为是奥林匹斯山众神赐予人类最伟大的礼物。后来的罗马、欧洲中世纪以及近现代的西方都将法律放在较高的地位来谈,这就是西方为什么寻求法治的根本推动力。有人说,法律是通过信仰来实现法治的理念,而信仰是通过宗教尤其是基督教来推进的。但在古希腊、古罗马,最早并没有基督教这样的一种神教信仰,他们那时跟古代中国一样,崇拜多神,有着广泛的神谱。是希腊、罗马的人文精神奠定了西方法治信仰的深厚基础。古代罗马法最富有意义的创造性,就是创造了“人格”这个概念,而“人格”是人成其为人的标准和尺度。古希腊、罗马让“人成其为人”是有一个标准的,而这个标准是由法律提供的,这个成其为人的标准就是人格。具有完全人格的人,罗马法就认为具有完全的意志自由,也就是说人可以自由地决定自己,然后做出表示,实施行为,最后承担责任。这就是具有完全人格的人。罗马法这样一个人格的概念,奠定了整个西方法律的基础。人格确定法律的主体,有了法律的主体才能够指向对象,从而形成主体与客体之间的关系,并产生权利和义务,形成法律关系。通过对古代希腊、罗马法律的思考,我们会发现西方世界从古典时代开始,他们将人称之为人,就是因为法律规则所赋予的人格。所以法律在西方历史发展过程中是至关重要的,具有决定性的意义。

所以在西方国家很多大学,尤其是今天美国的大学,法学一直是评价一个大学举足轻重的标准。从西方的历史发展来看,我们可以发现,西方近现代大学的摇篮,也就是博洛尼亚大学,它最早的一门学科就是法学,可以说是完全依托法学发展起来的大学摇篮。

在中国古代社会,我们的先祖还没有广泛意识到规则的重要性,尤其是规则对于人成其为人的重要性。到了近代之所以形成法律教育,主要是因为西方列强的挤压。法律作为一种规则对于调整人类社会具有一种重要的意义,这是中国近代逐步认识到的观点或思想,从而启动了近代意义上的法学教育。但是由于中国人仍然没有理解透彻法律的本质以及法律教育的理念,从而导致法学教育的落后。

譬如很多人认为法学院应该培养工匠式的法律人才,即能够准确适用法律的人。但事实上,法律适用是一个深刻的问题。笔者认为,法律作为人之所以成其为人的规则,需要深层次的理解,这种理解绝不是你把所有的法律条文熟记硬背应付了司法考试,从而取得法律从业资格就可以达到的。笔者也认为,这就是我们进行法学教育面临的最大难题,也是我们法学教育在理念上迫切需要解决的一个难题。

因此,法学教育绝对不只是告诉学生法律部门的组成与体系之类的知识点,也要告诉学生如何看待什么是法律、法律为什么为人类所需要这些深层次的命题。这才是解决整个法学教育理念最重要的前提。解决了这样一个前提,我们才能够思考如何去展开法律教学。

二、法学本科教育的内容与过程

法学本科教育的具体内容如何,以及实施过程怎样,大致可从四个方面展开。第一个方面的内容就是课程体系应该怎样设置,以及怎样进行教学。毫无疑问,从法学教育的理念来说,所有法学课程体系最基础的是私法体系,因为私法体系是确立独立自由意志个人的基石。从罗马法的历史来看,我们讲法律为"人成其为人"提供了一个人格标准,这个标准在私法上主要就是市民法。但是我们人成其为人,需要一定的保障机制,而城邦或国家就是这样一种保障。罗马法把调整城邦或国家利益的法律称为公法,法学课程体系主要由公法和私法构成。而要深入理解公法和私法这些部门法体系,还需要法理学。有了法理学,才能深层次思考各部门法体系背后的东西。而法理学何以回答这些问题,这就要取决于我们的历史。法理学和法律史结合在一起,才能回答公法和私法体系深层次的问题。教育部将中国法制史改为中国法律史,将法律职业伦理提升为核心课程。这个改革值得我们深刻思考,在过去的中国法学本科教育中,基本上没有学习过法律职业伦理,所以使我们法律的发展面临很大的阻碍。但是这样的课程具体如何开展,笔者认为在未来的十年里,法律职业伦理教育都会面临困境。因为我们连什么是法律、什么是法律职业这样的问题都还没有真正弄清楚。

那除了法学自身的课程体系,笔者认为法学本科教育还需要学习一些人文、社会科学、自然科学方面的东西,需要开设一定规模的课程。笔者认为,法学本科生首先要学习一点哲学。哲学回答的是人成其为人这一最深层次的命题。其次,作为法学本科生应该学习政治学。因为政治学告诉我们什么是国家,而国家创造法律、制定法律这样一种规则。最后,第三门应该为法学本科教育开设的课程,笔者认为是社会学。社会是一种什么样的状态,我们从什么角度去理解各种各样的社会关系,分析社会问题,以及法律在社会中具有什么样的功能和作用,都需要社会学提供一种知识来源。因此,从哲学到政治学再到社会学,这是笔者认为法学本科生在法学课程体系之外必修的三门课程。至于其他与法学有关系的课程,最好是供本科学生自己选择。

这些课程体系应该怎样教、怎样学?首先是怎样教,笔者认为大学本科的授课老师应该把教材上的知识体系进行整合与梳理,应该重点分析教材内容背后的东西,以帮助或引导学生进行知识拓展和思考,这应该是教学要解决的关键问题。今天我们很多人都呼吁要废除死刑,例如,邱兴隆教授生前就一直坚持推进中国的死刑废除。其实笔者也非常赞同废除死刑,但是我们应该明白,在中国当下废除死刑是不现实的。因为我们发现西方国家废除死刑以后,通过终身监禁解决了死刑废除的难题。西方为什么可以废除死刑?因为在西方,自由是至高无上的。但是对于中国人,自由并不是至高无上的,在中国人看来,“好死不如赖活着”。所以在中国自由观念还没有深入人心而成为主流价值的时候,废除死刑的后果恐怕不堪设想。

说了老师应该怎样教,接下来再说说学生应该怎样学。第一个方面当然是在课堂上跟着老师的步伐,结合教材的内容去学好最基础的法律方面的知识体系,在这一学习过程中,尤其应该注重法学知识体系的基本特性,譬如法言法语的表达。学生能够用法言法语来表述基本概念,以后一定能够成为一个比较出色的法律职业者。法律概念构成了法学教育的基础,然后由概念组成规则,规则再上升到原则,从而共同构建起法的要素。这样来看,法理学的内容当然就是我们法科学生学习的一种基础,它为各部门法的学习奠定基础并指引方向。当然这只是一般的学习经验,大学的学习还是更需要学生们自己的主动性和积极性,应该高度尊重学生们的兴趣和爱好,在前面所讲述的课程体系的基础之上由他们自己去把握未来的学习方向。例如,有同学对私法尤其是民法感兴趣,那他就可以选择这个发展方向,然后结合这样一个发展方向慢慢构建自己独特的知识体系。

第二个方面的内容就是文献的阅读与检索。大学阶段的学习,与中学阶段最大的不同就是,绝大多数的阅读都是在课堂外由学生自己完成的。因此,大学生只有通过检索和阅读大量的文献,才能够在大学四年完成真正的学习过程。所以笔者认为一个大学本科学生,他毕业以后能不能崭露头角,这与他大学的阅读是息息相关的。大学本科的教育要设置关于文献阅读与检索的课程,至少要有这样的阅读环节。笔者认为,大学每一个学期至少要阅读一部经典作品,然后撰写读后感。作为一个本科学生,应该要有初步检索的能力,而不仅仅是在百度上搜索一下。这就是笔者认为的法学本科教育的第二大块的内容。这个应该由法学院作引导,由学生作为主体自己主动学习完成。这也是当下中国法学教育存在的一个重要问题,也是当下中国法学教育停留在一种粗放阶段的重要表现。

第三个方面的内容应该是写作。通过课程的学习以及文献的检索与阅读,其目的是学有所思。成功的法学本科教育应该构建完整的写作内容与过程。写作的初步基础应该是写作者就自己的文献阅读不断撰写的读后感,也就是把读书过程中的所思所想记录下来。除了自己主动写作,还可以由法学院来提供写作训练的机会,这主要是学年论文和毕业论文。笔者觉得论文写作还是相当重要的,只是不要严格限制论文写作的内容和形式,要充分尊重和发挥学生的自主性和创造性。另外还有一块重要的写作训练的内容和过程,那就是法律文书的写作。如何写好法律文书,这应该是写作的重要内容。

从课程体系的设置到文献的阅读和检索,然后再把它落实到了所谓的写作,其实就奠定了整个理论教学内容与过程的基石。夯实了理论教学的内容与过程,法学本科教育还有第四个方面的内容与过程,那就是实践和实习。首先,在大学课堂就可以展开的实践,像模拟法庭笔者就觉得非常重要。其次,可以旁听法院审判的重要案件。再次,进行一些社会调查,尤其可以围绕一些法律问题进行社会调查。其实我们会发现,我们在课本上学到的很多东西,通过社会调查后,会发现完全不是自己所想象的样子。所以社会调查是非常关键的。法律是涉及社会关系的规则和体系,因此,以法律为主题开展的社会调查至关重要。通过调查,可以发现很多法律问题。这些社会调查会给学生在以后的法律职业过程中提供意想不到的帮助,社会调查一直是大学法学本科教育忽视的一个方面,笔者一直呼吁每一个法学院都应该开设这样的课程。最后,在进行社会调查的基础上,我们应该安排实习。我们各大法学院都规定了毕业实习,但我们的实习完全不能局限于毕业实习上。我们还应该多多安排学年的见习。

三、不是结语的结语:理论法学在法学本科教育中的基础作用

随着中国当下的司法改革,很多人认为法律的教育应该是重实践,注重务实。这个务实就是有用,所以绝大多数人认为学习部门法才是有用的,理论法可有可无,而那些更加虚化的理论在法学教育中更是不值一提。这种观念在中国的法学院,无论是学生还是教师,很多人都予以肯定,或者用脚投票予以支持。庞德说,普通法的原则是一种致力于经验的理性原则。它体现出经验将为行为的标准和判决的原则提供最满意的基础。它认为法律不是由君王意志的诏令武断地创制,而是由法官和法学家对过去实现或没有实现正义的法律原理、法律原则的经验中发现的。所以在这个意义上来讲,法律史的教育属于法学本科教育相当重要的组成部分。当然,除了法律史,包括法理学等理论法学课程,都应该在法学本科教育中充分发挥出应有的基础作用。

普通地方高校法学专业建设的困境与对策

——以湖南高校法学专业建设为例

徐德刚 *

摘　要:普通地方高校法学专业的发展相对于部属高校法学专业,存在底子薄、师资弱、投入低等一系列问题,这些问题产生的原因包括政策保障不力、学校重视不够、教师竞争意识不强等。如何在认识上述问题的基础上,促使普通地方高校法学专业摆脱困境,稳步发展,需要政府、学校、教师等形成合力,共克难题。

关键词:普通地方院校　法学专业　问题　对策

一、问题的提出及其意义

在中国共产党第十九次全国代表大会上,习近平总书记在报告中强调要"坚持全面依法治国",并指出"全面依法治国是中国特色社会主义的本质要求和重要保障","坚持依法治国、依法执政、依法行政共同推进,坚持法治国家、法治政府、法治社会一体建设"。依法治国目标的实现,需要党的坚强领导,需要全社会的共同努力,更需要一个有信念、有水准的法律人群体去认真落实与全力推进。

自 1998 年高等教育改革至今,中国的法学教育历经了本科生扩招、司法考试举行后受法科生热捧、法学博硕士点猛增、"卓越法律人才教育培养计划"实施、法学双一流学校及学科确定等一系列改革与挑战,当下的总体态势是法学教育的大众化、阶层化趋势越发明显。

(1)就法学教育的大众化而言,"在高等教育体制改革背景下,不少传统的精英教育正在转为大众教育。据不完全统计,现在全国已有六百多所法学院,设法律系的高校数以千计,每年法学本硕博毕业生人数在 10 万左右"①。而据最新的报道,2017 年度全国拟增加数十个法学博士点和

---

* 作者简介:徐德刚,男,教授,湖南常德人,湖南科技大学法学与公共管理学院院长,主要从事宪法行政法理论与实践研究。

① 黄进、付子堂、何勤华等:"中国法学教育向何处去",载《中国法律评论》2014 年第 3 期。

硕士点。可以预见，法学教育不仅在本科生阶段已大众化，硕士阶段也在逐步大众化，甚至法学博士也已很难自命精英了。

(2)就法学教育的阶层化而言，上述六百多所法学院中，教育部直属高校的法学院通常起点高、定位高、师资强、生源好、投入大、历史久、传统稳，而在以上方面，普通地方院校的法学院皆不占优势，但它们有个天然的优势——总体人数多，无论是教师总数，还是学生总量都远多于部属高校的法学院。以湖南省为例，教育部直属高校仅有中南大学、湖南大学两所，除此之外，湖南省属高校中培养法学本科的高校还有 21 所。在此种境遇下，我们就不能只注目优势明显的部属高校的法学教育，更应该关注、了解培养着大量法科生的，产生着最多“准法律人”的普通地方院校的法学院。

毋庸讳言，在法科生初次就业难度较大的大环境下，普通地方院校法学专业的建设乃至生存难度，远大于部属高校。如何化难为易，是地方普通院校法学专业共同面临的问题。解决此问题，一则可化解法律教育现存的不公平现象，二则可缓解各地教育发展不均衡的问题，三则可以为法律人群体的良好发展提供保障，四则有利于落实全面依法治国战略。因此，对普通地方院校法学专业建设的困境、成因及其解决方案进行理性分析，有其现实及理论价值。

二、普通地方高校法学专业建设的困境及成因

普通地方院校的法学专业在生源质量、师资力量、培养条件、就业竞争、平台建设等方面，相对于部属高校而言，往往处于不利境地。而这种不利处境的产生，又与政策保障不力、学校重视不够、师资竞争意识不强等因素密切相关。

1. 生源质量整体低于部属高校

部属高校法学院牢牢控制着一本考生中成绩最优者，而普通地方高校的法学专业则主要只能招到考上“二本”“三本”的学生，最好状态也往往只能招到“一本”中分数较低者。虽说分数不能说明一切，但就一个群体而言，分数也表征一个学校和专业的生源质量，此种现状在一定程度上影响了地方普通院校法学院办学水平和能力的提升，是无可否认的现实。

2. 师资力量普遍弱于部属高校

受学校影响力、地理位置、教师待遇等因素的影响，普通地方高校普

遍存在着引进、稳定人才难的问题,特别是高水平人才难以引进。以湖南为例,部属高校的法学教授是省属高校的三倍,副教授是省属高校的六倍。力量悬殊由此可见一斑。

部属高校往往有法学博士点、硕士点以及教育部人文社会科学重点研究基地等高水平的教学科研平台,这使得它们更容易招聘到高水平的教师。可以说,普通地方高校与部属高校师资力量的悬殊对比,使得普通地方高校的法学专业在师资力量有限的情况下,科研、教学的广度和深度在很大程度上受到限制,满足教学往往成为第一需要。

3. 在教学科研平台的建设上,普通地方院校更与部属高校无法相提并论

很多高校无省级及其以上的科研基地,但部属高校法学院则大多设有诸如宪法与行政法研究所、民商法研究所、经济法研究所、国际法研究所、国际经济法研究所、劳动法与社会保障法研究所、刑事法理论研究所、世界贸易组织法律研究中心、税法研究中心、金融法研究中心、人权与人道法研究中心、法制信息中心等多个研究机构,部分高校类似研究平台多达三十余个。也有的部属高校借 2011 协同创新平台,既整合了力量,也获得了资源,“马太效应”日益明显,这就是差距之所在。

特别需要注意的是,普通地方院校的法学专业因教师人员不足,迫使教师把工作侧重点放在教学上,不得已将学术研究放在次要的位置。但教师也是发展中的“学生”,他们应该在不断实践与教学过程中对专业知识有更加深入的解读,对学术问题展开深入的讨论,不断更新专业知识库,实现知识与能力的与时俱进。遗憾的是,普通地方院校法学专业的主政者及建设者虽已发现这一问题,但仅凭院校自身的力量,仍是杯水车薪,很难从根本上解决问题。

上述普通地方院校的法学专业建设与发展中存在的问题,并不是一朝一夕形成的,也受着诸多因素影响,需要我们从更广视角、更深层次分析其成因。

1. 教育体制政策的影响

教育发展与投入体制息息相关,虽然国家在不断加大教育投入,但资源仍是极为有限的。普通地方院校法学专业得到的扶助远不如部属高校,部属高校的法学专业一般得到教育部的重点支持,可以说举全国之力加

以发展，而普通地方院校法学专业主要依托于地方政府的支持办学，各地经济发展的不均衡，又导致了地方院校的投入不同，其力量自然有限且失衡，尤其是中西部省份的法学院因为所在省份的财力有限，其发展更是受到制约。

2. 学校保障上的制约

普通地方院校法学专业能得到学校全力支持的并不多见，一般秉持扶强不扶弱的原则。普通地方院校除了西南政法大学、华东政法大学、西北政法大学、甘肃政法学院等极少数以法学专业实力见长的学校外，绝大多数高校的法学专业只是其众多学科之一，受财政状况制约，客观上很难对法学专业的发展提供持续的保障。

中华人民共和国成立后，我国的法学教育经历过行业高校、综合性大学法学专业两个阶段，现在正处于后一阶段。其办学优势在于让师生受到多学科知识的熏陶，有利于培养社会需要的复合型人才，不足之处在于学科众多导致办学力量分散，致使多数学校集中力量加强优势学科专业建设。据了解，不少高校在办学竞争中，贪大求快，举办了过多本科专业，就全国而言，平均每所学校举办了 60—70 个本科专业，多的甚至近 90 个本科专业，专业过多，导致办学资源无法集中，更无法特别关注法学学科专业建设。

3. 师资队伍竞争意识不强

这是影响普通地方高校法学专业发展的主观成因。部属高校因历史之积淀，其师资队伍实力强、竞争力强，而普通地方院校的法学专业教师主要满足于教学，在科研的竞争力上实力较弱。更关键的是，因为有数以百计的这类师资力量不强的普通地方院校法学院的存在，使得法学专业教师并没有足够的危机感促使他们提升自己。即使有一点危机感，也是疲于应付教学而心有余力不足，并由此导致教师队伍发展的恶性循环。

上述问题的存在，导致普通地方高校法学专业的发展受到诸多限制。总结过往，是为打破这些限制提供背景支撑。如何冲破这些困境，是我们必须共同破解的难题。

三、破解普通地方高校法学专业建设困境的对策

普通地方高校法学专业要顺利发展，需要进一步明确自身定位、加强

师资队伍建设、加大硬件投入;明确专业发展定位,即从教学型转向教学科研并重型,教学应当注重实用。2016 年,两所大学的法学博士点、一所大学的法律硕士点被教育部撤销,给所有法学学科专业敲响了警钟:只有科研与教学并重才是普通地方高校发展的必由之路。

在法学专业教学方面,湖南科技大学的李伯超教授、李云霖教授提出了法学教育现代化的定位,包括"通识教育基础上法学专业教育的差异化探索、大众教育基础上法学精英教育的错位化发展与知识传承基础上法学创新教育的异质化展开"①。我国低端法律人才数量偏多,高端法律人才稀少,供不应求。大学的法学教育为了应对此种法律人才市场的变化,就需要培养"复合型、应用型、创新型、国际型"的职业化人才,从而解决高级法律人才需求与学校培养力度不足的矛盾。通识教育就成为培养复合型法律人才的教育基础。

"作为在文科领域实务操作性较强的法学教育,对法学教师的实务能力要求很高,教师的实务能力水平直接影响教学水平。"②在此方面,很多高校的法学专业教师队伍中,半数以上教师通过国家司法考试取得律师资格证,拥有丰富的律师执业经验,部分教师还担任仲裁委员会仲裁员、人民法院陪审员等工作。法学专业教师拥有丰富的实务经验,就能促使理论与实践的有机结合,把法律实务应用于教学中。法学专业学生则通过教师指导下的法庭旁听、专业实习、模拟法庭、定期的法律援助等活动,将所学理论知识用于实践。法学专业人才培养的教研用并重,就使得教师在提升教学水平的同时,极大地丰富了学生的专业知识和实践能力。

"从某种意义上说,法学教育应当成为培养未来的律师、法官、检察官等法律职业者的职业教育"③,所以将适当的课时交给校外聘请的法律实务部门的工作人员,为学生阐述实务与理论结合时发生矛盾点的解决方法以及传授实务经验,或者以判例材料为中心讲授案例研习等,这将会在

---

① 王禄生:"全国拟增21个法学博士点、63个法学硕士点",载《数说司法》2017 年 10 月 30 日。

② 李云霖、李伯超:"法学教育现代化:定位、支点与趋势——以法学本科教育为中心",载《大学教育科学》2016 年第 4 期。

③ 刘春芳、谭英:"应用型人才培养中法学教师教学研用能力研究",载《渤海大学学报》2013 年第 5 期。

很大程度上帮助学生更好地在掌握理论知识的同时认清理论与实务的差别。

其次，地方院校在人才培养中，也要紧密结合社会需求，面向地方经济社会建设，办出自身特色。社会发展需要多层次法律人才，十八届四中全会决议已为此指明方向，因此，各高校也要瞄准地方、行业需要，有针对性地培养社会需要的人才。根据社会发展需要，不少学校为此做出了相应努力，例如，湖南的某些学校根据立法法修订后的变化，在培养方案中增加了立法学、公证等方面的课程，以适应地方对立法、公证人才的需求。①

必须以非常规手段加强师资队伍建设。现有的六百多所法学院，发展水平参差不齐，据笔者所知，部分高校的法学专业仅有十余名专业教师。就全国而言，不具备相应条件的法学院理当停招学生，同时推动实现资源的有效整合。因为培养一名合格的法学专业教师并不容易，上述法学院的师资完全可以被其他高校吸收接纳，这样也许可以达到弱弱整合而渐强的目的。

当然，专职教师在努力教学的过程中，仍然不能松懈于对专业深度的钻研和对自身学历的进修和提升。普通地方高校的法学院不仅要吸收学历高、专业素质过硬的法学理论人才，而且对在实务部门专业素质过硬的实务课程教师的吸纳也必不可少。教师质量和数量的全方面改进将为学生带来更大的收益，使其在法学专业课的理论层次方面的学习更加深入、对实务层面的了解更加透彻等。

加大教学硬件的投入。梅贻琦先生曾言："大学者，非有大楼之谓也，有大师之谓也。"此的确为不刊之论。随着现代大学教育的高速发展，良好的硬件设施能为师生提供良好的教学与研究条件，自然也是专业发展的必然要求。法科教育的硬件配套设施，首重图书。

第一，普通地方高校的法学院要通过多种途径获取校外的赠书，要根据专业需要采购书籍。学院应该积极与校外企业人士、出版社等沟通，通过热心公益人士的帮助取得赠书，解决图书馆建设经费短缺情况下专业书籍的供给问题。

---

① 焦富民："'法治中国'视域下法学教育的定位和人才培养机制的优化"，载《法学杂志》2015 年第 3 期。

第二,加大力度建设法学数字化图书馆,可以多购买国内外的法学数据库。法学教育相对比于其他学科而言,存在知识更新极快的特点。以1997年修正后颁布的《刑法》为例,截至2015年,该法典已有九部修正案。每次修正案的颁布实施,都将导致相关教材、论著内容的更新。此时,更新极快的数字图书资源,就有着纸质图书不可比拟的优越性。例如,电子图书的成本相较于纸质图书的成本来说较低,利于有效地利用经费资源;电子图书便于携带,对时间和空间的限制较小,利于有效地利用时间;电子图书在知识的储存、传递、检索利用方面较为方便,共享性较好。

其次,也要加强法科学生实训设施的建设,例如,可以逐步建设教学所需的模拟法庭、司法实训室等,同时配套建立法律援助中心、法务中心等平台,组织学生积极参与实践,从解决学校、周边法律问题开始,逐步扩大自身影响,为法律专业发展积累社会资源。

普通地方高校的法学教育如能在上述方面有所改善,也许并不能从根本上解决教育不均衡的问题,但将大大地改变现在法学教育各校、各地发展极不平衡的现状。

四、结语

法学教育的目的在于培养学生人格上的独立和学术上的自由。在党和国家强调推进全面依法治国的今天,法学教育的进一步发展是完全可以乐观视之的,但作为法学教育的主体——普通地方高校法学专业如何发展顺利,如上所述,是值得反复思索的。综上所言,只有专业定位精准、教师团队质量优化、硬件配套设施不断完善发展,普通地方高校的法学专业才会获得可持续发展。

三教融合:法学教育落实立德树人根本任务思考

王　频*

摘　要:立德树人是教育的根本任务。作为培养专业法律人才和提升国民法律素养的主要途径,法学教育在实现立德树人的教育根本任务中发挥着重要作用。从教材的内容、教学的方式和教师的素养三方面融合并进,有助于在法学教育中落实立德树人的根本任务。

关键词:法学教育　立德树人　三教融合

法治人才的培养是依法治国的重要组成部分,是全面推进依法治国的重要保障。习近平总书记指出,建设法治国家、法治政府、法治社会,实现科学立法、严格执法、公正司法、全民守法,都离不开一支高素质的法治工作队伍。法治人才培养上不去,法治领域不能人才辈出,全面依法治国就不可能做好。法学教育承载着法治中国建设的重要使命,需要我们认真理解立德树人的科学内涵,在法学教育中坚持立德树人,德法兼修,为我国法治建设培养高素质的法治人才。

一、思想维度:正确理解立德树人的科学内涵

立德树人的思想在我国古而有之。"立德"最早出现在春秋《左传》,书曰"太上有立德,其次有立功,其次有立言,虽久不废,此谓不朽"。"立德"与"立功""立言"并称为三不朽,被古人视为人生成功的三部曲①。"立德"即树立良好的道德品质,培养健康的道德志趣,实现崇高的道德理想。"立德"在三不朽中排名第一,是人生的最高境界。"树人"思想最早载于《管子》,书曰"一年之计,莫如树谷;十年之计,莫如树木;终

---

* 作者简介:王频,女,湖南现代物流职业技术学院副教授。

① 王茂林、陈文凯主编:《立德树人 科研兴教》,西南交通大学出版社2012年版,第7-9页。

身之计,莫如树人”[①]。早在千年以前,古人就已经充分意识到培养人才的重要性。跟种粮食、种树相比,培养人才才是关乎千秋万代的长远事业。

作为我国源远流长的教育价值追求,立德树人的思想在实践中不断修正和丰富,发展成为了党和国家教育方针的本质要求。立德,就是培养确立崇高的思想品德;树人,就是培养高素质的人才。“立德”强调的是道德养成,“树人”强调的是能力培养;“立德”是“树人”的前提,“树人”是“立德”的目标[②]。立德树人思想是政治思想教育和道德教育的有机统一。政治思想教育是“立德树人”的核心。教育必须坚持正确的政治方向,自觉坚持为人民服务、为中国共产党治国理政、为巩固和发展中国特色社会主义制度服务、为改革开放和社会主义现代化建设服务[③]。道德教育是“立德树人”的基础。社会主义核心价值观、中华优秀传统文化和传统美德、中国精神等构成了中国特色社会主义的思想道德内容。教育必须要引导学生形成善良的道德意愿、道德情感,培育正确的道德判断和道德责任,追求高尚的道德理想[④]。

党的十八大报告提出,要把“立德树人作为教育的根本任务,培养德智体美全面发展的社会主义建设者和接班人”。教育部 2014 年 4 月 25 日颁布实施的《关于全面深化课程改革,落实立德树人根本任务的意见》正式将“立德树人”确立为教育的根本任务,明确提出要“改进学科教学的育人功能”。2016 年 12 月,习近平总书记在全国高校思想政治会议上发表讲话,指出“立德树人是高校的立身之本,更是素质教育的价值追求”。党的十九大再次强调:“要全面贯彻党的教育方针,落实立德树人根本任务。”从党的工作报告到政府的政策文件,全面确定了立德树人这一教育国策,表明了党和国家对教育落实立德树人根本任务的坚定决心。立德树人就是聚焦学生健康成才成长,以德为先,培养德才兼备的中国特色社会主义事业建设者和接班人。

---

① 田建国:《立德树人》,中国石油大学出版社 2013 年版,第 23 - 26 页。

② 谢安国:“习近平立德树人思想的科学内涵和重大意义”,载《教育管理》2018 年第 9 期。

③ 习近平:“在全国高校思想政治工作会议上的讲话”,载《人民日报》2016 年 12 月 9 日。

④ 习近平:“在中共中央政治局第十三次集体学习时的讲话”,载《人民日报》2014 年 2 月 26 日。

二、行动维度:三教融合,畅通法学教育落实立德树人路径

立德树人作为社会系统工程,需要协同创新。在2018年9月11日召开的全国教育大会上,习近平总书记强调:"要把立德树人融入思想道德教育、文化知识教育、社会实践教育各环节,贯穿基础教育、职业教育、高等教育各领域,学科体系、教学体系、教材体系、管理体系要围绕这个目标来设计,教师要围绕这个目标来教,学生要围绕这个目标来学。凡是不利于实现这个目标的做法都要坚决改过来。"立德树人不仅仅是道德教育,它还需要政治教育、法制教育、心理教育、艺术教育、传统文化教育等多学科的同向同行。法学教育具有显性的法制教育功能,应该从教材体系、教学方法和教师素养三个方面三教融合,全面落实立德树人的根本任务。

1. 优化教材是基础

教材是教学的基本工具,发挥着传授知识、引导教学的重要作用。我们要坚定道路自信、理论自信、制度自信、文化自信,合理优化法学教育教材体系,打好落实立德树人根本任务的基础。一方面,在法学教材内容上,我们应增加思想政治教育内容,帮助同学们坚定马克思主义信仰,自觉坚持中国特色社会主义,自觉拥护中国共产党的领导,与党同心同德;在体系上增加中国法治文化、中国特色法治理念等突显中国法律文化的课程教材,在文字上多使用经史典籍中的佳篇名句。通过中华优秀传统文化的教育熏陶,引导学生们自觉传承,增强文化自信,增强文化自强。另一方面,针对现有法律职业道德教材的不足,在编写内容上进行丰富和优化。法律人才"一定要有法律学问,才可以认识并且改善法律;一定要有社会的常识,才可以合于时宜地运用法律;一定要有法律的道德,才有资格来执行法律"。法律职业道德与一般社会道德相比,具有主体的特定性、职业的特殊性和更强的约束性等特征,具有很好的规范、示范、提升和辐射作用。然而,由于法律工具主义理论的影响,现行的法律职业道德培养并未得到应有的重视,法律职业道德教材的编写理论性有余,实践性不足。相较于法学教材在解释法律术语与理论制度时的正式化用语,法律职业道德的教材内容编写可以考虑使用较为生动的语言以满足现代大学生的阅读心理。同时增加对社会现实和热点事件的回应,以强化学生的身份代入感,激发学习兴趣。

2. 改进教学是核心

教学是教育的核心过程,教学的理念、设计、手段影响着教学质量的高低和教学目标的实现。立德树人所要求的政治思想教育和道德教育需要在教学中多营造浸入式学习氛围。我们需要转变教学理念、科学设计教学过程,合理运用信息化教学手段和各种教学方法,抓好法学教育落实立德树人根本任务的核心环节。在教学理念上,我们应充分认识教学过程中教师的主导性和学生的主体性,开展启发式教学活动。让学生变成学习的主人,才能将对知识的被动接受转化为主动探究,实现内在教化。在课堂教学设计上,我们应注意课堂的留白,多采用合作学习法、案例教学法引导学生自我思考。借助热点时事、社会现象、佳片名句等多元载体,将知识传授和德化教育融入课本之外去。将理论知识的学术特性与同学们的所见、所感、所想联系起来,帮助同学们入眼、入脑、入心。在实践教学设计上,可以开展法律援助、法律宣讲等公益实践活动。通过职业角色的提前代入,让学生自主习得法律技巧和培养法律职业道德;通过社会责任的分担,培养学生对弱势群体的关注和对法律职业使命的感知。在教学手段上,我们可以多借助信息化教学手段丰富课堂呈现形式,拓宽传统课堂的物理边界。一方面,信息资源和信息技术的使用更为接近当代大学生的认知习惯,能够帮助其理解和消化知识,使寓“德”于“教”的活动更加生动;另一方面,移动多媒体的普及打破了传统课堂的时空、地理边界,学生可以利用碎片时间便捷学习,充分实现课内课外、线上线下的混合式教学,强化教习的“内化于心、外化于行”。

3. 提升教师是保障

作为立德树人根本任务的主要践行者,教师的师德、师风、师能对教育目标的实现影响重大。在法学教育中切实提升教师的思想政治素养和品德修养,增强育人意识,精进教学是落实立德树人根本任务的保障。教师要坚定马克思主义信仰,夯实思想政治理论功底,以正确的政治方向来影响学生;要注意言行,自我表率,以高尚的道德情操来引导学生。教师要充分认识到立德树人关注的是人的全面发展,育人不单单是科学文化知识的传授,还包括思想政治素养和行为品德素养的培养。只有充分认识到德育的重要性,有了通过“立德来树人”的育人意识,教师才能有内在的行为动力,自觉践行德育教学。教师还要与时俱进地精进教学,因材施教地合理运用教学手段和方法来激发、引导学生学习,用渊博的专业学识和娴熟的教学技巧帮助学生完成知识的内化。学高为师,德高为范。教师需要时刻自律、保持自省、不断自励,努力提升学识和品德的自我修养,才能使学生"亲其师",才能"信其道""循其步"。

法律是成文的道德,道德是内心的法律。以实际行动带动全社会崇德向善、尊法守法是每个法律人义不容辞的责任担当。在法学教育中落实立德树人根本任务既是对教育国策的积极响应,也是法学学科特性的应有之义。我们要以教材为基础、以教学为核心、以教师为保障,全面畅通立德树人的实现路径,以期实现培养德法兼修高素质法治人才目标。

参考文献

[1]王茂林,陈文凯.立德树人 科研兴教[M].成都:西南交通大学出版社,2013.

[2]田建国.立德树人[M].青岛:中国石油大学出版社,2013.

[3]谢安国.习近平立德树人思想的科学内涵和重大意义[J].教育管理,2018(9).

[4]习近平.在全国高校思想政治工作会议上的讲话[N].人民日报,2016-12-09.

[5]习近平.在中共中央政治局第十三次集体学习时的讲话[N].人民日报,2014-02-26.

[6]张莉.高校立德树人根本任务的实现路径研究[D].东南大学,2017(1).

[7]安军.法学专业教育中融入思想政治教育的途径研究[J].学校党建与思想教育,2018(5).

我国普通高校法学教育现状问题与完善发展探讨

杨启敬*

摘　要:法学教育发展速度虽快,但由于在专业设置之初过于仓促,前期的论证过于简单,特别是国家经济社会发展对法学教育和法学人才提出的要求越来越高,繁荣的法学高等教育背后出现了各种各样的问题,需要认真反思和理性检讨,需要对高等法学教育的定位、思路、目标以及培养方案等进行重新完善,需要对高等法学教育的体制和结构进行优化。

关键词:高等学校　法学教育　现状问题　完善发展

一、高等学校必须重视法学教育

法学是法律的基本问题,而法律是宪政的基本问题。从这个意义上说,一个国家法学教育的发展史就是一个国家法律命运的变迁史,同时也折射出其政治制度的演变。① 学科是高等教育发展和专业知识传播的载体,是聚集学术力量和培养专业人才的平台,是高等教育发展的核心资源。从某种程度上说,学科实力就是高等学校综合实力、整体实力和科研实力的体现,学科结构完善与否、学科层次高低与否是衡量高等教育整体水平和教研整体实力的重要指标。高等学校是我国高等级专门人才和知识分子培养的重要阵地,为我国现代化发展提供智力支持和智慧保障,在国家建设和发展的视野中具有举足轻重的地位。由于国家经济社会发展的需要对人才的知识结构提出了新的要求,不再是过去简单的重视人才的科技含量,更加注重人才的综合人文素养以及强烈的社会意识,这就为高等教育的转型和学科建设的发展提出新的挑战,必须注重加强高等学校的人文社会科学教育。而法学是人文社会科学的重要组成部分,法学学科具有较强的包容性,内涵丰富,涉及领域广阔,对人文社会科学发展

---

* 作者简介:杨启敬,男,中共湖南省委党校法学部副教授。

① [美]庞德:"国民政府教育部法律委员会第五次会议上所做的关于法学教育问题的报告(1948 年)",转引自杨振山:"中国法学教育改革之研究南京",载《政法论坛》2000 年第 4 期。

起着牵引和指导作用。因而，高等学校注重人文社会科学的发展应当着重突出法学学科的发展地位。

教育可以促进人类成长，可以提高社会的文明水平，可以推动科学技术的发展，可以推进国家和社会的进步。法学教育是一个国家教育事业发展体系中不可缺少的重要部分，不仅是传播知识、推进社会文明进步的基本力量，更是传承法治理念、弘扬法治精神、培养法律人才的基本渠道，是一个国家民主法治建设的根本基础。正如有学者所言："法学教育的发展、教育人才的培养，关系到政权的巩固，关系到市场经济体制的建立，关系到依法治国战略的实现。"①"社会医生"是对法律职业者的一个形象比喻，法律职业者的工作就是要保障法律制度的实施和法律最终目标的实现，他们是社会灵魂和肌体健康的守护者，很显然，培养这种"社会医生"的重要责任就落在了国家法学教育的身上。

在西方国家历史上，法学教育对现代高等教育发展和社会法治进步起着举足轻重的作用。"在罗马法古典时代，随着罗马法学家集团的出现，法学教育也就同时发展起来。"②东罗马帝国时期，君士坦丁堡、贝鲁特等城市都开办了专门的法律学校，那时候的法律学校就是早期高等法学教育的起源。后来到了中世纪的西欧，讲授罗马法和教会法的讲座就开始出现在以意大利北部的波伦亚大学为代表的一些近代历史上著名的大学课堂里。进入 17 世纪，讲授本国家和民族的法律和习惯法等的法律课程已经盛行于各大学，法学教育已经在教育体系中占据首要位置，此时，法学教授具有较高的社会地位，享有很高的社会荣誉，而且，这时的法学教育培养出了许多近代著名的西方法学家。当前的世界各国，以美国哈佛大学、耶鲁大学、斯坦福大学和英国牛津大学、剑桥大学为代表的具有深厚历史底蕴的大学都是以自己拥有的法学院而享誉世界、誉满全球，特别是像印度和埃及这样的发展中国家，也高度重视法学教育，法学教育在其高等教育体系中具有十分重要的地位和作用。

二、我国法学教育的基本框架

法学教育在我国同样具有深远的历史，形成了传统。早在夏、商、周

① 周一平、周彬保："论新时期法学教育的改革"，载《甘肃政法学院学报》2002 年第 5 期。

② 沈宗灵：《比较法研究》，北京大学出版社 1998 年版，第 12 页。

时代,法就作为“八教”之一,成为正统的国家教育内容;秦朝和汉代时期设置了专管法律事务的政府官职,选拔官员还必须参加“法科”考试;清政府时期,正式创建了历史上第一家专业的京师法律学堂;国民政府正式确立了国家的法律教育体系,学习和借鉴西方,开启了现代法学教育旅程;中华人民共和国成立初期,国家以苏联为师开始创建中国的法学教育体系;改革开放又为我国的法学教育带来新的发展契机;今天,法学教育已经成为我国高等教育体系中发展最快的一个部分,呈现出了一派欣欣向荣的景象。当前,全国有 1052 所法学院系(2001 年全国设有法学本科专业的高等学校是 292 所;到了 2005 年年底,发展到 559 所;到 2012 年全国已有 1052 个法学院系)。我国目前高等学校法学教育具有一定规模和较大影响的基本上大致可以分为几类:第一类是以北京大学、武汉大学等为代表的综合性大学的法学教育;第二类是以中国政法大学、西南政法大学等五所原司法部直属的政法院校为代表的专门政法院校法学教育;第三类是以北京师范大学等为代表的师范院校的法学教育;第四类是以对外经济贸易大学等为代表的财政金融经贸院校法学教育;第五类是以华南理工大学、中国农业大学等为代表的理工科、农林类和矿冶类大学法学教育;第六类是以天津医科大学等为代表的部分高等医学院法学教育;第七类是以中央党校和各省级党校为主的党校法学教育体系,当然党校属于各级党委的重要部门,教学以培训轮训党的领导干部为主,因此,当前党校法学教育主要集中在法学的研究生教育以及领导干部的法学在职研究生教育上,但其同样作为法学教育的重要组成部分,在法学人才培养上与高等学校具有某些相通的地方。

三、我国高等学校法学教育存在的问题

当前,我国高等学校法学教育格局已经初步形成,各校的法学教育体制具有较大的相似性,表现在:教育计划的完全一致、教学模式的近乎相同以及法律人才培养结构的大同小异。我国许多高等学校的法学教育基本都是在社会发展背景下探索高等教育观念转变、体制改革的进程中设置的,设置之初的主要目的过多倾向于自身学科结构的改善、办学规模的扩充以及建设综合性大学的需要,再加之法律市场需求在当时短时间内的急剧增加,仓促、盲目以及急功近利的心态使得缺乏对法学教育发展规

律和发展模式的冷静思索。而且，部分高等学校在法学教育实际过程中没有仔细分析自身学校的学科优势和资源优势，法学教育与自身的优势学科和教育资源相脱离，没有形成自身的法学教育特色，这从很大程度上说是造成国内法学教育形式上繁荣、实质上却高度同质化局面的主要原因。目前，高等学校法学教育普遍存在制约自身法学教育发展的瓶颈，如法律人才的培养模式、教学计划的设置布局、高层次人才引进等就是突出的共性问题。经济的市场化发展道路和社会的现代化转型趋势已经要求高等教育具有多元化的发展理念，需要培养多样化的优秀人才，法学教育更是如此。千篇一律的教育模式已经不能满足当前经济社会发展和国家教育水平提高的要求。因而，当前对高等学校法学教育进行深刻探索，发现存在的问题，寻找发展的规律，根据实际情况科学谋划国家高等学校法学教育的发展道路具有相当重大的理论价值和实践意义。在高等法学教育体系中，本科教育处于基础地位。本科教育对于整个法学教育体系来说，位置特别重要，任务也十分艰巨。高度一致和缺乏特色是当前我国高等法学教育存在的最大问题。事实上，各所大学之间在学校类型、教育层次、学科结构、办学规模、教学传统、硬件条件、师资队伍和人才培养目标、方式等方面有很多的差别和不同之处，这些不同之处成为评定各所大学的教学质量、学术水平的重要指标，成为拉开各所大学之间差距的主要因素。因此可以说，各所大学本身就各有优势、各有差距，决定了各所大学的教育状况和发展战略不应当是一样的，决定了大学教育之间的差异化是不可避免的客观事实。为什么在高等法学教育这一块，又会出现雷同呢？这是一个应当令人深思的问题。学校现状的多样化、学校发展的多样化和市场需求的多样化决定了未来高等学校法学教育的多样化，这是一个必然的教育发展规律。因此，高等学校在建设法学教育体系之前应当真实了解自身的实际情况，掌握关于国家法治走向的方针政策，准确把握市场发展对法律人才的实际需要，正确定位自己的法学教育理念，结合自己的特点来确定自身的法学教育模式。只有明确了定位，明确了人才培养的要求，才能对症下药，制订出适合各类人才的培养方案。

四、高等学校法学教育应当重视的范畴和环节

高等学校法学教育的目的是清楚认识和科学谋划高等学校法学教育

发展的基本问题。仁者见仁智者见智,不同的人对这一问题的认识是不一样的。当前,高等学校法学教育要进行改革,排在第一位的就是要清楚地认识法学教育的目的或者法学教育的培养目标,要明确究竟要通过法学教育培养出什么样的法律人才,这是最基本的问题,也是影响法学教育整体发展的根本问题。对于高等学校法学教育的目的,众说纷纭。有的学者认为"是以培养高素质的立法、行政、司法、教育、研究、社会管理等多方面的治国人才为目的"①。有的学者认为"法学教育的目的在于为国家和社会培养精通法律的社会和国家管理人才,为法学教育和法学研究的发展培养理论人才,为立法与执法培养法律实践人才"。② 也有学者认为"是促进法治社会的形成而培养人才的主张"。③ 还有学者认为"中国的大学法律教育应将为社会培养大批合格的法律实务工作者作为主要任务和目标"④。高等学校法学教育的目的是基本问题,也是核心问题,深深影响着法学教师从事法律教学研究的态度,也深深影响着法科学生学习研究法律的态度和效果,从更大的层面上说,它影响到国家法治建设的进程,影响到依法治国战略的实施。明确了这个基本和核心问题,法学教育才找准了路标,才能做到运筹帷幄、胸有成竹,高等学校法学教育才具有明确的方向,才更具有针对性。

培养法律人才成功与否不能以学校毕业的学生中有多少著名的律师、多少高级别的官员为依据,更不是看学生现在拥有的资金财富,这些都是低层次的表现,真正的衡量法律人才培养成功是要看毕业的学生对于国家法治发展和社会文明进步所做出的作用和贡献。法律是社会关系的调整器,是维护社会稳定与促进社会发展的基础单元,所以法律是与国家和社会紧密相连的,法律是社会中的法律,是服务社会、造福于民的事业。"精通了法律,不能为社会服务,为公众谋利益,而专为自己寻好处求享用,这不能叫人才,更不叫作法律人才。"⑤高等学校法学教育必须紧紧

---

① 夏锦文:"法学教育与司法考试:互动中的矛盾及其消解",载《学习与探索》2002 年第 6 期。

② 卓泽渊:《法的价值论》,法律出版社 1999 年版,第 323 页。

③ 沈宗灵:"有关法律教育课程体系的两个问题",载《中外法学》1995 年第 4 期。

④ 刘作翔:《法律的理想与法制理论》,西北大学出版社 1995 年版,第 170 页。

⑤ 孙晓楼:《法律教育》,中国政法大学出版社 1997 年版,第 11 页。

抓住法律的目的和作用这根主线，法律具有公益性和社会性要求高等学校法学教育也应当具有公益性和社会性的特征，法学教育的最终目的就是服务社会和造福社会。高等学校法学教育的目的是服务社会和造福社会，要求法学教育过程中必须注重培养学生两方面素养：

第一，法学教育要培养学生具有法律的知识。人是法律运行的主体，法治现代化关键是掌握法律知识的人运用法律知识来推进国家和社会的依法治国、依法治理。人是法治建设最重要的因素。法律从制定到实施最后到通过法律去救济权利这一系统的运行过程，都始终是以人在其中发挥主体和推动作用。换句话说，如果培养出来的法律人才，不具备扎实的法律知识或者知识学习不到位，那么法律的运行过程就会出现问题，甚至可能会出现“社会医生”草菅人命的情况。高等学校法学教育的目的第一位应当是让学生具备法律专业的基本知识，让他们掌握法律学问，只有先学习法律，才能掌握法律，才能运用法律，最后才能理解和领略法律的精神和价值，这是高等学校法学教育人才培养的基础工程。

第二，法学教育要培养学生具有法律的道德。公平、正义、秩序、效率是法律的基本价值追求，也是法学教育的真谛，是每一个法科学生和法律职业者应当坚守的法律道德。法律职业者只有具备法律道德，他才不会用自己掌握的法律去危害社会，危害人民。让法科学生在学校学习期间就牢固树立法律的道德观，忠于法律，忠于国家和社会，忠于事实，这是每一个法科学生和法律职业者必须具备的高尚情怀，更是高等学校法学教育人才培养的精神价值。

法律是规范社会秩序的价值体系，这是对法律最根本的认识。法律是为社会发展服务的，这就要求法学教育除了重视法律知识、法治学问的传授之外，必须注重法律道德的教育和培养，包括法律价值精神、人品道德等。没有高尚的法律道德和可靠的人格品德，法律会成为某些人危害社会的武器，由此看来，高等学校法学教育的目的可以划分为最低和最高两类型。法学教育的最低目的是培养具有法律知识、能够运用法律解决实际问题的法律工作者。法学教育的最高目的是培养和塑造学生的法律道德、人格品德，让学生具备正义观和法律观，树立法治的信仰，铸就法律人应当具备的独特的人生观、世界观和价值观。

我国普通高校法学教育目标定位之探讨

李 灿*

摘 要:肇始于20世纪70年代末的改革开放揭开了中国经济社会发展的序幕,也给我国的高等教育创造了优良的发展环境,其中法学教育呈现出了蓬勃发展的态势,成为发展最快的学科之一。当前需要对高等法学教育的定位、思路、目标以及培养方案等等进行重新完善,需要对高等法学教育的体制和结构进行优化,这是关系到国家高等法学教育发展未来和法学人才培养的重大理论与现实课题。

关键词:高等学校 法学教育 面向实践 面向基层 面向未来

在走向法治的道路上,我们每一个人既是法治明天的见证者,又是法治未来的建设者。面对法治的明天,我们要站得高看得远,只看到眼前的困难而畏缩退步,建不成真正的法治国家。法律要服务国家、社会和人民,而要更好地发挥法律的作用,就必须要让法律为实践服务、为基层服务、为未来服务。法治建设要立足现在,掌握未来。理性的法学家都在探索一条道路,如何把自己研究的智慧结晶向社会传播,要么影响社会,直接渗透到人们的行为之中;要么影响国家发展的进程,直接进入国家决策者的文件和方案之中,以实现对未来法律运行和法治建设的系统作用。贝弗里奇说过:“科学若要有价值,就必须预言未来。”因而,我国高等学校法学教育使命就是要面向实践、面向基层、面向未来培养合格的法律人才。

一、法学教育要面向实践

第一,学生学习要面向实践。在我国法学教育中,存在一个相同的问题,即不重视实践能力和操作技能的训练,重理论知识传授,轻职业技能培养,重理论讲解,轻实践训练。而法学本应是一门应用性、实践性很强

* 作者简介:李灿,女,中共湖南省委党校法学部副教授。

的学科。近几年法学教育的实践表明，高等学校法学教育培养出来的法科毕业生都很难适应法律事务部门对人才的实际需要，实务部门往往要花费三到四年的时间去培养学生的实践操作能力，这一个问题不管是专门的政法院校毕业生，还是综合性大学法学院毕业生都普遍存在。因而，缺乏法律实践锻炼和忽视法学实践教学是导致当前法律人才培养困境的最大难题。

第二，法学院的法学教育方向要面向实践。当前评价高等学校水平的标准被无情的套用在评价高等学校法学教育上，使用的是严格残酷的学术性标准，如硕士点的规模、博士点的情况、师资队伍中教授和博士的数量，科研成果和发表文章的数量、质量层次和引证转载率，用这样残酷的学术标准去评价法学教育并不能真正展现出法学教育的宗旨和目的。这样无形之中就有了一把枷锁套在了各类高等学校身上，他们法学教育的重心自然而然就落在了追求上述评价指标之上，而且还为此不遗余力、乐此不疲，偏离了法学教育教学的根本，使得理论讲授成为法学教育的主导模式，使得法学教育缺乏实践性成为必然，特别是众多高等学校纷纷将自己定位为“研究型学校”，并为此细化任务、详解指标，使得实践教学的分量在法学教育中少之又少，地位始终得不到重视，原因就是实践教学与高等学校的评价指标和发展定位不相符合。

第三，法学教育的教学方法要面向实践。法学是人文社会科学中最具实践性的学科，它来源于实践，又要服务于实践，实践性是法学的重要属性。因而，实践教学应当是法学教育的重要部分，占据重要地位。而且，法学教育中的法律知识传授、法学理论讲解、法学思维形成、法律职业技能的提高、法律职业素养的培育和法律职业道德的养成，等等，都需要通过实践教学来检验和测量，实践教学具有极其重要的作用。法学教育方法应当以实践为本位，这是法学教育自身的特征决定的，是法学教育的属性要求的。从一定意义上说，可以将实践教学作为考察法学教育合不合格的基本指标，作为培养法律人才合不合格的基本指标。

法学学科的实践性决定了法学教育的实践性，决定了承担法学教育职责和任务的法学教育学校与教研人员的实践性，要求法学教研人员和法学教师要转变法学教育观念，创新法学教育模式，树立实践教学的正确理念，遵循法学实践教学的规律，在法学教学工程中坚持以实践为中心，在实践中提高学生的法学理论水平,在实践中提高学生的法学技能水平。对于高等学校来说,应当重新审定法学教育的培养模式和培养方案,明确以实践为核心的教学理念。注重发挥学生在实践教学中的主体地位,在注重学生理论水平提高的同时,重视学生实践能力的提升,培养既具有一定知识水平和理论深度,又具有较强实践操作能力的法律人才。

二、法学教育要面向基层

第一,基层是需要法治关怀的地方,是能够为法律工作者提供发挥自身法律专长、展示法律能力的大平台。当前,我国法学教育比较繁荣,从事法学教育的高等学校数量较多,但法学毕业生的就业形势却每况愈下。一方面是法学毕业生找不到工作,没有就业单位;另一方面是中西部地区和基层的政法机关招不到法律人才,有的机关常年人员缺编严重,有的地区甚至一个县连专职律师都没有。供需对比,反差极大,这也正是当前法学教育的困境和难题。产生这些问题的原因固然有国家层面的体制问题,但法学教育自身存在的问题也是导致这一现象出现的重要原因。人才培养结构失衡是法学教育的现状,是影响法学教育长远发展的瓶颈。这就要求高等学校在法学人才培养上适当采取差异化的培养模式,当前应当更加重视中西部和基层地区的人才需求,对于法学学生来说,也要端正观念,从某种程度上来说,基层具有更能发挥法律专长的优势,是更能实现法律人人生价值的舞台。

第二,基层的法律人才极其缺乏。由于受长期以来城乡二元体制的影响,基层在经济发展、社会建设等多方面不具备较强的区位优势和政策优势,使得资源在市场机制配置下流向基层的甚少,其中法律人才极缺就是典型表现。这种状况也是导致现在区位发展不平衡的重要原因,是影响中西部和基层地区发展的制约因素,改变这种状况需要国家体制政策层面的干预,也需要国家高等法学教育层面的引导。

第三,基层国土面积广阔是我国最大的国情,基层民众为国家发展做出了巨大贡献是我国最大的现实,基层是最锻炼人才、培养人才和发现人才的地方。因此,从这一层面上讲,基层就是国情、基层就是感情、基层意味着本领。当然,基层也是我国法治建设最薄弱的地区。无论是从国情、感情,还是从锻炼本领的角度来看,都需要加强对法律人才面向基层培养的重视力度。

三、法学教育要面向未来

第一,面向未来,构建与法治中国相适应的高等学校法学教育体系。法治是国家发展的主题,是社会发展的潮流。无论是法治国家建设,还是法治政府建设,抑或是法治社会建设,都给国家的法学教育和法律人才培养提出了更高的要求,也带来更好的发展契机。面向中国法治建设的未来,要求高等学校法学教育更加注重公平正义、法律至上的理念教育,更加注重服务社会、报效国家的宗旨教育,更加注重不畏邪恶、秉持正义的信念教育,更加注重恪守职业道德、践行法治使命的品德教育。高等学校承担着为未来法治建设输送合格优秀法律人才的重任,起着举足轻重的作用。因而,高等学校应当审时度势,认清使命,转型教育模式,创新教育理念,主动承担起国家未来法治建设的历史重任。

第二,面向未来,构建与权利时代相适应的高等学校法学教育体系。维护和保障公民权利是时代发展的标志,是社会文明进步的标志。权利观念的增强、权利意识的提高、权利思维的形成和权利理念的认同是当今社会发展的主流。人们越来越注重关心和保障自己的合法权利,越来越注重通过法律的方式维护自己的权利。处于法治中国的今天,面对人民强烈的权利需求,高等学校的法学教育应当发挥培育和引导社会形成正确权利观的重任,应当更加明确加强对社会权利宣扬的正确导引,这是高等学校法学教育和法律人才培养的重心。

第三,面向未来,构建与和谐社会相适应的高等学校法学教育体系。全面建成小康社会是社会主义和谐社会建设的战略步骤。改革开放开启了中国市场化的发展道路,也揭开了中国社会现代化转型的序幕,在转型期和变革期,还存在着各种与社会和谐格格不入的社会现象,社会问题有的时候还比较突出,社会矛盾有的时候还比较尖锐,这些都需要加强国家和社会的法治建设,通过法治的方式来增强社会的治理能力和提高国家的治理水平,从而实现国家治理体系和治理能力的现代化。法治在和谐社会建设和现代化转型中承担着重要责任,这对国家的法律人才提出了更高的要求,也对高等学校的法学教育提出了更高的要求。面对国家的现代化转型和社会的现代化发展,高等学校法学教育应当适时调整,以适应新时期国家发展的需要,以满足国家和社会发展对法律人才更高的需求。

第四,面向未来,构建与经济全球化相适应的高等学校法学教育体系。经济全球化已经成为世界发展的潮流,成为世界经济发展的核心模式,也对世界各国提出了严峻挑战。顺应经济全球化的发展趋势,高等学校法学教育要注重学生国际化视野的拓宽和世界性思维的提升,要更加注重世界性、国际化法律人才的培养。中国经济走向全球需要国际化的法律人才和智力支持,高等学校法学教育要面向未来,才能在经济全球化的发展潮流中勇立潮头。

四、结语

法治中国是未来中国法治建设新的目标,是中国坚定不移走依法治国道路的新的战略部署,中国法律人的地位将会得到新的进一步的提升,又将会有一大批优秀法律人才进入国家政治、经济、文化和社会建设的各个领域。国家法治建设的生力军仍然主要是法律职业人,他们是中国法律体制构筑的基础,是法治建设之路的领航人和推进者。这是法治事业赋予法律职业人的使命,更是时代发展赋予法律职业人的职责。在中国政治、经济体制改革不断加快和深入的伟大征程中,在国家现代化转型的宏伟道路上,法律人将担当起未来中国法治大厦建设的责任,成为中国法治建设的“中流砥柱”。发展高等学校法学教育是培养合格和优秀法律人的基础,这应当是法学教育的时代责任和教育使命,是国家法治建设不断发展和深入的客观必然,更是高等学校在法学教育领域赢得竞争优势地位而应当真正引起重视的“资本”。高等学校法学教育应当紧跟时代发展的步伐,把握国家政治经济发展的大势,认清未来法治中国建设的真正要求,立足实际,进行培养模式的创新和转型,面向实践、面向基层、面向未来,培养法治中国建设的法律人共同体。法治中国的建设,需要优秀合格的法律人才;法律人才的培养,需要良好健全的高等学校法学教育。高等学校肩负着培养法律人的神圣使命,是国家法治的希望所在,是国家法治的未来所在。当前的高等学校法学教育必须认清现实发展的实际情况,在传授给学生基本法律知识的同时,更要注重学生精湛法律技能的培养;在提高学生法律理论水平和实践能力的同时,更要注重学生法律道德和人格品德的培养，要让学生形成忠诚于法律的思想信仰，形成法律至上的职业精神。健全高等学校法学教育的发展体制、完善高等学校法学教育的模式结构，为培养出一批又一批的法律精英和国家栋梁提供体制基础。高等学校是国家人才培养的基地和摇篮，高等学校法学教育是未来法律人才辈出的基础工程。当然，高等学校还承担着向社会传播正能量、宣传主旋律、向社会传播先进文化理念的责任。国家法治建设除了法律人共同体的艰辛和努力之外，更需要全社会、全民族对法治中国的高度认同，更需要全民族法律素养、法治意识、法治观念与法治精神的普遍提高。正因为如此，高等学校法学教育除了培养法律人的责任之外，还要承担提高全民族法律素养、提升全社会法治意识的重任。优秀法律人才的层出不穷，全民族法律意识和法治素质的不断提高，才能为社会法治环境的形成创造浓厚的氛围，才能加快法治国家和法治社会建设的步伐。有学者认为："法学院的遍地开花使更多的人能够打开法律之门，步入法律的殿堂，但法学教育是要为国家法治服务的，它不是一种纯知识的形而上学。"① 高等学校法学教育的最高追求始终是为国家和社会培养合格优秀的法律人，这一点是永远不会改变的。对于在高等学校接受过系统法学教育的法学学生来说，毕业以后将成为法律职业人，因此，应当抓紧在学校学习的大好时光，努力学习法学知识，锻炼法律技能，提升法治精神，提高法治素养，在接受法学教育的过程中要努力做到"像法律人那样思考"！②

---

① 牛悦："扯下神圣的面纱"，载《中外法学》2004 年第 2 期。

② ［美］波斯纳：《法理学问题》，朱苏力译，中国政法大学出版社 2002 年版，第 125 页。

论党校法学教育与领导干部法治思维能力提升

段红柳*

摘　要:提升领导干部法治思维能力是新时代党对党政领导干部基本素质提出的新要求。而党校作为各级领导干部接受培训轮训的主阵地、主渠道,理应承担起提升领导干部法治思维能力的重任,并按照法治思维形成的内在机制,合理安排教学内容,创新教学方式,切实提升领导干部法治思维能力。

关键词:党校　法学教育　领导干部　法治思维

自党的十八大以来,以习近平同志为核心的党中央多次强调要"提高领导干部运用法治思维和法治方式的能力"。党的十九大报告又提出了将"坚持战略思维、创新思维、辩证思维、法治思维、底线思维",作为增强党的执政能力和执政本领的要求。习近平总书记在党的十九届一中全会的讲话中再次指出:"在新时代的征程上,全党同志一定要适应新时代中国特色社会主义的发展要求,提高战略思维、创新思维、辩证思维、法治思维、底线思维能力,增强工作的原则性、系统性、预见性、创造性。"提升运用法治思维能力是新时代党对各级领导干部素质提出的新要求,是当今领导干部面临的崭新课题。党校作为领导干部学习的主渠道和主阵地,应在法学教育方面承担起提升领导干部法治思维能力的重要任务,充分利用党校自身优势,发挥更大作用。

一、提升领导干部法治思维能力是党校法学教育的重要目标

领导干部作为推进依法治国的重要组织者、推动者、实践者,是全面依法治国的"关键少数"。如何提升领导干部法治思维能力,促进领导干部在依法治国,建设社会主义法治国家进程中发挥好关键作用,是党校法学教育义不容辞的职责和使命,理应成为党校法学教育的重要目标。

---

* 作者简介:段红柳,女,中共湖南省委党校法学部教授。

(一)提升领导干部法治思维能力是贯彻落实党坚持全面依法治国重大战略的必然要求

坚持全面依法治国是中国特色社会主义新时代党确立的“四个全面”重大战略之一。坚持全面依法治国,各级领导干部肩负着重要责任,要带头崇尚法治,做尊法学法守法用法的模范,为全民守法做出示范和表率。党校姓党,这是党校教育的根本指针。党校作为培训轮训党员领导干部的主渠道和主阵地,《中国共产党党校工作条例》明确要求“围绕党和国家工作大局,按照实事求是、与时俱进、艰苦奋斗、执政为民的要求,尊重和研究干部成长规律和党校教育规律,针对干部成长的特点和需求,以马克思主义理论特别是中国特色社会主义理论体系为主课,培养忠诚于中国特色社会主义事业、德才兼备的党员领导干部和理论干部”。因此,提高领导干部运用法治思维和法治方式深化改革、推动发展、化解矛盾、维护稳定能力,是党校法学教育的重要目标,是贯彻落实全面依法治国重大战略的必然要求。

(二)提升领导干部法治思维能力是不断提升领导干部法治素养的迫切需要

党校学员来自各个机关、部门和企事业单位,所处的工作领域和面临的工作任务各不相同,需要的工作技能和工作方法也有所不同,但带头遵守法律,运用法律思维和法治方式谋划工作、处理问题则是全面依法治国条件下共同的要求。经过近几十年来的法治实践,各级领导干部的法治观念明显有所增强,但不可否认的是,一些领导干部的法治意识、法治思维能力仍不适应新时代发展要求,传统的人治思维、权大于法观念仍在少数领导干部脑海里根深蒂固。具体体现在:在推动地方经济发展过程中,有的领导干部对改革与法治的关系不能正确认识,还是习惯于运用过去的思维方式,寻找法律漏洞,打法律擦边球,不讲法治,甚至以言代法、以权压法,牟取地方利益甚至非法个人利益;还有的领导干部在工作决策过程中,轻视法律,肆意法外扩权,制定一些披着法律外衣的“霸王条款”和“土政策”,不顾社会公平正义,等等。改变这一现状,就迫切需要党校在培训轮训党员领导干部时,加强法学教育的针对性,力求通过创新教学方式,在宣讲法治理论基础上助推领导干部牢固法治观念,树立法治思维,提升法治思维能力。

(三)提升领导干部法治思维能力是提高党校法学教育质量的重要抓手

党校不同于普通高校,其教育对象是在职党员领导干部,不管是哪个层次的干部,都担负着日常的本职工作,这就意味着学员只能抽取一定的时间到党校培训轮训,并且是边工作边学习。因此,党校教育时间是相对集中而短暂的。在这相对集中而短暂的时间,法学教育不可能面面俱到,使学员全面地、系统地学习每一门法律科学或法律制度,而应该有所侧重,注重于通过法治理论、法治原则精神、法治理念的深刻教育,培养党员领导干部的法治思维,提升党员领导干部运用法治思维和法治方式的能力。人的思维决定人的行为,有什么样的思维方式就有什么样的行为方式,领导干部有没有法治思维决定着他们能否依法执政、依法行政,领导干部的法治思维水平同样决定着他们依法执政、依法行政水平,决定着推进法治中国建设的速度和力度。因此,党校法治教育必须在着力提升领导干部法治思维能力上下功夫,只有这样,才能见到法学教育的更大成效。同时,领导干部树立法治思维,谨慎行使权力,做到奉公守法是党性修养的重要组成部分,党校作为党员干部党性锻炼的熔炉,加强领导干部法治思维的培养,也就在领导干部的党性修养上取得新的成效。

二、提升领导干部法治思维能力对党校法学教育的内容要求

法治思维是人们思维的一种方式,是基于法治理念基础,运用法律规范、法律原则、法律精神和法律逻辑来分析、判断和处理各类问题的思维方式。对于掌握和行使公权力的领导干部而言,法治思维主要表现为:一是规则性思维。要求先立规矩后办事,先立法再改革;同时,要求所立规则是好规则,是良法。二是合法性思维。要求行使权力,做出行为要合乎法律的规定,合乎法律的原则和法治精神。三是程序性思维。公权力的取得和行使必须遵守正当程序。四是权责性思维。要求有权必有责,用权受监督,失责受追究。通俗说来,法治思维就是要求领导干部想问题、作决策、办事情要从法治角度出发,时刻考虑法律依据和法定程序,牢记法律红线不可逾越、法律底线不可触碰,做到办事依法、遇事找法、解决问题用法、化解矛盾靠法。

作为一种思维方式,法治思维不可能自动生成。特别是在缺乏民主

法治历史传统条件下,法治思维需要一个长期的培养过程。从法治思维形成的内在机理来看,法治思维建立在法律知识、法治观念的基础上,通过法律知识的掌握与积累,沉淀成为法治观念,由一系列的法治观念成就法治思维,并落实、体现在法治实践中。这就要求党校法学教育在培养领导干部法治思维时,紧紧围绕三个不同层次的基本内容而展开。

(一)开展宪法法律知识教育

法律知识本身不是法治思维,但却是法治思维的基础,对法治观念的确立至关重要。没有法律知识,法治观念难以建立,法治思维也就无从谈起。因此,法治思维的形成离不开法律知识的充分掌握。法律知识越丰富,掌握越牢固,所确立的法治观念就越坚定,形成的法治思维也就越理性和完整。基于此,党校法学教育要按照《中共中央关于全面推进依法治国若干重大问题的决定》的明确要求,将宪法法律列入党员干部培训的必修课程,认真宣讲好宪法法律知识,使领导干部了解和掌握相关的法律规定与基本要求,清楚和明白权力享有、权力行使的实体规则与程序规则等。领导干部只有对宪法法律有足够的了解和把握,并装进脑海里,才能转化为内心的行为准则,自觉审视自身行为的合法合宪性,确立起相应的法治观念,真正做到依法决策、依法行政、依法管理。

(二)加强社会主义法治理论教育

法治思维是基于法治观念而形成,体现在法治观念指导法治实践的过程中,因此,要确立法治思维,就必须具备一定的法治观念,这是法治思维形成的关键所在。法治观念的确立,固然需要充分的法律知识,更需要法治理论的灌输与滋养。这就要求党校法学教育,不仅要讲授宪法法律知识,更应加强中国特色社会主义法治理论的宣传教育,强化领导干部法治精神、法治理念的培育,帮助领导干部摒弃长期存在的传统“人治”观念,树立现代法治意识和法治信念。要通过法治理论的讲授与展示,将法治的要义、法治的价值、法治的内在机理等贯穿其中,唤醒领导干部对法治价值、法治精神的认同,培养领导干部的法治情怀,确立领导干部的法治观念,牢固领导干部的法治信仰。

(三)注重法治实践教育

法律的生命力在于实施,法治思维的养成离不开法治实践,最终要落实在法治实践中,体现在法治实践中。反过来,法治实践不仅能检视法治思维是否形成,在用法守法中也能涵养法治思维。因此,党校法学教育必须注重法治实践教育。我国社会主义法治建设实践体现在立法、执法、司法、守法、法律监督等各个环节,体现在法治国家、法治政府、法治社会的一体建设中,经过近几十年特别是党的十八大以来的发展,已取得了重大成就和重要经验,但也存在诸多不足与问题。党校学员自身就是社会主义法治实践的组织者、推动者、践行者,这些热点、难点问题及案例本身多是领导干部在工作中发生的事件或遇到的困难、产生的困惑。党校法学教育结合这些现实问题,围绕热点、难点设置专题,引领学员从法治的视角来考察、用法治的眼光来分析、用法治的原理来思考,纠正不正确的思想认识和做法,能极大地促进学员树立理性的法治思维,切实将法治理念和法治精神付诸实践,落实到自身工作中,做到知行合一,提高运用法治思维和法治方式解决现实问题、推进工作的能力。

三、创新教学方式,切实提升领导干部法治思维能力

多年来,党校法学教育按照《中国共产党党校工作条例》要求,积极探索教学方式改革,综合运用了讲授式、案例式、模拟式、体验式等多种教学方法,对提高教学质量发挥了重要作用。当前,为切实提升领导干部法治思维能力,党校法学教学方式需要在现有教学改革基础上继续加以改进和创新,更好地增强教学的针对性与有效性。

(一)坚持需求导向,增强选题的针对性

需求是创新领导干部法治教育方式、提高领导干部法治教育实效的前提基础。不同层级、不同领域、不同行业的领导干部,由于其工作职能和工作特点不同,对法律的需求有所不同。这就需要:一是教学组织部门在设置专题前做好调研工作,通过各种途径和渠道,如发放问卷调查、依托诉讼、调解、信访等争议纠纷解决平台,运用网站、微博、微信等现代手段等,全方位、多层次地了解各层级、各地区、各部门领导干部的法律需求,做好前期的基础工作。二是根据不同班次的培训对象,开设不一样的法学专题。如中青班、县处班,这些学员大部分是一部门或地方的领导者,他们更关心的是如何用法治理论指导地方工作的推进,解决工作中遇到的实际问题。因而,这些班次就需要围绕法治建设中的社会热点、难点来选题,以激发学员学习热情,引导学员进行法治思考,提升他们法治思

维能力。而对于基层一线的培训对象,他们往往是法律的直接执行者,更需要在如何依法行政等方面确定选题,帮助他们掌握法律的基本要求,树立依法用权、依法办事观念,促进法治思维的养成。

(二)丰富课堂形式,加强与法治实践的融合

党校法学教育的课堂教学,除老师讲授的传统方式外,可以更多地、更广泛地利用以案说法、现场教学等生动直观鲜活的教育形式,在案件审判、纠纷调解等法治实践中来开展。一方面,可以选取政府行政、官员渎职等典型案例,组织领导干部走进法庭,参与法庭旁听,把庭审现场作为法治教育课堂,以案释法、以案普法,教育领导干部牢记法律天平不能倾斜、法律红线不能触碰、法律底线不可逾越;另一方面,把从事法治实务一线工作的具有丰富经验的党政管理专家、法官、检察官、律师等请进培训课堂,为领导干部结合实务、运用实例讲授法治,并针对工作实务难题,提出法律对策,切实提高教学实效。丰富课堂形式,充分发挥教师的主导作用和学员的主体作用,引导领导干部在法治实践的参与、体验中提升运用法治思维的能力。

(三)充分运用互联网平台,拓宽法学教育渠道

在信息时代背景下,党校法学教育应充分运用互联网传播平台,利用新媒体新技术,拓宽教育途径,创新教育模式。一是运用互联网平台,逐步整合法学教学和教师资源,建立全国党校系统法学专题精品课程资源库,提供学员选学,实现优质课程和教师资源的共享,提高法学教育质量与水平。二是运用互联网平台,积极探索网络培训有效方式,推行线上线下相结合的培训模式。开设系列法律基础知识网上教学课程,学员通过线上自学,完成基础知识的学习,把更多的时间留给线下课堂互动交流、分析问题、答疑解惑。这样既能更好体现学员的主体地位,又能缓解学员工学矛盾,也有助于提高线下课堂教学实效。三是借助微信、微博、微电影等喜闻乐见的新兴媒介,推送法治信息、案例视频等,构建微课等适宜移动学习的多元化方式,更好地满足学员学习需求,强化学员法治观念,促进其法治思维的形成。

参考文献

[1]《中国共产党党校工作条例》.

[2]刘作翔.法治思维如何形成[J].甘肃政法学院学报.2018(1).

转型背景下地方高校法学专业教师职业胜任力研究

张亚利　田　华*

摘　要:高校向应用型转型是地方高校改革发展的重要举措,地方高校的转型发展要以教师转型为保障,为此,地方高校法学专业教师的职业能力是否能胜任这种转变是一个急需解决的重要问题。目前我们应明确地方高校转型的目标指向,本文分析了现有高校法学专业教师胜任力评价维度,指出了转型地方高校法学专业教师胜任力评价的不足及明确的发展方向。

关键词:转型　地方高校　职业胜任力

教育部等三部委联合发布了《关于引导部分地方普通本科高校向应用型转变的指导意见》,一个重要出发点就是着力培养适应地方经济社会发展的应用型人才,为此需推动人才培养模式、师资队伍建设等重点难点领域的改革(教发〔2015〕7号)。在这一转型过程中,地方高校法学专业教师的职业能力是否能胜任这种转变是一个急需解决的重要问题。但是由于当前我国教师评价体系的不完善,使得教师队伍建设、教学质量的改善受到限制。从胜任力角度来研究评价对象的实际工作能力是比较成熟的理论方法,如何建立符合地方高校转型发展的教师职业发展胜任力指标显得非常重要。本文拟从地方高校法学专业转型的目标指向、目前行业研讨现状及未来发展方向等三方面进行探讨,为构建转型背景下地方高校法学专业教师职业胜任力指标提供依据。

一、地方高校转型的目标指向

地方高校转型来自于部分地方高校对人才培养方式的自我探索和国家对地方高校发展的引导,其政策制定大致经历过三个发展阶段:第一阶

* 作者简介:张亚利,女,湖南文理学院法学院电子商务及法律专业讲师,研究方向为民法;田华,女,湖南文理学院法学院电子商务及法律专业讲师,研究方向为知识产权法。

段是以应用技术大学(学院)联盟成立为标志,2013 年 6 月,在教育部的指导下,三十多所高校共同成立了应用技术大学(学院)联盟,并在联盟大会中通过了《驻马店共识》,标志着我国地方高校转型发展的开端;第二阶段是以 3 个政府文件出台为标志,在 2014 年、2015 年由国务院和教育部等部委先后出台了《现代职业教育体系建设规划(2014—2020 年)》《关于加快发展现代职业教育的决定》和《关于引导部分地方普通本科高校向应用型转变的指导意见》,这几个政府文件都提出了鼓励和引导一些地方高校向应用技术型高校转型,服务区域经济社会发展的工作目标,这标志着国家在政策层面指明了地方高校转型的方向;第三阶段是以《国家教育事业发展“十三五”规划》的出台为标志,该规划进一步明确了地方高校应用转型的方向及实施路径,这意味着地方高校应用转型进入实施发展阶段。一系列文件政策的密集出台,说明国家对地方高校转型的迫切需要,承载着国家、地方政府和高校三方的目标需求:对于国家而言,地方高校转型是适应我国经济增长方式转变,解决大学生就业与劳动力供需矛盾的现实需求;是建立我国高校分类管理,破解高校发展结构性问题的深层要求。对于地方政府而言,转型发展将使地方高校创新教学与人才培养模式,以地方需求为主要出发点,瞄准地方经济建设和社会发展对人才的需要,建立产学研生态链接,为地方经济和社会发展提供智力和人力支持;对于地方高校而言,其转型是适应社会需求和高校分类发展,探索产学研融合发展,以及强化自身发展和提升地方高校办学质量的需要。为此,地方高校要强化教学和向教学资源转化,有两个主要的发力点:一是在学生培养上,要从相对封闭的人才培养体系,转变为教学、科研和服务社会协调发展,从学术和理论取向的质量标准,转变为注重实践和创新能力的应用型人才培养导向,适应和契合当地经济社会发展对应用型高素质人才的需求,加强对大学生学习能力、实践能力、创新创业等能力的培养,帮助其改善学习方式。二是在师资队伍建设上,要从重理论轻实践的人才评价导向,转变为重视教师的专业能力和行业实践能力培养,建立“双师型”教师队伍,重现教学的中心地位,转变教师的角色定位,提升教师的教学学术水平,坚持有所为、有所不为。

二、地方高校法学专业教师胜任力评价维度

有关地方高校法学专业教师职业胜任能力评价的研究大体可分为三

个维度。

(一)教学能力评价维度

教学能力评价是研究和实施最早的对教师职业胜任能力评价的一种方式。一些研究者认为,地方高校都是教学型高校,教学能力是地方高校教师最重要的职业能力,地方高校为了更好地促进应用型人才培养,急需改革与创新教师教学评价方法。而有关高校教师教学能力评价的研究则要追溯到很早以前,国内研究发轫于20世纪60年代,但真正开始于八九十年代,如王照奎1989年发表的《高等学校教师教学能力评估初探》、陈玉琨1998年出版的《教育评价学》等都论述了教学能力评价问题;为了探究高校教师教学能力的构成,国内外学者对教学能力评价及指标体系进行了研究,如金利从一般教学能力和特殊教学能力两个方面,提出了地方本科高校教师教学能力的构成;国外学者Simpson认为,教师教学能力应该包括知识的广度和深度、计划性、知识传授和沟通技巧等方面;依据相关研究成果,很多地方高校都将教学能力作为评价教师职业胜任能力的一种依据,在评优评先、晋级晋职等方面作为参考。

(二)"双师型"教师评价维度

随着地方高校转型发展的提出,一些研究者开始探究"双师型"教师在地方高校人才培养与转型发展中的重要作用,认为"双师型"教师是地方高校法学专业教师职业胜任能力的基本要求,并开展相应评选。但是有关"双师型"教师评选的具体标准却存在不同的观点:一是"双证书论",即要求有教师证与律师证或其他法律职业资格证;二是"双能力论",认为既要能胜任理论教学,又能指导学生实践;三是"双融合论",即既强调教师持有"双证",又强调教师"双能力"。但不论是哪种观点,目前教育界对"双师型"教师的理解还停留在字面解释上,会产生认识误区。虽然如此,"双师型"教师的具体指标要求已体现在应用型高校转型相关评价指标中。

(三)教师胜任力评价维度

"胜任力"研究始于20世纪70年代的美国,当时美国政府以智力因素为基础选拔驻外联络官,却发现许多表面很优秀的人才在实际工作中的表现令人失望,这一事件引发了探究一种能够有效预测具有实际工作能力人员的选拔方法,"胜任力"因此被提出。与此同时,"胜任力"理论开始被引入教育领域，国外的一些学者和组织依据胜任力的相关理论和研究方法，开始探究教师胜任力模型构成及其实施。如Dineke采用德尔菲法及验证性因子分析法，研究发现的模型主要包含五个维度，分别是作为教师的人、学习过程的促进者、主题知识专家、组织者及终身学习者。美国国家专业化教学标准局、教学效果评估和促进委员会等机构制订了具体的高校教师胜任力指标体系。这些指标体系共同的要素有知识、教学能力（教学方法、表达能力、指导技能、课程及教材的设计）、组织能力、终身学习及反思能力等。1996年，澳大利亚国家教学委员会在依据教师胜任力标准实施的全国教学质量项目中，开发设计了一个胜任力框架，提出了教师入职教学胜任力的指标。相比较而言，国内有关教师胜任力的研究与实践要晚于国外，近些年来呈现井喷研究态势，一些研究者采用不同的研究方法研究了教师胜任力、教师教学胜任力等胜任力模型，如汤舒俊通过对调查数据进行探索性因素分析后认为，高校法学专业教师胜任力是一个包括人格魅力、学生导向、教学水平和科研能力的四维结构；何齐宗、熊思鹏等运用文献法、德尔菲法和统计法研讨了高校教师教学胜任力的因素，研究结果表明高校教师教学胜任力包括知识素养、教学能力、职业品格等维度。

三、转型背景下地方高校法学专业教师职业胜任力培养

从已有研究可以看出，研究者从不同维度，论述了高校教师职业胜任能力及其构成，但结合地方高校转型与教师评价的要求，现有研究还存在一些不足：①鲜见从地方高校转型视角来论述教师胜任能力的研究。高校可以分为不同的类型和层次，且承担着教学、科研和社会服务等多种职责，因而地方高校教师的胜任能力与其他高层次大学教师应该有所不同。从地方高校转型和培养应用型人才目标出发，地方高校教师应在高校与特定法律行业之间产生互动，兼有教学和服务社会等不同职能，因此，其承担的角色和胜任能力也应该不同；②教师职业胜任力的研究还是空白。“职业胜任力”是人力资源管理领域的最新研究成果，其着力点在于改变“岗位胜任力”的弊端，从职业发展的角度来研究职员的胜任能力。地方高校在转型中，教师的职业性质在一定程度上发生改变，因此从教师现有岗位本身去界定和研究其职业胜任能力显得狭窄；③三个维度的相关研

究都存在一定的局限性,缺乏可操作性。教学能力视角不能涵盖教师职业胜任能力的其他方面,且目前在实施中还存在诸多问题;"双师型"评价维度由于缺乏客观标准还存在认识误区,胜任力视角存在教师胜任力、教学胜任力等不同的界定及评价模型等问题,影响了研究结论的科学性。为此,需结合高等教育理论与人才评价理论,以现有高校教师评价体系为基础,在地方高校转型视域下,针对应用型人才培养需求,通过对教师职业胜任力内涵、结构,以及评价机制等方面的研究,构建既满足教书育人的功能又具备行业职业胜任能力要求的教师评价体系,可解决地方高校转型中需要什么样的教师和怎么考评教师等问题,将进一步丰富高校教师评价理论,并对其他类型高校教师职业胜任力研究提供参考和启示,为培养应用型法律人才夯实基础。

参考文献

[1]王晓萍.应用型人才智能结构与地方高校教师教学质量的评价[J].求索,2015(7):188-194.

[2]董立平.地方高校转型发展与建设应用技术大学[J].教育研究,2014(8):67-75.

[3]张道文.地方本科院校"双师型"师资队伍建设探讨[J].高等教育研究,2010(3):45-51.

[4]牛端.高校教师胜任特征模型的构建与验证[J].心理科学,2012(05):89-95.

[5]陈娟.高校教师能力模型构建研究——基于探索性因子分析和验证性因子分析[J].高等财经教育研究,2012,15(3):80-84.

[6]汤舒俊.高校教师胜任力的结构探索与问卷编制[J].高教探索,2014(06):162-166.

[7]何齐宗.我国高校教师胜任力研究:进展与思考[J].高等教育研究,2014(10):38-46.

[8]蔡琳,蒋柯.高校教师胜任力研究的专业化进路[J].心理研究,2015,8(3):57-61.

混合式教学背景下地方高校教师教学能力提升机制探索

彭　进　龚志军*

摘　要:在混合式教学模式日益普遍的当下,地方高校教师提升教育教学能力大有必要,而在其能力发展过程中却存在诸多问题与掣肘,针对这些问题,地方高校顺应时势,完善教师教学能力提升机制已迫在眉睫。从内因角度,教师自身应树立先进的教育理念,运用前沿成果优化课堂教学。从外因角度,各高校应优化教师遴选机制,完善教师教学能力培养与管理机制,落实教师激励机制,建立教师教学评价动态机制,营造信息化的教学环境机制。通过以上举措,方能切实提高人才培养质量,同时实现教师的自身发展。

关键词:混合式教学　教学能力　提升机制

信息化时代下,对于地方高校而言,不管是为了占据一席竞争之地,还是为了培养出更好的人才,服务区域经济社会发展,都必须要看重并切实提升教师教学能力。《新媒体联盟地平线报告(2015 高等教育版)》《新媒体联盟地平线报告:2016 高等教育版》等资料把"混合式学习"列为当前影响和促进高等教育变革的近期趋势之一。由此可见,地方高校如何进一步把握国内混合式教学的发展趋势,突破传统路径方法,研究出切实可行的具体策略,提升教师教学能力,推动高等教育人才培养质量的提高,是非常值得研究的问题。

一、混合式教学背景下地方高校教师教学能力提升的紧迫性

(一)新形势下地方高校教师教学能力提升的必要性

随着我国社会进入全面信息化阶段,高校学生对知识的获取渠道早

---

* 作者简介:彭进,女,湖南商学院法学与公共管理学院,副教授。龚志军,男,湖南商学院法学与公共管理学院,副教授。本文系湖南省教科"十三五"规划 2017 年年度立项课题"混合式教学背景下地方高校教师教学能力提升机制研究"(项目编号:XJK17CGD023)的研究成果。

已今非昔比,混合式教学模式注重在线学习和课堂线下学习的融合,将二者紧密结合,打破传统的学习态势,已为广大学生群体所熟悉。在这样的教学背景下,地方高校教师如何顺应新的形势,提升教学能力来适应学生的学习要求,这是一个十分迫切需要研究的问题。因为教师要能接受并适应这一新的教学模式,并能有所突破和发展,需要教师重塑更多新的角色,精心做好线上线下的教学设计,注重过程中的信息反馈,和传统教学相比,难度增加不少,对教师提出了新的要求。

(二)混合式教学模式对地方高校教师教学能力提出的新要求

新形势下,高校教师需要像海绵一样,不断吸收学习新的信息技术,能够根据教学需要,进行系统化的教学设计,不光要具备在线指导、培养学生自主学习、讨论式协作学习的能力,还要着眼于线上线下整个教学过程的整体设计和整合。新技术、新理念的出现对其提出了更高的要求,传统的课堂知识传授者的单一角色已经不能满足时代需要,时代更呼唤教师向设计者、引导者、整合者、协作者、多维评价者、跨界学习者、反思实践者等多元化角色演变。高校教师只有紧跟发展步伐,提升信息化教学的能力,才能作为新型教育模式中的主导者和引领者,培养适合地方社会需要的高素质应用型人才。因此,这就要求各高校采取多元化机制,多措并举,使教师能尽快适应并达到对其教学能力更新更高的要求。

二、混合式教学背景下地方高校教师教学能力发展存在的问题

笔者通过调研发现,目前各地方高校普遍重视教师特别是青年教师的教育教学能力的提升与发展,但是因为当前各大高校普遍存在科研与教学失衡的状况,“重科研、轻教学”,教学在量化的各项指标体系上很难得到体现,再加之其他制度上的一些壁垒,导致高校教师教学能力发展中存在诸多的问题。

(一)教育教学理念不够先进

现阶段,部分高校教师没有把握信息社会发展的趋势,仍旧采取灌输式、填鸭式教学方式,在教学过程中照本宣科的现象依旧存在,学生只能被动接受。这种教学模式没有突出学生的主体作用,不利于教师能力结构的调整与改善,同时由于高校“轻教学、重科研”的现状,部分教师更多

地将教学当成一种任务去完成,没有投入更多的精力和时间去反思与自省,去学习和接受新的教学模式。

(二)教学培训项目较为落后

各高校现有的培训制度在实践中存在诸多问题:一是培训对象大都为新进教师群体,且这种岗前培训大都比较固定化和形式化,未能与时俱进加入新的时代元素,同时忽略了对庞大的已有教师群体的继续教育;二是培训形式较为单一,无法满足不同学科教师的差异化需求,且未形成常态化机制;三是培训内容偏重教师师风师德,以及教育理论知识,对教师的教学实践、信息技术的培训和技能培训较为弱化。

(三)缺乏专门的教学组织发展机构,教学激励机制不完善

根据笔者调研了解的情况,大部分高校的机构设置是比较笼统的,人事部门中的师资科负责全校师资队伍的建设和规划,而教务处下属的教务科或教研科负责教师教学奖项的评选,二者之间存在一定的职能交叉,缺乏专门的教学组织机构为教师教学发展提供专项支持和服务。同时,相比较于科研,针对教师发展的教学激励机制有但不多,并且较为零散,难以激发教师的教学热情。

(四)教学评价主体较为单一

尽管目前各高校有形式多样化的评价体系,但很多浮于表面,实质上比较单一。如很多高校的教学评价体系中包括同行评价、督导评价和学生评价,但现实中同行评价这一评价指标下所反映出的教师水平几乎都一致,没有实际意义,督导评价实际很难扩及到所有的老师,基本评教的结果就是倚重学生的网上评价打分,老师们普遍反映,目前的评价体系和指标几乎都是一刀切,不能全面真实反映出教师的教学能力和教学业绩。

三、混合式教学背景下地方高校完善教师教学能力提升机制的基本思路

在混合式教学这一背景下,“教师教学能力提升机制”是指高校教师在从传统教学模式中的个体状态向混合式教学模式中的个体状态的变迁过程中,通过内因与外力的共同合力来提升教师教学能力的原理及其表现形态。

(一)树立先进的教育理念

首先,从内因这一角度,教师自身要树立开放意识,理念先行,紧紧把握互联网与教育融合不断深化的趋势,运用现代教育理念引导并把握课堂,运用最前沿成果优化课堂教学。教师要以科学的态度、方法来对待教学,紧跟时代,与时俱进科学开展混合式教学,突出“引路人”角色,为学生提供更注重实践与协作的学习体验,加强教学资源建设,使学生燃起学习热情,推进高等教育教学数字化和信息化创新。

(二)优化教师遴选机制

当前,很多高校对老师的选拔和考核,主要还是依据科研成果,教学很难量化考核。因此,要实现高校教师教学能力的整体提高,首先应优化教师准入机制,适当降低教师的科研能力的评价比重,重视教师的教学和教研能力,尤其是提升信息化教学能力在高校师资遴选中所占的比重。同时可以在教师遴选的考核标准中加入混合式教学的一些理念,将混合式教学方面的一些必备技能考核作为针对新进教师的必备要求。同时,对于一些网络在线精品课程的申报,也应当对申报人和团队成员的信息化技术能力做出一定的要求。通过这些措施,形成一股气氛,引领整个教师队伍提升实施混合式教学的技能。

(三)完善教师教学能力培养与管理机制

在组织机构设置上,国外高水平大学的做法是建立教师教学发展中心,该中心提供教学技能培训服务,为教师教学能力提供沟通的平台,为解决教师教学实践中的具体疑难问题提供咨询与指导,满足教师个性化发展需求。各高校可以借鉴这一经验,根据自身实际,探索成立教师教学发展中心,针对教师的职业生涯规划、教学能力提升和学术创新、身心健康保障等方面开展工作。在职业理念引领方面开展“互联网+时代下高校教师角色变革”“高校教师职业形象塑造”等讲座,引导教师理念先行,接受新的教学方式方法。在专业素养方面,应建章立制,如建立《慕课运行管理办法》《在线开放课程建设方案》《加强混合课程建设工作若干意见》等系列文件,目的在于更好地规范混合课程建设及运行管理,推动课程教学方式方法改革,促进信息技术与教育教学深度融合,实现优质教育资源共享。同时组织教师开展系列培训,针对混合式教学开展培训与课堂观摩,举办如“微视频”教学资源建设等此类研讨会,激发教师开展混合式教学的积极性,推动混合式教学方法改革。

(四)完善教师激励机制

如前所述,各高校应通过教师教学发展中心这一组织机构,积极构筑有利于教师职业发展的激励机制,根据教师个人特长和能力,为其提供施展才华的舞台,促进其专业成长。如制定针对青年教师在职或脱产攻读博士学位、国内外访学进修、挂职锻炼、职称评审等方面的帮扶政策,让青年教师无后顾之忧。鼓励任课教师开展混合式教学,为其提供政策上的倾斜。同时应实施以精神激励为主导的政策激励,建立教师教学、课程改革、评优评先等方面相应的激励政策,增加教学投入,制定系列制度及保障机制,方能通过政策引导由外及内激发教师的创新活力。

(五)建立教师教学评价动态机制

建议建立"学校+二级学院+教师+学生"的动态教学评价体系。学校层面,采用普适性、反映课程共同教育教学特点的指标体系,利用教务系统组织学生评价。二级学院层面,可以由各教学单位根据自身学科专业的特点制定合适的评教指标体系,尤其是要增加有关 MOOC 等与混合式教学有关的评价指标,以期通过新机制产生出良性正面的激励作用。教师层面,可以由教师在开学之初以及期末结课对学生进行调查,以获得对课程教学的及时反馈与改进。学生层面,可以组建对学校教学评价和反馈的相应的学生团体,积极征询学生对教学过程的意见和建议。

(六)营造信息化的教学环境机制

各高校应加大投入,营造环境,为教师开展混合式教学提供必备的信息化技术条件。如建设专门用于录播 MOOC 课程的工作室,有专门的技术人员负责课程拍摄与后续的录制剪辑。再如开展大数据与互联网创新研究,进行智慧校园建设,打造远程互动联结的"多媒体未来教室"等。

参考文献

[1]丁翠红. 多维互动的 SPOC 混合式教学模式研究[J]. 现代教育技术,2017(07):102-108.

[2]赵文军. MOOC 时代高校教师教学能力提升机制研究[J]. 现代交际,2016(06):21-22.

[3]莫甲凤. MOOC 时代如何提升大学教师教学能力[J]. 中国地质大学学报(社会科学版),2014,14(03):129-133.

助推党校法学教育的几点思考

胡　海*

摘　要:党校不同于一般的高等院校,党校主要对党员特别是党员领导干部进行培训和教育。中国共产党作为执政党,必须以党校作为党员和领导干部教育的主阵地主渠道,积极开展法学教育,努力提升领导干部的法律知识和法律意识,树立领导干部的法治思维。本文将在阐述我国党校法学教育的重要意义的基础上,分析党校法学教育的主要特征,进而探索一些完善党校法学教育的实现路径,为我国党校法学教育的开展提供一定的参考。

关键词:党校　法学教育　领导干部　法治思维

在我国确定依法治国,建立社会主义法治国家的基本治国方针后,各级领导干部在依法执政和依法行政方面的能力得到一定的提升。但是,一些地方的领导干部仍然存在一些违法违纪现象,严重违背了我国依法治国的基本方针。党的十八届四中全会提出要推动全社会的法治意识的建立,其中领导干部法治意识的形成尤为重要,在贯彻中央党校工作会议精神的条件下,党校作为培训、轮训各级领导干部的主阵地、主渠道,深入推进党校的法学教育,对于提升各级领导干部的法治观念、法治水平,进而提高依法行政、依法执政的能力具有十分重要的意义。党校法学教育部门和法学教师应当充分发挥其法学理论教育的功能,通过科研和优化专题课的设置,在着力提高领导干部法治思维上下功夫。

一、党校法学教育的重要意义

(一)党校姓党是党校法学教育的根本遵循

提升各级领导干部的法治素养,顺应了依法治国的新要求。党校的法学教育也是党性锻炼的重要组成部分。党性锻炼自然需要树立法治思

* 作者简介:胡海,男,中共湖南省委党校、湖南行政学院法学教研部主任、教授,主要研究方向:法学教育、财税法学。

维，谨慎行使权力，做到奉公守法、公正廉明。因此，开展党校法学教育要紧紧围绕“党校姓党”的基本原则，注重学习党的基本的法治理论、法治方针、政策策略和马列主义经典法学著作、习近平总书记系列重要讲话精神中的法治思想。既要提高一般的法治素养，更要从马克思主义法治观和社会主义法治理念和法治精神角度提高马克思主义法治素养，从而解决法治领域中的基本问题、方向性问题。

(二)党校法学教育是提高党员干部法治思维法治水平的现实需要

党校的学员来自各个地区、各个机关、各个部门和企事业单位，面临的工作内容和工作领域各不相同，需要不同的工作技能和工作方法，但带头遵守和守法，运用法治思维、法治方式处理问题是共同特点，而带头尊法守法用法本身又会起到模范带头作用，也是法治宣传的直接载体。法学教育在党校的发展，对于促进法治政府、法治国家和法治社会的建设的作用作用十分巨大。

(三)党校法学教育是推动整个法治建设的重要组成部分

党校法学教育是整个法学教育的一部分和必要补充。党校法学教育是普法较好的载体和平台。专业的法学教育和国民教育取得了蓬勃发展，但大部分非法学专业的党员领导干部都没有接受过专业的法学训练，法律常识相对不足。党校作为培训轮训党员领导干部的主渠道，理应成为给党员领导干部“补法充电”的主阵地。推进法制宣传教育和法治实践，提高全民法律意识和法律素质，提高全社会法治化管理水平，不仅是涉法部门的基本要求，更是各级领导干部的基本责任。党校法学教育的重点在于通过法治理论原则、法治观念的系统教育，培养党员领导干部的法治思维，提高党员领导干部运用法治方式的能力，从而为整个国家和社会的法治理念、法治观念和法治精神的提升起到很好的示范和带头作用。①

二、党校法学教育的特征

(一)突出实践性

《党校工作条例》指出，党校是培训轮训党员领导干部的主渠道，党校

---

① 梁向锋:“新形势下党校法学教育之思考”，载《现代经济信息》2016 年第 31 卷。

教学面对的主要对象是广大干部。目前我国领导干部的学历都很高,即使是基层干部,普遍拥有本科学历,特别是近年来很多应届的硕士、博士加入到了基层行政工作中来。这些干部们知识面比较广,而且有着很强的自学能力。在全面依法治国的背景下,他们能够积极主动学习党的方针政策,并且有针对性地学习与工作相关的法律法规。到党校培训的干部,更加希望学习到如何用理论解决工作中遇到的问题。特别是法律法规都属于比较理论性的东西,他们学习这些理论知识,希望能够用理论来指导实际工作。所以,传统的照本宣科的法学教育已经不适应新时期的干部教育,特别是法学是一门动态性很强的学科,新的法律不断出台,地方法律法规的修改完善,都要求党校教师必须与时俱进。对系统法律知识的灌输和法律条文的讲解的同时,引导学员运用世界眼光和法治思维将法学理论知识运用到实践中去,是新时期法学教育的一大重要特色。

(二)学习集中性

党校教学的对象都是在职的干部,不管是哪个层次的干部,都承担着日常本职工作,这意味着他们只能抽出一定的时间到党校学习培训。所以党校的学习时间是相对集中的。因此,党校培训的班次从 7 天到 4 个半月不等。而这 7 天到 4 个半月里,培训的内容是十分丰富的,除了学习理论知识,也有实践经验。法学专题课安排到各个班次中,一般都是一到两个专题,所以教学时间集中在短时间内,有的集中在一天,有的短期班次有可能是半天。那么在相对集中的时间内,教师要通过理论到实践,让学员在掌握法学理论的同时,还要掌握理论指导实践的方法,对于党校的法学教育,特别是党校法学教师,要求是非常高的。

(三)学员多层次性

学员的多层次性主要表现在两个方面:第一,学员的年龄层次跨度大。党校的干部培训班次,一般是按照行政级别或者是所从事的工作划分的。如有乡镇长斑、处干班、中青班或者厅干班等。所以,在这样的培训班次上,学员的年龄跨度是比较大的,有可能有刚参加工作不久的二十多岁的青年,也有快退休的老同志。第二,知识结构跨度大。党校学员的学历、专业跨度比较大。从学历上看,从博士到大专,有的是国民教育,有的是参加工作后取得的在职教育学历。从专业上看,有文科类,有理工科类,干部队伍中各样的专业人才都有。这些干部有着不同的学历背景,从事着不同的工作，在工作中还不断学习和丰富了各种知识，所以他们知识结构的跨度是比较大的。这一特点，对于党校法学教育也提出了新的挑战。①

三、优化党校法学教育的有效路径

自依法治国确定为党领导人民治理国家的基本方略以来，党校的法学教育在党校的教学地位和作用日益凸显，也取得了良好的效果，对于提高各级领导干部的法治意识、法制观念和法治水平起到了重要的历史作用。但随着形势的发展，党校法学教育仍然存在不能适应的地方，诸如整个法学教育目标、体系等尚未完善；党校的法学师资力量不雄厚，教师整体素质不高；法学学科建设不足，尤其是马克思主义法学学科建设还不足；法学教育的素质教育与一般教育趋同；法学教育与法律职业脱节；教学方式传统且单一，形式缺乏多样性和实效性，等等。为了适应新形势下党校教育的现实需要，尤其为了贯彻中央党校会议精神，我们需要认真分析查找党校法学教育存在的问题和不足，努力提高党校法学教育水平，为法治中国的实现提供良好的思想基础。

（一）大力推进党校法学师资队伍建设

党校姓党，这就首先要求党校教师具备较高的政治素质和良好的党性修养，具备基本的马克思主义法治观，坚定党的理想信念，坚守党的法治方针和指导思想。除了素质和技能培养之外，更为注重党性修养和锻炼。党校教师应具备较高的法学理论素质和一定的实践经验，需要具备理论联系实际的能力。法学是一门实践性较强的学科，需要结合实际去开展教学工作，要加强学习，不仅学理论和还得有实践。要求教师既要具备广博的知识，多学科涉猎，拓宽视野和思路，还要掌握专业的最新知识。法学教师要树立强烈的改革意识和创新意识，只有促进自身素质和能力的不断提高，才能适应新形势下党校法学教育的需要，完成培养具有法治思维和法治能力的高素质领导干部的任务，为全面推进依法治国贡献自己的力量。要加大高学历法律专业人才的引进力度，拓宽党校法学教师

---

① 梁婵："全面推进依法治国背景下创新党校法学教育的思考"，载《世纪桥》2017 年第 3 期。

进入的路径。注重对教师队伍的培训力度,法律更新的速度越来越快,社会已到了学习型时代,教师必须具备学习型思维。

(二)党校法学教育要科学把握法治教育内容的时代性

在(依法治国)背景下,党校的法学教育要科学把握法学教育内容的时代性,与时俱进,从而进一步优化教学内容。具体而言,一是要积极倡导树立法律信仰。只有把法律当作个人的信仰予以坚守,才能真正做到依法办事。新时代的中国人,不是没有信仰,而是信仰更加明确,既包括了坚定的马克思主义理想信念,也包括了此处提到的法律信仰。二是要注重建设中国特色社会主义法治文化。党的十八届四中全会提出:“必须弘扬社会主义法治精神,建设社会主义法治文化。”作为上层建筑的法律构建,需要深厚的文化基础做保障。用文化环境来促进个人法律素养的提升,构筑法治的文化大环境,法治教育也离不开这样的文化背景。三是要把宪法作为法治教育的核心内容。宪法是国家的根本大法,是整个法律体系的核心。党校应当加强宪法教育,使领导干部们树立牢固的宪法思维。四是要充分发挥党校法律教师在法治教育中的导向作用。党校应培养具有专业法律素养的教师队伍,只有教师队伍的法律素质提升了,能准确把握国家法律要义和新的立法动态,才能使得党校法治教育也能够跟上时代的步伐。

(三)创新党校法学教育的形式

在党校的教学中创造了各种各样的教学形式和好方式、好方法,多媒体教学、案例教学、互动式教学、现场教学、研讨式教学、情景模拟式教学,等等,为党校的教学创新积累了丰富的经验。在新的形势下,应不断总结教学经验,取长补短,发挥各种教学形式的优点。首先,要优化和推广案例教学。案例教学对教师提出了更高的理论和实践水平的要求,教师既要有理论水平还不能纸上谈兵。当前完善和改进案例教学需要注重以下几点:要有充分的组织和准备;要安排好流程,让学员提前了解案例,思考分析;然后以小组或自发团队讨论总结;接着,讨论发言,总体交流;最后,老师总结提炼,实现讨论目标。案例要紧紧围绕教学任务和目标,突出针对性、综合性、典型性、一般性和可辩性,围绕基本的法学原理、法律规则和法律论点等组织教学。案例教学被公认为是最生动最有效的教学方法。其次,要加强互动式教学应用。互动式教学是一种灵活的教学模式,强调师生之间的双向交流，将互动交流渗透各个环节，强调以学生为主体，发挥学员的积极性、能动性，通过给学员营造思考氛围，激发思考热情，提高教学效果。总之，互动式教学模式能够为学员提供更大的主动学习空间，克服了传统法律课堂中学员易受教师观点束缚的弊端。最后，应充分发挥法学现场教学在干部培训中的重要作用。所谓现场教学法就是教师和党校学员深入有关现场，通过现场调查了解和分析研究，针对现实问题寻求解决问题的办法，从现实的材料和客观现象中分析提炼，以身临其境和亲力亲为的模式提升教学效果。需要注意以下几点：一是应选择好主题。法学现场教学选题相当重要，必须关注当下，具有时代性、典型性和可观赏性，关注学员关心的焦点难点痛点问题。既要保证现场教学目标的实现又要满足学员实际需要。好的主题可以激发学员探讨解决问题的思路和方法创新，提高工作能力。二是应做好事前准备和合理安排流程，选好现场点，做好调研准备，教师要引导学员注重观察、讨论和总结。现场教学具有实地调研性和客观性，上述教学过程完成后教师要引导学员进行总结，让学员真正学有所获。①

（四）突出党校法学教育的重点

党校不同于一般的大学院校，也不是法学院，对于法治教育的开展必须研究党校教育对象的特点，有针对性地开展教学活动。党校在进行法学教育教学时，要根据教学对象和教学内容的不同，适当地选择相应的教学方法和课堂组织方式。要了解每一位党员干部不同的特点，以此为依据，突出法学教育教学的重点，提升教学的针对性。对党员干部进行教学时，要重视主体班次的教学，把“依法执政”“反腐倡廉”等模块作为主要教学内容；对公务员进行教学时，要重视行政学院功能的发挥，把严格规范公正文明执法作为教学的主要内容；对基层干部进行教学时，可以选择以合作办班为方式来对基层干部进行法治知识的讲授，向他们普及法律知识，引导基层农村逐步向法制化规范化科学化方向发展，促进我国社会主义新农村的建设。只有深入研究了教育对象的基础上因材施教，有选择的选取法治教育的重点内容，才能突出法学教育的实效性。

① 梁成义：“党校法学教育应着力提高领导干部法治思维”，载《黑河学刊》2014 年第 8 期。

(五)党校法学教育要培养提高领导干部的法治思维能力

法治思维是指以法治价值和法治精神为导向,运用法律原则、法律规则、法律方法思考和处理问题的思维模式。法治思维的内涵丰富、外延宽广,从不同的角度,可以进行不同的解读。法治思维主要表现为价值取向和规则意识两个方面,价值取向是指个人如何看待和对待法律,规则意识是指个人如何用法律看待和对待自己。一般来说,法治思维包括法治至上、权力制约、公平正义、人权保障和正当程序等内容。法治思维是现代社会的成员应当具备的一种思维,更是领导干部必须具备的一种领导能力。法治思维要求崇尚法治,对于具备了法治思维的领导干部而言,能把领导决策和带头干事纳入法治的轨道,才能保证社会主义事业的方向,才能保证工作的规律,才能真正地科学执政,才能进一步提升领导力。①

① 曹瑞丽:“依法治国背景下的党校法治教育问题研究”,载《亚太教育》2016 年第 11 期。

创新优质发展高职专科教育:增设副学士学位

唐淑艳*

摘　要:新《国际教育标准分类》的修订对高职专科阶段教育的学位做出了新的要求,20世纪末21世纪初不同的国家和地区对高职专科教育相继增设了相应的学位,我国高职专科教育因为学位制度的阙如,进一步上升的通道受阻。为促进高职专科教育与国际学位制度接轨,作为高等教育的高职专科教育增设副学位具有必然性和必要性。高职专科教育副学士学位的增设,为创新我国高职教育的优质发展提供了学位制度上的有力支持。

关键词:高职教育　创新　增设　副学士学位

一、问题的提出

我国1980年通过的《学位条例》将高等教育的学位分为学士、硕士、博士三个层级,分别对应本科阶段、硕士阶段和博士阶段的学习,唯独作为高等教育的高职专科教育学位制度阙如。从世界主要国家的学位制度来看,学位制度与高等教育制度是相对应的,作为高等教育的高职专科教育应当授予相应的学位。而我国高职专科教育学位的阙如导致我国目前大批的专科技术性人才处于停滞状态,合理的高等专科教育学位层级的设置是促进高等教育多样化发展的现实需要,也是经济社会可持续发展之亟须,建立符合专科教育的学位制度就推动高等职业院校和专科院校人才的培养来说显得尤为迫切。从世界趋势来看,学位已不仅仅是学术的代名词,学位制度开始向职业性、实践性和创新性多种人才评价体系迈进。我国高职专科院校总数量仍在逐年增加,从2015年的1322所增加到2016年的1335所,再到2017年的1346所,专科教育成为了我国高等教育中不可或缺的一部分。目前我国专科教育结构的不合理和继续教育体制衔接的"阻塞",导致不少学生无奈选择出境就读副学士学位。

* 作者简介:唐淑艳,东南大学法学院博士研究生,湖南涉外经济学院讲师。研究方向:宪法学,教育法学。

副学士学位为有意愿有需要的专科生提供畅通的升学之路,体现高等教育领域受教育者的教育公平,满足人们对学业的追求和终身学习的需要。

二、作为高等教育的高职专科教育学位的演进

(一)作为高等教育的高职专科教育

新《国际教育标准分类》中对高等教育的定义是建立在中等教育之上,除了包括通常所理解的学术教育,还包括高级职业或专业教育,因此,不再局限于单处的学术教育,其范围更为广泛。“短线高等教育”通常以给参加者提供专业基础理论知识、技艺和能力为目的。我国《高等教育法》对高等教育的定义是在完成高级中等教育基础上实施的教育,高等学历教育分为专科教育、本科教育和研究生教育。高等学校是指大学、独立设置的学院和高等专科学校,其中包括高等职业学校和成人高等学校,专科教育对人才的培养着重于创新和技能,同本科教育、研究生教育一样,都是我国高等教育体系中的组成部分。我国的高等职业技术教育主要是指大专层次的教育,高等职业教育也是我国职业教育体系中的高层次教育,是普通高等教育的重要组成部分,对应高等教育专科层次的教育。我国的高等教育有四个层次:专科、本科、硕士研究生、博士研究生,但对应的学位却只有三个层级:学士、硕士、博士。而我国目前唯独作为高等教育组成部分的专科教育没有相应的学位。西方国家自 20 世纪末开始高等职业教育学位的增设,学位制度通过高等教育严格的训练和考核,逐渐成为衡量高等教育的一种标志,有利于激发人们的进取心,促进专门人才的成长,也有利于促进高等教育本身的建设,高等教育的高职专科教育增设相应学位对职业性人才的培养具有重要的战略意义。

(二)新旧《国际教育标准分类》ISCED 中第 5 级教育对应学位的比较

联合国教科文组织的 ISCED,即《国际教育标准分类》是一个在国际上达到公认的标准,目前已经形成了三个版本。最初形成于 20 世纪 70 年代,于 1976 正式通过,历经 20 年后,于 1997 年进行了首次修订,最新版形成于 2011 年。高等教育的最低级 5 级教育的 A、B 级分类于 ISCED—1997 版确定,5 级教育分为普通型(A)和职业性(B)两种教育。经济合作与发展组织 OECD(2007)进一步指出:将高等教育区分成三类文凭:相当

于专科的高等教育B级学位(ISCED5B)、相当于学士及硕士之高等教育型A级学位(ISCED 5A),5B类技术教育从层次、课程特征和类型上看大致相当于我国的高等职业技术教育,既专科层次的教育。从世界范围来看,学位设置的最低级学位目前世界上虽然有很多名称,但最为通用的是副学士学位,尤其是在亚洲国家和地区。

随着经济和高新技术的发展,1997年修订的ISCED以终身理念为指导思想,对教育层次进行了更为具体和详细的修订,为受教育者的发展提供了更多的路径和机会,其高等教育包括学术教育、高级职业教育或专业教育,也就是对应ISCED的5、6、7、8级,在高等教育中成功完成相应课程就会授予相应的资格证书等级,成功完成5级课程获得公认的中间资格证书,这种公认的中间资格证书会比该课程等级低一级,因此20世纪末开始很多国家有了“副学士”(或相当于副学士)学位的设立,ISCED5级课程的目的是为就业做准备,但其学分可以转入6级或7级课程。5级教育处于高等教育的最低级,但他也提供了通向更高课程的路径,意味着高职教育也并不局限于专科层次,可以延伸至博士的可能。早期在卡内基高等教育院校的分类中,对专科学校的定义是:提供专科学位和证书课程,一般不授予本科学位,但有例外。可见专科也是应该获得对应学位的,但是区别于本科学位。

(三)自20世纪末不同国家和地区副学士(或相当于副学士层级)学位的增设

在ISCED—1997后,20世纪末21世纪初期开始各区域国家根据5级短线高等教育标准增设副学士学位(或相当于副学士学位)的潮流。美国副学士学位诞生于19世纪末,但普遍授予是从20世纪末开始,高等专科教育(社区学院和初级学院、技术学院)具有能使每个人在社会流动的价值,实现美国教育的大众化和普及化目标,寻求更多机会与择业自由,促进人的可持续性发展。20世纪末,日本的高等教育和学位制度进行了改革,为适应市场经济、产业界的用人需求,针对高等专门学校设置了副学士学位制度。法国于20世纪末对大学与其他职训单位以及企业进行了密切的教学整合,增设了职业学士学位,符合欧洲共同学制,为法国培育了技职教育的高级技师主管级工程师以及中介专门职业人员。21世纪初英国迫切需要建立一种能为更广泛人群服务的高质量、中级的职业高等教育资格,面向完成2年全日制职业教育学生授予基础学位,促进国家对高等教育层次劳动力的大力培养。澳大利亚于21世纪初在提高自身地位的同时进一步改善与高等教育衔接性的政策要求,增加国际市场的竞争性,将副学士加进了学历资格架构内。可见从20世纪末开始,不同的国家和地区副学士学位的增设已成主流趋势。在我国现有的高等教育三层级等级上增设副学士学位,既可以提高专科教育的地位,也可以提升学位持有人的经济地位、促进职业文化的认同,提高大专生的学习积极性。

三、高职专科教育的副学士学位增设的必然性

(一)副学士学位的增设源于对高素质高技能性人才的需要

我国1981年施行的《学位条例》的背景是“文革”过后,“重灾区”高等教育事业出现了倒退的局面,高等教育事业需要迅速恢复发展,当时面临最大的问题是人才奇缺,因此,当时制定《学位条例》的目的是通过三个促进来适应社会主义现代化的需要。《学位条例》历经了近40年,今天我们面临的是高等教育大众化的到来和终身学习理念的兴起,国际市场化和经济发展对人才的需求也发生了相应的变化,从20世纪末21世纪初开始副学士学位呈蔓延推广之势,进入不同国家和地区的学位资格框架中,高等教育各阶段都对应了相应的学位制度。从已经设置副学士(相当于副学士)学位的国家和区域来看,副学士学位是针对高中后教育学生的初级学位的授予,大致相当于我国的大专教育水平。社会的变革必然推进高等教育的改革与发展,而副学位的设置体现了社会对高等教育的结构和人才规格的变革要求。高等专科教育学生流动的加快能够更好地促进专科教育的发展,消除人才流动中的学位障碍显得尤为必要。

(二)副学士学位的增设源于高等教育本身发展的需要

高等教育目前正处于普及发展阶段,终身学习型社会为弱势群体(阶层)提供了更多的受高等教育的机会,为曾经贫困、家庭情况或者个人身体情况特殊的人群给予了矫正性公平补偿的教育,专科学校也曾试图鼓励学生通过获取资格证书加学历证书来填补专科教育无学位的阙如,因此,催生了各类参差不齐的资格证书。副学士学位为专科生提供了进一步上升的通道,学位是经济、社会及教育自身发展的产物,随着高等教育

职能的变化,学位制度同其他社会制度一样,它的功能和目的也会相应地发生变化。副学士学位的设置为扩大高职高专入学率,提升服务型社会的服务型人才的技能,推进社会公平和阶级流动以及高等教育与职业教育的融合发挥了重要的作用。目前我国对高级保健人员、高素质的学前教育师资、高级护工、高级技术工人的需求越来越大,专科职业教育学位制度的增设刚好体现了对专业技术能力的培养,我国学位制度长期停留在重学术轻技术技能的层面上,制约了我国高等专科教育的可持续性发展。

四、高职专科教育的副学士学位增设的必要性

(一)我国高等专科职业院校授予副学士学位的尝试

2001 年珠海市国际创新人才培训学院首次开创招收攻读“副学士”学位的考生,中国大陆首次出现了副学士学位。2002 年厦门南洋学院与美国普莱斯顿大学合作办学,学生完成双方认可的教学计划,可获中国官方认可的大专文凭和美国普莱斯顿大学副学士学位证书。2009 年安徽的德胜鲁班木工学校给考核合格的毕业生授予“匠士”学位。2011 年福建华夏职业技术学院给学生颁发专业副学士证书。2012 年福建省华厦职业学校为毕业生授予“专业副学士”学位。2018 年香港地区许多大学和内地高校合作进一步加强,吸引了许多学生力图通过副学士学位的“黄金跳板”获得学士学位,同时也引发了很多担忧,在南方城市,副学士学位借着联合办学的东风一直在蔓延。

(二)规范性文件对高职教育副学士学位增设的大力推进

2014 年,《国务院关于加快发展现代职业教育的决定》在创新发展高等职业教育中明确了研究建立符合职业教育特点的学位制度的计划;2014 年教育部等六部门联合印发《现代职业教育体系建设规划(2014—2020 年)》研究探索符合职业教育特点的学位制度,探索建立各级职业教育与普通教育相衔接的制度;《高等职业教育创新发展行动计划(2015—2018 年)》提出了开展设立专科高等职业教育学位的可行性研究,将专科高等职业院校建设成为区域内技术技能积累的重要资源集聚地。《教育发展规划纲要(2010—2020 年)》也明确提出完善职业学校毕业生直接升学制度,提高技能型人才的社会地位和待遇。这些系列规范性文件提出

了高等职业教育应建立学位制度的计划,从准立法的角度催化了学位立法对高等职业教育学位授予框架的建立。目前高等专科教育制度的建议已经提上了议程,亟须对《学位条例》的学位层级进行修改,将其法律化、标准化,促进我国专科教育的学位制度的完善和教学质量的提高。

五、作为高等教育的高职专科教育副学位增设的进路

(一)完善《学位条例》依法增设副学士学位

我国高等专科教育学位的授予问题从法律上来看,其在《学位条例》没有得到确认,但《宪法》《教育法》未曾对其否定,《职业教育决定》、教育部等六部门联合引发的《职业教育体系规划(2014—2020年)》《高等职业创新发展行动计划(2015—2018年)》等规范性文件已经明确提出高职教育增设相应的学位。高校专科教育学位的授予必须通过国家立法确认,未经授权而授予学位是不被国家认可的,也是无效的。因此只有对《学位条例》第4条应该进行修改,确定为四级学位制度,才可以为高中毕业学生选择多元化的发展提供保障,促进高中学生合理的分流,培养较高端的实践应用型人才,同时也更符合新《国际教育标准分类》和20世纪末以来副学士学位增设的趋势,有利于我国高等职业专科学生的国际交流和培训。

(二)合理设置副学士学位的授予标准

作为高等教育的专科教育的学位标准构建需要从专业基础知识、智力品行、应用协作以及创新技能四个维度进行。课程设置的合理规划,不能脱离职业性,应保障职业性和学术性的紧密结合。副学士学位教育主要是培养技术应用型人才,根据我国目前的经济发展状况和对人才的需求,“核心能力”的培养尤为重要,在核心能力的支配下才能对多种技术和功能进行调整和整合,职业核心能力作为岗位专业能力将是一种伴随人终身的可持续发展能力。副学士学位的流动或学分的转换这种纵向的学习流动,会逐渐成为以后全球化人才流动必须面对的问题,在国际标准分类引导下的副学士学位的设立使高等教育研究的标准化课程和人才培养模式更加透明化,可以提高我国学生学习过程、学习成果、学习资格的国际认可度。

(三)全面审核副学士学位的授权资格

副学士学位既对学位授予学校的整体条件进行审核,又要对学位授予专业进行审核。高等教育中的高等职业教育院校大都属于省级地方政府管理,地方性专科学校主要服务于本地区经济社会发展亟须的实践应用型专业人才的培养。调整的学位授权审核工作思路,动态管理,结合高等职业教育及其学位设置特点,学位授予资格认定由省级学位委员会负责,国家学位委员会进行监测,在全国范围内根据区域实际情况和专科院校的实际情况,分类分步渐进式进行。

六、结论

《学位条例》的修订已经提上了日程,高职专科教育副学士学位的增设无缝的衔接了终身教育体系和促进职业技能性人才的向上流动。我国对国家基础建设、服务型人才的需求日益专业化,多元化,高职教育创新优质发展建设,学位制度也应在改革实践中不断地创新和完善。作为高等教育的高职教育增设副学士学位符合新时代实践创新性人才需求,建议我国《学位条例》修改考虑高等教育设为四级学位:副学士学位、学士学位、硕士学位、博士学位。

参考文献

[1]李梦卿.高等职业教育的学位制度应以法律形式固化[J].河南科技学院学报,2011(10):16-18.

[2]中国科学评价[EB/OL].(2017-01-21)[2018-06-24].http://www.nseac.com/html/263/678165.html.

[3]谢媛媛.副学士学位制度研究[D].浙江大学,2006.

[4]董步学.从"国际教育标准分类"理解我国"高等职业教育"内涵[J].职业教育研究,2005(05):6-7.

[5]联合国教科文组织教育统计局.国际教育标准分类[M].北京:人民教育出版社,1988:5,8.

[6]ISCED-1997 International Standard Classification of Education United Nations Education [S]. Scientific and Cultural Organization BPE-98/WS/1. 1997:28-31.

[7]达利 J.《规则与潜规则:学术界的生存智慧》[M].北京:北京大学出版社,2008:172.

[8]王瑛.瑞士高等职业教育的成功经验及其对我国的启示[J].黑龙江高教研究,2007

(05):93-95.

[9]万小娟,薛彦华.日本学位制度的沿革及特点[J].高教探索,2006(4):49-52.

[10]金.L.全球化时代的大学[M].赵卫平,译.杭州:浙江大学出版社 2008:269-270.

[11]常军胜.教育现代化视域下的副学士学位[J].学位与研究生教育,2013(06):59-63.

[12]2018 年中国大学生就业报告:就业蓝皮书[EB/OL].(2018-06-12)[2018-06-26].http://education.news.cn/2018-06/12/c_129892810.htm.

[13]厦门南洋学院与美国普莱斯顿大学合作办学[EB/OL].(2012-06-25)[2018-8-28]http://edu.163.com/edu_2001/edit/020625/020625_75077.html.

[14]中国江苏网[EB/OL].(2012-06-17)[2018-06-06].http://jsnews2.jschina.com.cn/system/2012/06/17/013576534.shtml.

[15]两会语录[J].职业技术教育,2008,29(09):65-66.

[16]教提案〔2016〕第 293 号关于政协十二届全国委员会第四次会议第 2865 号(教育类 307 号)提案答复的函.

[17]高等职业教育创新发展行动计划:2015-2018[EB/OL].(2018-01-11)[2018-06-06].https://www.tech.net.cn/web/xdjh_zl_new.aspx.

[18]董步学.从"国际教育标准分类"理解我国"高等职业教育"内涵[J].职业教育研究,2005(05):6-7.

应用型林业知识产权人才培养探析

胡潇潇*

摘　要：我国林业科技创新与生态文明建设要求提升林业知识产权创造、运用、保护能力，需要大量高素质、复合型知识产权专业人才。林业知识产权人才培养长期被忽视导致现阶段急需人才供应不足，制约了林业产业发展。突破困境的途径在于依托有林学专业背景和较高法学教研能力的高校，加快复合型林业知识产权人才培养。从我国林业发展的现实需求出发，当前应该以培养中高层次应用型人才的专业硕士为主，在教学内容安排、教学团队组建等方面均应以综合性和实务性为导向，重视职业能力训练，构建多学科交叉渗透的科学人才培养模式。

关键词：应用型　林业知识产权人才　培养模式

党的十九大提出加快建设创新型国家，创新型国家建设离不开知识产权保护。在林业领域，加强知识产权保护才能激励林业技术的不断创新。马克思主义经典著作指出，人是生产力中最活跃、最能动的因素。干任何事业，人才都是最根本、最核心、最关键的要素。从长远来看，我国林业技术创新与知识产权保护事业发展的关键在于复合型知识产权人才的培养。

一、林业知识产权发展现状及人才培养滞后

（一）林业知识产权发展现状

林业知识产权，是指公民、法人或其他组织对林业科技领域创造的科研成果所享有的专有权利，主要包括林业专利权、林业版权、林业商标权、植物新品种权、林产品地理标志、林业商业秘密权等。林业知识产权是科研单位、企业核心竞争力的重要体现。经过多年努力，我国林业知识产权数量快速增长，质量不断提高（见表1）。虽然进步显著，我国林业科技成果的产出、转化、运用等与现实需求差距仍较大，主要表现在以下几个方面：第一，林业科研成果转化为知识产权难。以笔者所在

---

* 作者简介：胡潇潇，女，湖南桃江人，法学博士，副教授，硕士研究生导师，研究方向为民商法、知识产权法。

的湖南省为例,每年审定通过的林木良种70—80个,把育种创新成果转化为植物新品种权的却寥寥无几。第二,林业知识产权成果推广难。张婷等对上海市林业科研单位进行的调研显示,受访单位知识产权成果转化数量仅占其科技成果总数的23%,究其原因,知识产权专职推广人才极度缺乏是主要障碍。第三,林业知识产权维权难。由于缺乏专业人才和专业服务,企业应对知识产权纠纷以及维权的能力较弱。湖南首例植物新品种侵权案——龙脑樟L-1品种权人起诉种苗培育承包人侵权,从取证、起诉、开庭审理到依法裁决和执行,历时两年多,原告提出侵权损失有一百三十多万元,法院判决赔偿30万元,实际得到赔偿仅10万元……林业知识产权人才的短缺某种程度上制约了产业发展。

表1 我国林业知识产权数据(截至2016年年底)

林业知识产权	授权(登记)量
林业植物新品种	1198件
林业专利	283122件(其中发明专利151779件)
林产品地理标志	827件
林业软件著作权	5231项

(二)林业知识产权人才培养滞后

要推动林业知识产权服务业健康发展满足社会需求,必须建立科学的人才培养模式,形成持续的人才支撑。我国知识产权人才培养起步较晚,始于20世纪80年代。2008年发布的《国家知识产权战略纲要》提出要"设立知识产权二级学科……大规模培养各级各类知识产权专业人才",此后,知识产权高等教育发展很快,初步形成"本科教育+研究生教育"的人才培养格局。令人遗憾的是,作为促进现代林业发展,支撑生态文明建设的林业知识产权人才培养在几十年的知识产权高等教育发展中被严重忽视了,目前设立知识产权本科或硕士学位点的高校中,很难找到林业院校的身影。林业专业性强,林业知识产权相较一般的工业知识产权特色明显。林业知识产权人才是复合型人才,没有林业专业背景的综合类高校或者理工类高校很难开展林业知识产权教育,而缺乏林业学科基础条件的法律类或管理类高校也是心有余而力不足。林业知识产权高等教育发展的滞后造成了今天急需人才捉襟见肘,广东、重庆、湖南等多地都出现了巨大的人才缺口,严重制约了林业发展。

二、林业知识产权人才培养的定位

党的十九大提出“推进绿色发展”，林业发展面临难得机遇。加快林业科技创新促进林业又好又快发展，迫切需要加强知识产权保护，而这一切都需要人才支撑。加快契合市场需要的高素质、应用型林业知识产权人才培养已成当务之急。

（一）林业知识产权人才培养应以研究生教育为主要方向

首先，应当解决人才培养的定位。为林业领域的科技创新及产业化提供知识产权服务，除了需要掌握相关法律知识，还需要懂得植物繁殖、DUS测试、育种技术等专业知识，光是这些专业术语对于纯法科的学生来说已是晦涩难懂，要其掌握这些知识并运用到实务工作中更是勉为其难。林业知识产权是一门复合型的交叉学科，林业知识产权人才既要知林学又要懂法律，多学科知识的需求显然研究生教育模式更契合。他山之石可以攻玉，以美国为例，“美国高校往往从大学理工科本科毕业生中招收知识产权法专业学生，他们培养的知识产权专业人才更适合需求”。具体来讲，招收本科专业涉林的理工科学生，研究生阶段系统开展知识产权相关的管理、法律知识教育，同时进行实务技能训练，这样的培养模式下产出的“成品”，既拥有执业必需的林学知识背景，足以处理工作中复杂的技术问题，又接受了3年法律知识、技能的培训，完全具备承担林业知识产权工作的能力。

（二）林业知识产权人才培养应以应用型为导向

依据《林业科技创新“十三五”规划》，“我国将基本建成布局合理、功能完备、运行高效、支撑有力的国家林业科技创新体系”，从现在起到2020年，林业知识产权的申请和转化（见表2）意味着未来一段时间对应用型知识产权人才的需求量将非常大。我国林业知识产权教育除了培养少量理论研究型人才外，主要是培养需要承担包括涉林知识产权代理、林业知识产权维权以及林业知识产权商务谈判等工作的实务型人才。鉴于此，目前我国林业知识产权研究生教育应当以培养应用性专业硕士为主，这既契合学生的学习目标也具备可行性。学生在本科阶段已经学习林业类相关专业4年，其选择跨专业攻读知识产权硕士学位，目的大多是奔着在毕业后从事与本科所学专业相关的知识产权实务工作去的，他们对自己的未来职业已经有较清晰的规划，林业知识产权教育应该尊重学生的意愿,在开展法律知识教育的前提下,衔接林业产业发展的实际需要,突出实务方面的执业技能训练,为学生开辟好的就业前景,也为林业现代化提供急需人才。

表2　到2020年林业知识产权申请与转化目标

新增	转化
林业科技成果1000项、专利4000项、新品种1000个	林业科技进步贡献率将达到55%,科技成果转化率将达到65%

三、应用型林业知识产权人才培养模式的构建

应用型林业知识产权人才培养应当以社会需求为导向,借鉴域外经验,构建多学科交叉渗透的培养模式和多元化的实践教学体系。

(一)培养学校的选择

培养林业知识产权专业硕士,比较合适的高校有两类:一是具备法学一级学科硕士点的林业类高校;二是设置有林学专业的综合性大学。这种类型的高校优势如下:第一,这类高校具备林学和法学教研力量,满足林业知识产权硕士跨学科培养的师资条件。第二,这类高校大多具有林业专业实践教学基地,林业知识产权研究生实践教学可以利用这些现有教学资源。第三,这类高校多年来从事林业科学研究,经过历年积累其本身已是知识产权大户,由于种种原因其中很大一部分科研成果还只是纸上的权利,没有转化为经济效益和社会效益,这类高校自身对科研成果申请知识产权以及推广应用等服务有着现实需求,依托这类高校培养应用型人才有较好的基础。

(二)教学内容的组织

应用型林业知识产权法律硕士培养在教学内容的组织上应突出实务性、侧重职业教育。学生在攻读学位期间最主要的任务是将其本科阶段所学的专业知识与知识产权法律有效对接,教学内容的组织应当主要包括两大部分:学习相关法律知识、结合本科所学专业的法律实务技能训练。

相关法律知识教学内容的组织(见图1),首先,应该以植物新品种保护条例、专利法、商标法、著作权法等法律法规为主,约占45%;其次,还应当补充一些法学基础课程,如民法、宪法、诉讼法等,但这类课程设置以满足构建未来执业所需的基本法律素养为必要,不宜过多加重学生必修课

的学分负担，要给学生预留根据本人兴趣和职业规划选修相关课程的空间，约占 30%；最后，考虑到林业知识产权国际履约以及对外交流合作的需要，教学内容中还应当安排一定比例的知识产权国际条约的讲授，如《与贸易有关的知识产权协议》（简称《TRIPS 协议》）、《生物多样性公约》《国际植物新品种保护公约》（简称《UPOV 公约》）、《国际承认用于专利程序的微生物保存布达佩斯条约》等，约占 25%。

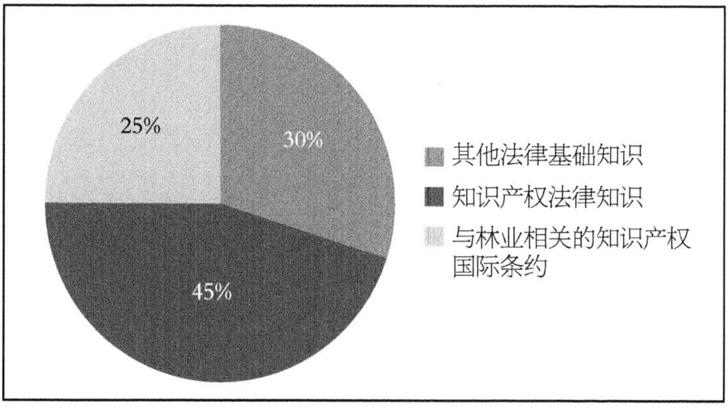

图 1　教学内容安排

应用型林业知识产权硕士培养，实务操作训练乃重中之重，理论课程需与实务课程紧密衔接，将实务训练嵌入理论学习中（见图 2）。

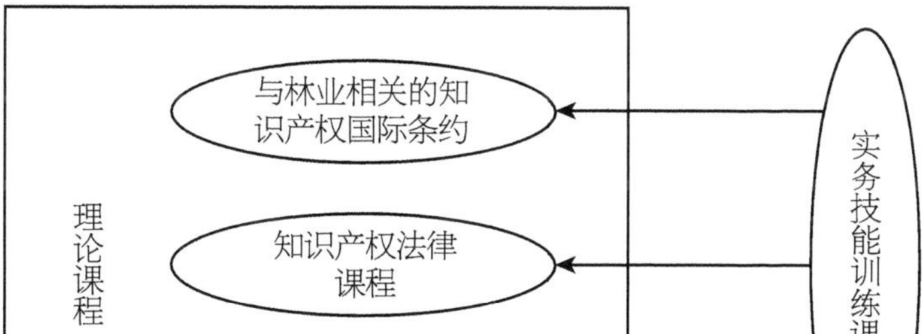

图 2　理论课程与实务技能训练课程的衔接

具体模式（见图 3）：日常教学在安排理论知识学习时还应当安排相

当比例的实务训练,如林业植物新品种权的申请和代理;林业专利文献检索、专利代理、专利预警分析;林业商标和林产品地理标志申请;林业知识产权评估等。

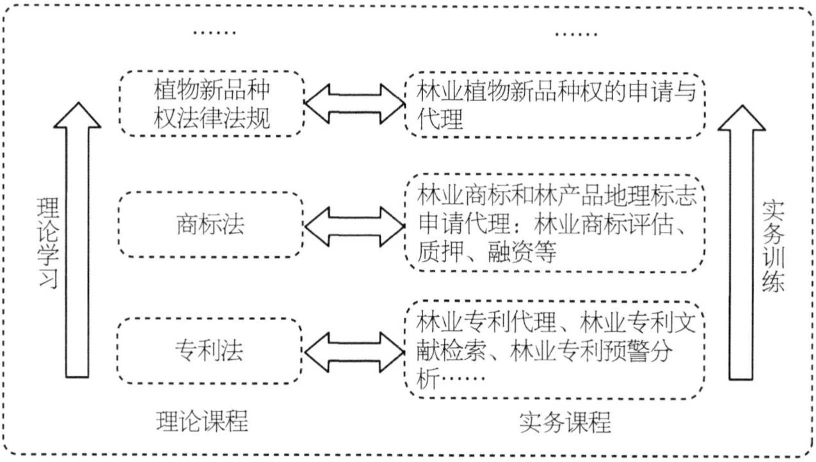

图 3　理论课程与实务课程的嵌入模式

实务课程的教学(见图 4)不宜只在课堂封闭式教学环境下进行,应当采用相对灵活的教学方式,如案例教学、诊所式教学、情景教学等,有条件的学校还可以尝试将课堂移到林业知识产权的行政审批机关、行政执法机关、案件庭审现场、中介服务机构等,与相关实务部门的工作人员组成双师课堂共同教学,以增强教学的实践感,提高学生的实际操作能力。

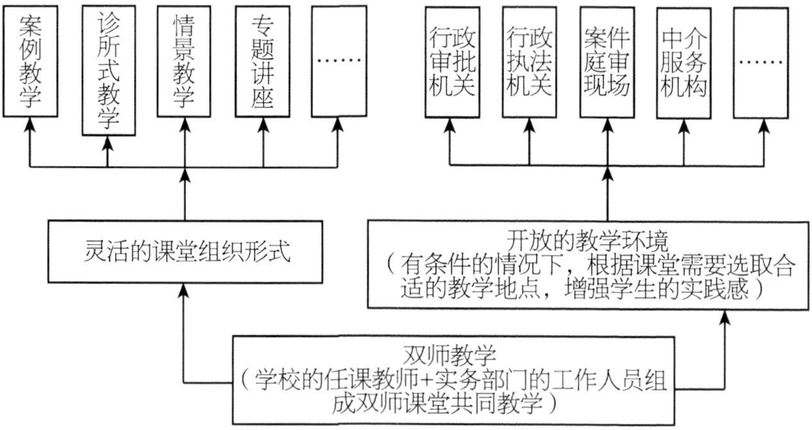

图 4　实务课程的教学模式

（三）教学团队的组建

教学团队的优劣决定人才培养质量。应用型林业知识产权硕士是跨专业的复合型人才，单靠法学或林学教师都无法完成培养任务，应该配备跨学科的教学团队，这也是域外通行做法。西方国家排名靠前的大学里的知识产权学院（研究所），均由不同学术背景的成员组合而成。例如，美国伯克利大学的海斯商学院、华盛顿州立大学法学院或是日本东京大学设置的独立学院，其师资来源一般由三个方向组成：商业管理博士、法律博士、科技学科博士，在师资配置上实行跨学科组合，契合了应用型知识产权人才培养的复杂性专业背景需求，值得我们借鉴。应用型人才培养，要求注重实务课程和实务经验的传授，这需要授课教师除了具备理论功底外，还应当具有较高水准的实务操作能力，例如，专利申请文件的撰写、专利检索分析、植物新品种权申请代理等，目前我国高校知识产权师资队伍中，具有这样高水准实务能力的教师非常少，高校有必要聘请行政管理部门、行政执法部门、司法部门、企业和中介机构的实务工作者担任兼职教授，充实实务课程教师力量。优秀、有经验的实务工作者的指导，是帮助学生快速提升职业能力的捷径。

四、结语

“十三五”是我国林业发展的重要机遇期。正如李克强总理所说，“保护知识产权就是保护创新火种”，要实现林业又好又快发展，加强知识产权保护激励科技创新是必由之路。应用型知识产权人才的缺乏已成为制约我国林业发展的瓶颈。改变当前人才培养与现实需求严重脱节的现状，必须探索既契合产业特色又符合我国国情、具备可行性的人才培养模式。本文的思考只是抛砖引玉，加快社会急需的高素质、应用型林业知识产权人才培养，为林业的现代化和生态文明建设提供智力支撑，需要业界同人共同努力。

参考文献

[1]申长雨. 全面开启知识产权强国建设新征程[J]. 知识产权，2017（10）：3－21.

[2]张镝. 论我国林业知识产权的刑事法律保护[J]. 哈尔滨商业大学学报（社会科学版），2014（4）：115－120.

[3]国家林业局.2016 中国林业知识产权年度报告[EB/OL].(2017-01-22)[2017-11-07].http://www.forestry.gov.cn/main/586/content-981102.html.

[4]张婷,张亚利,奉树成.林业科研单位知识产权调研分析与对策研究[J].上海农业科技,2016(6):13-19.

[5]谢志红.湖南林业知识产权事业现状与建议[J].湖南林业科技,2013(6):80-84.

[6]中国人民大学 1987 年开设知识产权第二学士学位,从已经取得非法学专业学士学位的毕业生中招收学生,是国内第一个进行知识产权专业人才培养的院校.

[7]李小田.社会需求导向下理工院校知识产权教育的改革与完善[J].时代金融,2016(5):249-250,262.

[8]郑友德.知识产权教育比较研究[C].第五届中国高校知识产权人才培养研讨会论文集,2010:61-63.

[9]国家林业局.林业科技创新"十三五"规划[EB/OL].(2016-09-22)[2017-11-13].http://www.gov.cn/xinwen/2016-09/22/content_5110807.htm#allContent.

[10]郑辉,苗培.知识产权人才培养的师资队伍建设研究[J].知识产权,2012(11):82-85.

[11]胡光.高校应用型知识产权人才培养路径新探[J].河南科技学院学报,2017(6):16-19.

[12]欧阳金雨.保护知识产权就是保护创新火种[N].湖南日报,2017-05-25.

论法学本科教育中教师的角色要求

彭　芳*

摘　要:师者,传道、授业、解惑也。这是对于教师角色最深刻的诠释,也是对于教师最基本的要求。具体到法学教育中,目前我国法制建设刚刚起步的大背景对于法科教师提出了更严格的要求。对于法科教师来说,在法学本科教学过程中不仅要传授法学知识,培养法律思维,还要培养学生的法律信仰,真正培养出优秀的法律人才。

关键词:法学教育　教师　角色

苏霍姆林斯基说过,教师应当精通所教的科目据以建立的那门科学,热爱那门科学,并了解它的发展情况,最新的发现,正在进行的研究以及最近取得的成果,除此以外,本人若能热心于本门科学正在探讨的问题,并具备进行独立研究的能力,这样教师则可成为学校的骄傲。对于法科教师而言,不仅要有深厚的法律知识基础,还需要具备分析、研究、批判各种法律现象的专业素养,当然更需要掌握优良的教学方法以更好地向学生传递智慧薪火。

一、法学知识的传授者

活到老,学到老,法学知识浩瀚如海,作为法学知识的传授者,自然首先要丰富自身的知识储备,努力提高自身的学术素养,特别是在目前我国法制建设快速发展,法律知识更新较快的时代,法科教师必须不断地汲取新的知识,与时俱进。只有自己站在了法制建设的前沿,才能引领目前正处于学习阶段的后来者。知识是死的,人是活的,教师除了需要具备深厚的法律知识基础,还要有专业的分析问题、批判问题、解决问题的能力。目前,我国依法治国的法制进程刚刚起步,还有很多不完善之处,且法学属社会学,而目前各种社会事务纷繁复杂,各种社会现象众说纷纭,从涉

* 作者简介:彭芳,女,湖南涉外经济学院讲师。

及法学基础理论的法律原则,到具体发生的法律疑难案例,有很多方面法学界都没有达成一致的意见。这就要求法科老师在教学过程中首先要有自己的观点,并有充分合理的论据支撑,只有这样,才能在教学中引导学生进行思考,培养出学生的法律思维。而要做到这一点,自身知识的积累,自身学术水平的不断提高就显得格外重要。

在法学本科教学过程中,法科教师在法学知识方面的要求主要包括以下三个方面:

(1)对目前我国整个法律体系及各个部门法的基础性规定能够熟练掌握,特别是对于所教授的课程所涉及的各规范性法律文件的具体规定要熟记于心,因为一切法学教学活动的开展都是建立在已有法律规定的基础之上的。

(2)在熟练掌握已有法律规定的前提下,要充分理解各项法律规定背后所附含的道理,要知其然也要知其所以然。只有正确理解法条背后的真意才能举一反三,才能在教学过程中抓住知识点本质,让学生真正学到知识。

2006 年发生在广州的许霆案深刻地反映了这一道理。2006 年 4 月 21 日晚 10 点,被告人许霆到广州市天河区黄埔大道某银行的 ATM 取款机取款,其取出 1000 块钱后查询余额发现自己的账上只扣掉了 1 元钱,于是许霆先后取款 171 次,共计 17 万余元。此案在广州市中级人民法院开庭审理,庭审中,法官认为依照当时的《刑法》第 264 条和《最高人民法院关于审理盗窃案件具体应用法律若干问题的解释》第 3 条第 3 款,盗窃金融机构,数额特别巨大的,处无期徒刑或者死刑,并处没收财产;个人盗窃公私财物价值人民币三万元至十万元以上的,为“数额特别巨大”之规定,判处许霆以无期徒刑。此案结果一出,引发社会巨大反向。此案从表面看,广州中院确实是“以法律为准绳”,严格“依法办事”的。但是其以法律为准绳却是以法律的表面规定为“准绳”,探求《刑法》第 264 规定背后之真意,在行为人主动形成犯意,主动实施犯罪行为并造成社会危害之时,直接适用并无不当,但在许霆案中,银行有错在先,许霆属于被引诱犯罪,其主观上的恶性,人身上的危险性明显偏低,此时再生搬硬套《刑法》第 264 条,无疑是错误的。在此案的二审过程中,亦对一审的错误判决进行了纠正。此案充分说明对于法律规定的理解不能停留在表面,一定要深刻理解法条背后之真意。

(3)在深刻理解现有法律规定的基础之上,还要对当下我国法治进程有前瞻性的认识,正确把握法制发展的方向。法科教师培养的不能仅仅是中国法制进程的践行者,更要培养的是中国法治进程的开拓者。在授课过程中,不仅要教授法律知识,更要对当前我国法制发展的方向和出路进行明确的指向性教导,这样才能使得学生在学习过程中明确自己要努力的方向,从而大踏步前进。

二、法律思维的培养者

富勒曾经说过,教授法律知识的院校,除了对学生进行实体和程序法律方面的训练外,还必须教导他们像法律工作者一样去思考问题和掌握法律论证与推理的复杂艺术。而法律思维正是这种思考问题和法律论证与推理的复杂艺术。

在法学教育中,对于法律知识的讲授是最基本的,但并不是全部,因为法律最根本的特征并不在于表现在外的刚性和强制性,法律最根本的特征在于其内在的说理性。法律的这一特征直接决定了法学教育的中心应当放在法律思维的训练和培养之上。而且法科生的专业属性也决定了其法律素养的提高不依赖于背诵记忆多少法条,而在于法律思维这一法律职业核心能力的训练和培养。一般认为,理解比记忆更为重要,知其然又知其所以然,理解法条背后的法理依据与逻辑推理方式,掌握立法者的立法原意与立法精神,比直接从字面上讲解法条更为实用。

这就要求教师在教学过程中,需要运用启发式教学,多问学生为什么,逐步引导学生抽丝剥茧分析法律问题,培养学生一步步分析问题,解决问题的能力。这比对照书本逐行讲解效果要好得多。教师可以广泛运用讨论式的教学方法,加强互动教学,使学生成为课堂学习中的主体,充分调动学生的主观能动性,将学生从死板的被动接受中解放出来,变被动地接受为主动的追求。此外,以案说法历来都是法学教育中最重要的教学方法,教师要充分引用案例教学,理论联系实际,教授学生运用法律分析问题、解决问题的具体方法,提高学生对于法律知识的理解程度,培养学生的法律思维。

目前,我国各大本科院校的法学本科教育已经或多或少的意识到了法律思维培养的重要性,但还远远不够。这与目前我国法律人才培养机制有关,目前国家统一司法考试成为了每一个法学学子都逃不开的一道坎,只有通过国家司法考试才能算真正进入法律职业的门槛。在传统应试教育的影响之下,法学本科教育几乎成为了国家司法考试的培训教育。法科学子从大一开始就背负着司法考试的压力,陷入无限背诵记忆的围城。在这种情况下,法律思维的培养变成了一个可有可无的口号。的确,我们要培养中国法制进程的践行者,但是没有法律思维,就没有中国法治进程的开拓者,中国法制要发展,谈何容易。

这一问题无疑也引起了国家司法部门的高度重视,近几年的国家司法考试出题越来越"活",越来越"刁钻",无疑是在强调法律思维的重要性。这也是国家司法考试与法学本科教育逐步"接轨"的信号。司法考试的变化在告诉我们,在培养法科人才时强塞硬挤试的装填式教育模式需要改变,作为法科教师,在教学过程中应努力培养学生的法律思维。

三、法律信仰的锻造者

法律人信仰法律,就是法律人往往以法律为标准和尺度来衡量各种事物的是非曲直,遇到问题,首先想到的是法律。而不会如同政治人、经济人一样,首先选择政治或金钱交易途径去解决问题。法律信仰在中国语境下就是要拥护宪法,永远忠于法律,恪尽职守,秉公办案,清正廉洁,公正司法,为维护社会正义、捍卫法律尊严而奋斗。目前,我国法制建设正在稳步发展,这对法律人就提出了更高的要求,不仅要有深厚的法律知识储备,清醒灵活的法律思维,纯熟的法律技艺,更要有坚定的法治信仰。

十年树木,百年树人,法学本科教育是法科人才的起点,是其法律理念、信仰养成的黄金阶段,在此阶段,作为法科教师,无疑担负着巨大的责任。一身正气,慷慨激昂,持正义之天平,挥法律之利剑,寻求公正的司法和社会的正义,此种法律人之风范,首先需要法科教师自身能充分地展现出来,并在教学过程中言传身教,润物细无声的去教导每一位法科学子。目前,一些法科教师习惯传统的填鸭式的教学模式,老师在台上说,学生在台下听,没有交流,没有互动,更没有富有感染力的法律信仰教育,此种课堂无疑是一潭死水,可能有的教师在授课时对于法律知识也进行了客观深入的讲解,但是没有交流,没有互动,怎么培养学生的法律思维,没有富有感染力的法律信仰教育，没有激情的评述，没有敢于直面现实社会之不公的担当，如何培养学子们的法律信仰。

法治的理念标志着法治的社会属性、政治原则、价值蕴含等根本问题，关系学生的精神信仰、意志品格和职业意识，只有将社会主义法治理念融会于学生自觉地尚法之中，帮助其树立社会主义民主政治、自由平等、公平正义理念，才能真正培养出符合新时代要求的优秀法律人才。这就要求教师首先自己要树立正确的法制理念，对于社会中的各种现象要有正确的认识，法学教学中不可避免地会涉及很多的有关政治、民主、自由、天赋人权等社会核心价值问题。对于这些问题教师自身要有深刻的理解，在教学过程中，过于激进的政治观点和过于冷淡的政治隔离都不利于法科学生时政观点的塑造和参与政治的能力的培养。引导学生形成正确的社会价值观，树立崇高的法治理念与法治信仰，这是使学生成为新时期优秀法律人才的基础。

参考文献

[1]田金梅. 大学生对专业教师的角色期望研究[J]. 人力资源管理,2011(1).
[2]王飞跃. 论法学课堂教学改革与问题意识培养[J]. 长沙大学学报,2010(4).
[3]陈金钊. 法律思维及其对法治的异议[J]. 法商研究,2003(3).
[4]石旭寨. 法律思维是法律人应有的基本品格[J]. 政法论坛,2007(7).
[5]黄文艺. 论大学生法律思维方式之培养[J]. 思想理论教育导刊,2006(5).

地方高校工程法学特色学科建设价值研究

孟　磊　陈建军*

摘　要:响应“卓越法律人才教育培养计划”,湖南理工学院政法学院率先在本科阶段进行工程法律人才培养的探索,在不断总结经验的基础上,逐渐将工作重点从工程法教学转向工程法研究,期冀为建立工程法学学科尽绵薄之力。以建立工程法学特色学科为主线,对于地方高校而言,意义重大,主要表现在:有助于丰富中国特色法学学科体系、培养卓越工程法律复合人才、提升地方本科院校办学水平和深化地方高校服务地方职能。

关键词:工程法学　地方高校　学科建设

在教育部“卓越法律人才教育培养计划”的激励下,湖南理工学院政法学院立足工程经济日益发展和繁荣的时代背景,结合理工科院校自身的优势与特色,从2012年起率先开始在本科生中进行工程法律人才培养的探索。时至今日,在6年多的时间里,不仅积累了丰富的工程法律人才培养经验,而且教师们围绕着工程法的相关问题进行了积极的学术思考并已形成了一定数量的研究成果。借助2018年成功获批法律硕士点之东风,学院计划以硕士生培养为抓手,借鉴国内知名高校特别是东南大学在工程法学教学科研领域的先进经验,整合校内外资源,力图实现在工程法学术研究方面有质的突破。本文以湖南理工学院兴办和发展法学专业为思考切入点,就打造工程法学特色学科之于地方高校的意义,发表一些个人浅见,不足之处,静待方家批评指正。

一、丰富中国特色法学学科体系

改革开放四十年来,当代中国法学教育相继经过了20世纪80年代的缓慢恢复、90年代的扩张式发展、21世纪初期的膨胀式激增再到现如

---

* 作者简介:孟磊,男,法学博士,湖南理工学院政法学院讲师,主要从事法理学、工程法和文化法研究。陈建军,男,湖南理工学院政法学院教授,主要从事诉讼法和工程法研究。
基金项目:湖南省教育科学“十三五”规划2017年度立项课题(XJK17BGD028)。

今的内涵式发展,就学科建设而言,除了法学学科内部的结构不合理、体系不完善之外,更为重要的是"社会急需的新兴学科、交叉学科供给不足,法学学科和其他学科交叉融合还不够深入"。

由此,我们可以将当前法学学科建设的症结归为两个方面:一方面,法学学科与社会发展相脱节;另一方面,法学学科与其他学科相隔绝。就前者而言,法学本身作为实践性很强的学科,自应当源自于实践,服务于实践,随着实践的发展变化而更替其自身。就后者而言,法学与人文社会科学乃至自然科学存在着紧密的联系已近乎是一个不言而喻的公理,但是就我国法学学术研究的整体来说,"学界不注重法学与其他领域知识交融的现象比较普遍,跨学科的知识融合存在严重不足"。排斥甚至拒绝知识融合的倾向所一触即发的是法学界的日益自说自话、故步自封和画地为牢,面对纷繁复杂的社会问题,法律人所给出的回应尽管真诚却因欠缺整全性视角而流于片面,实用性不足。对于学科发展的不利影响主要体现在严重迟缓乃至阻碍法学交叉学科的发展。

工程法学作为法学学科的一个次级单元,是在法学与工程之间不断进行对话沟通的基础上,进而发生实质性"科际整合"的产物。工程法学这门交叉学科的出现有其独特的时代背景,即整个世界范围内普遍勃兴的基建市场所必然触发的、不断增长的工程领域的法律纠纷,由于涉及诸多与工程相关的技术知识,很多对工程问题一窍不通的法律人在此间或者"步履蹒跚",或者"寸步难行"。进言之,萌发于现实需求的工程法学其首当其冲的使命是对工程领域特别是我国当前工程市场中的法律问题的妥切解决,在此基础上,通过日复一日的学术研究积淀和反思,借鉴其他学科先进的研究成果和成熟的研究方法,提炼出"展现中国特色、具有中国气派"的学术思想和学科方法论,展现法学学科体系的中国特色,进而真正立足于法学学科之林,丰富中国特色法学学科体系。

二、培养卓越工程法律复合人才

为了提高法律人才培养质量,教育部和中央政法委联合于2011年联合实施卓越法律人才教育培养计划,重点培养应用型、复合型法律职业人才:"把培养涉外法律人才作为培养应用型、复合型法律职业人才的突破口";"把培养西部基层法律人才作为培养应用型、复合型法律职业人才的着力点"。

在卓越法律人才教育培养计划的背景下,部分理工类院校立足于自身强硬的工科学科优势,通过将法学与工学进行跨学科建设与发展,近乎"不约而同"地提出了工程法律人才的培养目标。据笔者搜集掌握的资料,东南大学法学院和湖南理工学院政法学院明确提出着重培养工程法律人才,其中东南大学法学院形成了本—硕—博贯通,"交叉、团队与实务"三位一体的复合型法律人才培养模式;湖南理工学院政法学院在本科阶段开设了法学专业工程法律实验班,此外长沙理工大学文法学院和福建工程学院法学院等地方高校也在其本科教学中重点突出了工程法方向并开设了相应的课程①。尽管如此,由于工程与法律的结合尚处在不断发展过程中,而且工程法律人才的培养也没有可资借鉴的国外成熟经验②,进而导致上述各所高校的新型工程法律人才培养模式仍在探索过程中,远未臻于成熟完善。那么在此一过程中,除了对于教学活动的经验反思之外,开展工程法学的相关学术研究的重要性日益突显。

工程法学研究对工程法律人才培养的作用具体表现在:第一,通过梳理国内外对于工程法领域理论问题的争议及讨论,搜集相关领域的典型案例,能够为课堂教学提供大量的素材;第二,随着对相关理论问题讨论和研究的深入,争议焦点渐趋得以被澄清和攻克,教师的课堂教学能力和水平因而会大幅提升;第三,工程领域的大量法律争议为工程法学研究提供了丰富课题,适当引领学生参与其间将能够有效培养学生分析问题和解决问题的能力。

三、提升地方本科院校办学水平

学科建设在地方高校的发展过程中发挥着关键性的作用。首先,从学理上来说,学科建设在高等学校的建设工作中居于核心地位,有了一流的学科,才会有一流的学者、一流的学生和一流的大学。其次,从地方高

① 同济大学则是由土木工程学院牵头,通过与法学院联合,共同打造"工程(土木)-法学复合人才培养模式创新试验区",培养高级复合型土木工程师。参见冉凌霄、许佳楠、刘一村:"探究土木法学复合型人才的培养模式——以同济大学土木法学复合型人才培养为例",载《教育教学论坛》2017 年第 39 期。

② "在国外,虽然英美国家高校法学专业的部分课程涉及工程方面的内容,但是既没有工程法律方向,更没有工程法律人才培养较为系统的课程体系。"参见夏尊文、陈建军、柳镭:"工程法律人才培养课程体系建设研究",载《当代教育理论与实践》2015 年第 8 期。

校的自身实际而言,地方本科院校既无多少中央政策资金支持,又受制于各省市不同的经济发展水平和政策扶助力度,在与部属高校的竞争中处于绝对劣势。基础层面的先天不足决定了地方根本无法在短时期内全方位地提升综合实力从而与部属高校一较高下,集中有限资源优先发展较为优秀或特色的学科并由此形成比较优势,是地方本科院校提升竞争力的必由之路。

在当前"双一流"建设的政策背景下,地方本科院校应依循"转型升级传统学科,大力发展新兴学科,支持鼓励交叉学科"的思路来重新规划自身的学科建设,对于其中的部分理工科院校而言,发展工程法学这一特色学科可谓是恰逢其时。通观国内目前进行工程法律人才培养和主研工程法律相关问题的高等院校,无一不是理工学科占强势地位。各所法学院的相关主事者普遍正视而非漠视所在院校的学科发展现状,积极主动借助并依托工科优势,通过加强与土木工程、交通工程等专业的交流融合,打造特色法律人才培养方向,在此基础上进一步从事跨学科研究,承担工程法学这一交叉学科建设的任务。

建设工程法学特色学科对于提升地方本科院校办学水平的作用主要表现在:第一,通过凝练学科方向,集聚专门人才,集中精力开展工程法领域学术研究,提高学科整体的科研水平。在明确工程法学学科建设目标之后,或是内部挖潜,或是外部引进人才,整合各类资源围绕着工程法领域相关问题上做研究,持续发力,蓄积研究成果,最终定能实现学科水平的大幅迈进。第二,打造特色人文学科,填补理工类院校的文科劣势。理工类院校普遍存在着文科基础薄弱的情形,只是由于开设法学专业既不要求有深厚的人文积淀,又无须太多人、财、物方面的投入,促使法学专业在理工类院校中也"遍地开花"。第三,通过展现行业或区域的影响力进一步生发型塑"品牌效应",有效提升学校的知名度。工程法学学科建设日渐成熟的标志是建立高质量的学科建设平台,学科建设成果越来越为法学理论界和实务界同行所重视和认可,学科建设主体队伍不断扩大——从成立院级、校级研究机构到建立本省或跨省域的工程法学研究会。在此一过程中,所在院校能够借助学科建设的成就而在全省乃至全国范围内提升其影响力与知名度。

四、深化地方高校服务地方职能

一般来说,人才培养、科学研究和社会服务共同构成了现代大学的三大职能。然而,就中华人民共和国成立以来我国高等教育的发展历程而言,社会服务在高校主要职能序列中的地位并非总是一以贯之的。对于“985 工程”和“211 工程”大学来说,自成立伊始便“口含”国家和地方各级给予的政策和财政等方面的“金钥匙”,培养的毕业生质量较高,科学研究基础雄厚,即便其一时半会乃至较长一段时期忽视了社会服务,也不会对其办学能力和水平造成严重妨害。地方本科院校则不然,受广为人知的诸多不利条件所限,人才培养、科学研究和社会服务这“三驾马车”俱都无法提供强劲的动力,若再削其一极,所导致的结果必定是致命性的。正因为如此,在经历短暂的“自大狂妄”之后,多数地方院校选择回归理性,重拾甚至重点发力服务地方的职能。

作为地方本科院校回归服务地方职能的重要标志和必然要求是,地方院校的“学科专业建设要与地方经济社会发展的需要相适应”。一方面,地方本科院校“所服务对象、内容和运行机制具有鲜明的地域特色”,应重点鼓励支持那些与本地经济、社会和文化密切相关的学科专业发展;另一方面,对于那些与本地地域特色关联性不大甚至缺失的学科专业,不鼓励乃至限制、遏止其存在和发展。

总的来说,工程法学服务地方功能主要有两方面的表现:特色人才培养和针对性法律服务。首先,就人才培养而言,火爆的房地产市场、“八纵八横”的高铁网和四通八达的高速公路等在彰显着我国工程市场的跨越式发展,“中国工程市场的巨大发展意味着中国亟须大量的工程与法律复合人才”,工程法学学科建设能够有效弥补地方急需人才缺口,进而促进地方经济发展。其次,举凡工程建设所涉及的规划审批、勘察设计、招投标、采购、征地拆迁、工程合同订定及履行、工程质量管理等项目中,都会出现大量的法律问题,这些法律问题的妥善解决除了有赖于法律人的实践智慧之外,相应的学术研究亦发挥着重要作用,在此,工程法学显然大有用武之地。

参考文献

[1]《荀子 · 劝学》.

[2]易继明.中国法学教育的三次转型[J].环球法律评论,2011(3):33-48.

[3]黄进.志存高远培养卓越法治人才[N].光明日报,2017-05-26(11).

[4]蔡立东.加快构建中国特色法学学科体系[J].中国大学教学,2017(5):16-21.

[5]付子堂.构建具有中国特色的法学学科体系[J].中国高等教育,2017(10):16-19.

[6]王利明,常鹏翱.从学科分立到知识融合——我国法学学科30年之回顾与展望[J].法学,2008(12):58-67.

[7]林明锵.工程与法律教学研究之科际整合:以台大小巨蛋判决为例[J].台大法学论丛,2009(3):109-171.

[8]周佑勇.工程法学[M].北京:中国人民大学出版社,2010:23.

[9]谢鸿飞.彰显民法学的中国风格[J].中国司法,2017(6):4.

[10]朱景文.中国人民大学中国法律发展报告(2013):法学教育与研究[M].北京:中国人民大学出版社,2014:68.

[11]赵肖筠.地方高校本科法学教育存在的问题及解决对策[J].山西大学学报(哲学社会科学版),2005(3):103-105.

[12]蒋悟真,杨浩楠.财经院校卓越法律人才培养问题初探——以江西财经大学为例[J].中国大学教学,2012(5):22-24.

[13]朱双庆,吴椒军,钟娟,等.工科院校卓越法律人才培养探析——以合肥工业大学为例[J].合肥工业大学学报(社会科学版),2014(4):113-119.

[14]杨莉萍.论少数民族卓越法律人才的培养——以中央民族大学"卓越法律人才教育培养计划"实施为例[J].安徽农业大学学报(社会科学版),2015(3):87-92.

[15]徐喜荣."卓越"视域下卫生法律人才培养模式创新研究[J].高教学刊,2017(13):71-73.

[16]周佑勇.构建"交叉、团队与实务"三位一体的复合型法律人才培养模式[M]//王翰.法学教育研究:第九卷.北京:法律出版社,2013.

[17]王新生,杜卫红,戴谋富.论案例教学法在工程法教学中的运用[J].创新与创业教育,2016(1):107-109.

[18]许步国,张菁.工科类高校法学专业教学教育改革探讨——以福建工程学院为例[J].品牌(理论月刊),2010(11):78-80.

[19]谢桂华.关于学科建设的若干问题[J].高等教育研究,2002(5):46-52.

[20]刘献君.论高校学科建设[J].高等教育研究,2000(5):16-20.

[21]周扬.在科学和法治的轨道上推进中国特色世界一流法学学科建设——张文显教授访谈录[J].中国大学教学,2017(8):4-13.

[22]黄喆.工程法律人才培养若干问题之探讨——基于东南大学工程法教育之实践[M]//王翰.法学教育研究(第十六卷).北京:法律出版社,2016.

[23]杨四海,程倩.服务地方:地方本科院校的理性回归[J].国家教育行政学院学报,2012(12):52-56.

[24]陈建军.地方本科院校法学专业人才培养模式创新的探索[J].云梦学刊,2015(2):112-115.

[25]彭凯颖.服务地方经济发展彰显地域优势特色——基于新建本科院校发展的视角[J].福建教育学院学报,2017(1):103-106.

[26]左平良.谈地方理工本科院校法学专业教育的问题与出路[J].云梦学刊,2008(1):119-121.

[27]张马林.美国法学教育对中国工程法人才教育的启示[M]//黄进.中国法学教育研究(第十三辑).北京:中国政法大学出版社,2016.

论法学专业课教师受托参与地方立法

陈运雄*

摘　要:法学专业课教师参与地方立法既有法律依据,又有政策依据。委托立法合同中应当明确法学专业课教师拟定问题清单、起草法规草案文本、撰写条文对照表、编写生效法规解读等工作内容及其质量要求。作为立法专业人士,法学专业课教师应当熟知地方性法规中涉及的机构编制、职能分工、经费保障、行政许可、行政处罚、行政强制、法律责任等制度要点及其设计要领。

关键词:法学专业课教师　地方立法　参与

一、地方立法概述

(一)地方立法的含义

地方立法,是指省、自治区、直辖市以及设区的市的人大及其常委会,根据本行政区域的需要和实际情况,在不同宪法、法律、行政法规相抵触的前提下制定颁布适用本行政区域的规范性文件。

在2015年3月《立法法》修改前,我国拥有地方立法权的行政区包括22个省、5个自治区、4个直辖市以及49个地级市。《立法法》修改后,我国地方立法权扩大至所有设区的市。

(二)地方立法权限

根据《立法法》的规定,省级人大及其常委会可以制定不同宪法、法律、行政法规相抵触的地方性法规。而设区的市的人大及其常委会只能就城乡建设与管理、环境保护、历史文化保护等方面的事项制定地方性法规,除非法律对设区的市制定地方性法规的事项另有规定。

(三)地方性法规的类型

我国地方性法规大致可以分为实施性法规、自主性法规和先行性法规等。

---

* 作者简介:陈运雄,男,湖南祁东人,湖南农业大学公共管理与法学学院教授,博士研究生,主要从事法学研究。

实施性法规,是指拥有地方立法权的立法机关在立法法赋予的立法权限内,为执行法律、法规的规定而制定的符合本行政区域的实际情况的具体规定。

自主性法规,是指属于本行政区域的地方性事务,国家(省)一般不对该事项专门立法,拥有地方立法权的立法机关在相应的立法权限内,根据本行政区实际需要制定的地方性法规。

先行性法规,是指不属于国家专属立法权的事项,对该事项尚未制定法律或者法规,地方立法机关在其立法权限内,根据实际需要先行制定的地方性法规。

此外,民族自治地方(自治区、自治州、自治县)的人大制定的自治条例与单行条例,类似于地方性法规。但是,自治条例与单行条例根据法律的规定,可以对上位法的内容加以变通,并在本区域或本民族中优先适用这种变通规定。

二、委托立法的依据

(一)《中共中央关于全面推进依法治国重大问题的决定》的规定

2014 年 10 月通过的《中共中央关于全面推进依法治国若干重大问题的决定》(以下简称《决定》)关于委托立法主要有两方面的规定,一是关于立法前引入第三方评估的规定。立法中的第三方评估包括立法前的第三方评估和立法后的第三方评估。第三方概念,是美国学者莱维特提出来的。在莱维特看来,第一方评估是自我评估,自我评估的局限性在于自己对自己的认同一般都较高。第二方评估是指服务对象的评估。第三方评估是指服务提供方和服务对象之外的主体进行的评估。该评估由于具有一定的独立性、较强的专业性与较高的可信度,自 20 世纪 80 年代始,广泛运用于西方政府的绩效考核等评估中。《决定》在"完善立法体制"中指出,为了防止部门利益和地方保护主义法律化,对部门间争议较大的重要立法事项,由决策机关引入第三方评估。我国在立法领域引入第三方评估是非常重要的制度创新。

二是关于探索委托第三方起草法律法规草案的规定。《决定》在"深入推进科学立法、民主立法"的规定中指出,要健全立法起草、论证、协调、审议机制,探索委托第三方起草法律法规草案。

(二)《立法法》的规定

2015 年 3 月 15 日第十二届全国人民代表大会第三次会议《关于修改〈中华人民共和国立法法〉的决定》修正的《立法法》在第 53 条指出,对于专业性较强的法律草案的起草,吸收专家参与或者委托第三方起草。该第三方包括有关专家、教学科研单位和社会组织等。

(三)地方性法规、政府规章等的规定

本着委托立法行为本身也需要规范的原则,2015 年《立法法》修改后,全国许多地区出台或者修正了有关委托立法的法律规范,如 2016 年 1 月 22 日阳江市第六届人民代表大会第六次会议通过的《阳江市制定地方性法规条例》第 16 条第 2 款明确了委托立法的范围是专业性较强的地方性法规草案的起草工作。2015 年 7 月深圳市人大常委会主任会议通过的《深圳市人大常委会立法项目委托管理办法》明确需要委托的立法项目应当符合以下条件:①涉及社会关系复杂,社会普遍关注的;②专业性强,需要深入调研、论证、评估的;③各方意见分歧较大的等。为了便于市民监督,该法律文件还规定,委托单位应当在深圳市人大常委会门户网站上公开当年委托项目基本情况,包括项目开展时间、概算金额以及公开招标等内容。同时,委托项目还应当纳入政府购买服务指导性目录管理等。

三、法学专业课教师受托参与地方立法的实务问题

(一)立法合同的主体、名称与性质

1. 立法合同的主体与名称

虽然是人大主导立法,但是,一般由政府相关行政主管部门负责立法前期主要工作,包括向政府争取立法经费等,所以,合同的甲方可以是政府相关行政主管部门,合同的乙方为受托参与立法的法学专业课教师。如果受托参与立法的法学专业课教师为兼职律师,合同的乙方也可以是受托参与立法的法学专业课教师所在的律师事务所。合同的名称可以根据具体情况确定为委托立法合同,或者合作立法合同。

2. 立法合同的性质

根据《合同法》第 2 条的规定,民事合同是指平等主体的自然人、法人、其他组织之间设立、变更、终止民事权利义务关系的协议。行政合同,

学界通常认为是指行政主体与相对人之间为执行公共事务,实现行政管理目标,适用行政法规则,依合同双方意思表示一致,明确相互权利和义务的协议。据此,本文认为委托立法合同或者合作立法合同当属行政合同。

(二)立法合同的主要内容

地方立法通常要完成拟定问题清单、起草法规草案文本、撰写条文对照表、编写生效法规解读等工作,而地方性法规的最后通过生效需要经过地方政府常务会议审议通过法规草案、地方人大相关专门委员会审议通过法规草案、地方人大或者其常委会审议通过法规草案、省级人大常委会批准等环节。立法合同应当明确受托参与地方立法工作的法学专业课教师在地方立法各个阶段的工作任务及质量要求。

(三)法学专业课教师参与地方立法应当着重掌握的法律知识点

立法后评估是检验地方性法规是否合法合理、是否维护了公平正义、是否产生了应有功能的重要举措。立法后评估,通常根据经济社会发展的需要,重点对地方性法规中涉及的机构编制、职能分工、经费保障、行政许可、行政处罚、行政强制等制度进行评估。据此,法学专业课教师参与地方立法应当着重掌握的法律知识点包括以下主要方面。

1.机构编制、职能分工、经费保障问题

地方性法规一般不规定行政机构的编制、人员、经费。地方性法规应当严格控制设立议事协调机构。可以交由现有机构承担职能的或者通过现有机构能够协调解决问题的,不另设议事协调机构。议事协调机构不单独设立办事机构。

地方性法规一般不对预算经费、专项资金等做出规定。确需作出规定的,应当在充分征求有关部门意见的基础上做出原则性规定而不宜规定具体的数额与比例等。

2.关于行政许可与行政处罚的设定与实施主体

首先,关于行政许可与行政处罚的设定,我国《行政许可法》第12条规定了可以设定行政许可的事项,并且在第15、16条规定:对可以设定行政许可的事项,尚未制定法律、行政法规的,地方性法规可以设定行政许可;地方性法规可以在法律、行政法规设定的行政许可事项范围内,对实施该行政许可做出具体规定。对于行政处罚的设定,根据我国《行政处罚

法》的规定，地方性法规只能设定限制人身自由、吊销企业营业执照以外的行政处罚，如警告、罚款等。

其次，关于行政许可与行政处罚中的权利下移问题。地方性法规应当严格控制行政许可权与行政处罚权下移。根据我国《行政许可法》第24条的规定，行政机关可以委托实施行政许可，但只能委托其他行政机关，而不能委托具有管理公共事务职能的组织。根据我国《行政处罚法》的规定，行政处罚可以委托进行，但行政机关只能委托我国《行政处罚法》第19条规定条件的、依法成立的管理公共事务的事业组织，不能委托其他组织或者个人实施行政处罚。同时，行政机关依法委托其他行政机关实施行政许可的，一般应在总则中做出明确规定。行政机关依法委托具有管理公共事务职能的事业组织实施行政处罚的，除了在总则中做出委托规定，明确委托机关和受委托组织外，还应当明确委托实施行政处罚的权限范围。此外，地方性法规授权具有管理公共事务职能的组织实施行政许可和行政处罚的，均应当在总则中做出明确的授权规定。

3. 关于行政强制措施的设定与实施主体

地方性法规设定行政强制措施应当符合以下要求：一是符合地方立法权限。地方性法规只可设定“查封场所、设施或者财物以及扣押财物”的行政强制措施；二是确有必要且其他手段不能解决；三是兼顾公共利益和当事人的合法权益，在保障公共利益的前提下，以最小限度地损害当事人的权益为限度；四是法律对行政强制措施的对象、条件、种类等作了规定的，地方性法规不得做出扩大规定；五是设置行政强制条款，除规定条件外，还应当规定决定主体、执行主体、做出相关处理的期限以及告知当事人有要求听证、申请行政复议或者提请行政诉讼的权利等。

就行政强制措施实施主体而言，行政强制措施只能由法律、法规规定的行政机关在法定职权范围内实施，不得委托，且只能由行政机关具备资格的行政执法人员实施。

4. 法律责任

地方性法规一般不规定民事责任，确有必要规定的，应当符合民事法律的规定或者以法律、行政法规的规定作为依据，针对具体违法行为，根据其性质规定相应的民事责任。

地方性法规不得设定刑事责任，因为根据我国《立法法》的规定，犯罪与刑罚、公民政治权利的剥夺、限制人身自由的强制措施和处罚、司法制度四类事项为法律绝对保留事项。如果地方性法规所规定的具体违法行为符合刑事法律关于具体犯罪行为的规定,需要考虑相互衔接的,可以针对具体违法行为规定为:“违反本条例(办法、规定、规则)第××条规定,有××(违法行为),构成犯罪的,依法追究刑事责任。”

地方性法规规定行政责任,应当针对具体违法行为,根据其性质规定相对应的行政处罚和政务处分。行政处罚适用于外部行政行为中的行政相对人,而政务处分则适用于内部行政行为的行政管理部门及其公职人员。至于对企事业单位等的内部职工或者工作人员的处分问题,通常不属于地方性法规应当规定的范畴。

浅谈基层检察院对高职法律文秘专业人才之需求

——以湖南司法警官职业学院为例

刘　莎　周世军*

摘　要:高职法律文秘专业主要为社会培养高素质的实用型技能人才。基层检察院对实用型的法律文秘人才有较大的需求,推动高职法律文秘专业人才培养模式的重建很有必要。文章主要分析当前高职法律文秘专业人才培养困境,探寻高职法律文秘人才培养的新路径。

关键词:基层检察院　高职　法律文秘

一、司法体制改革促进基层检察院对高职法律文秘人才之需求

2017 年 9 月 26 日在湖南省十二届人大常委会第三十二次会议上,湖南省人民检察院检察长游劝荣关于《湖南省人民检察院关于深化司法体制改革工作进展情况的报告》中提到“检察辅助人员不足影响办案组织组建。全省现有员额检察官 3811 人,而检察官助理、书记员分别为 2469 人和 2497 人(含聘用制书记员 1826 人),按照中央关于‘三类人员’1∶1∶1 的配比要求,还缺检察官助理 1342 人、书记员 1314 人”。通过百度搜索发现 2018 年某些省份关于由省检统一组织考试的方式招聘聘用制书记员已顺利进行,例如,云南省检察机关面向社会公开招聘聘用制书记员 1705 名。2018 年 11 月 18 日,湖南省高级人民法院聘用制书记员招聘考试举行,共计招聘 95 名,录用后其福利待遇按《湖南省人民法院、人民检察院聘用制书记员管理办法(试行)》和《湖南省人民法院、人民检察院聘用制书记员经费保障办法》。而笔者通过电话咨询从部分湖南省基层检

---

* 作者简介:刘莎,女,湖南司法警官职业学院助教;周世军,男,湖南司法警官职业学院副教授。

察院(包括永州江华、益阳大通湖、岳阳荆剑和岳阳云溪)了解到,目前湖南省检察机关统一招录计划正在酝酿中,基层检察机关想要招聘书记员通常是由本院自行公开向社会招聘,一般是采取聘用制或劳务派遣。而个别基层检察院招录时岗位设置不一定是“书记员”,有时招聘“协警”,但其工作职责与书记员基本相同。《湖南司法警官职业学院全日制三年高职专业人才培养方案(2016版)》中法律文秘专业就业面向的主要是法院、检察院书记员及行政秘书,契合了全面深化司法体制改革有关人才需求的精神。本文试图通过论述基层检察院对高职法律文秘人才之需求,以此来推动高职法律文秘专业人才培养模式的重建。

二、当前高职法律文秘专业人才培养困境

(一)人才培养方案与岗位需求脱节

高职类院校学生与本科院校有着本质区别,高职类院校应当培养高素质的复合型技术技能人才,而不是培养理论研究人员。专业教学应以“理论适度、够用”为原则,以“技能熟练、专业”为目标,以“工作踏实、严谨”为培养方向,重点突出该专业的实用性,学习任务与工作任务一致的技术技能复合性。法律文秘,法修饰文,文是核心,法属视野,检查系统对法律文秘专业人才的要求:一是最基本知识要求,主要是文书写作知识、法律专业知识、秘书专业知识和计算机知识;二是最看重的能力是口才、写作能力和沟通能力;三是需要最多的岗位是书记员和办公室文秘。我院新的人才培养方案正在修改,有几点关于核心课程的培养目标需要调整,顺应时代的发展。首先,课程培养学生技能的理念存在偏差。例如,速录课程不能仅仅局限于提高学生的打字速度,培养学生对汉字的快速记录与处理能力,使用高效速记机来实现办公自动化。江华县基层检察院民事行政检察科检察官助理检察官胡艳强调书记员还需要承担本科室的总结报告、领导讲话及宣传等材料。公文写作能力并非一朝一夕就能练好,需要长期反复的练习,并非开设一门应用写作课程即可短时间提升学生的水平。其次,专业核心能力课程学分设置欠妥。专业核心能力课程总学分为54学分,而在毕业要求中规定学生修业年限应修满176学分。在接下来修订人才方案时,应当大幅提高核心课程的占比。要抓核心,强基础,提高实训课的比例。

(二)学生对专业和就业认知的脱位

随着十八大的召开和构建法治中国大环境下,与法律相关的专业曾出现了就业形势好、入职收入高的趋势,这也炒热了法学及相关专业的招生。特别是在司法类院校尤为明显,司法类院校专业特别是国控专业毕业生毕业后进入公务员队伍的可能性更大,学生学习兴趣更浓厚。但高职学院的法律文秘专业学生其学制为三年,其中最后一年在校学习时间严重不足,学生对于法学理论的学习不够精深,在历年通过率仅有不到10% 的司法考试(法考)中几乎没有专科或者高职类学历考生通过。而社会招考公务员又因为公、检、法系统设定了本科学历等门槛而被拒之门外,偶尔出现个别不具备本科学历的工作人员也大都是前台行政人员。由于学生对专业认知不足,对就业期望过高,这种高不成低不就的现实,严重影响了毕业生的就业热情。2014 年,法律文秘专业因为失业量较大,就业率持续走低,且薪资较低,已经列入教育部挂黄牌的专业。因此,在一段时间内,教师和学生对法律文秘专业的前景发展感到迷茫。

(三)法律职业伦理教育课程的缺失

德是人以立世的基础,法律职业伦理教育是本科法律专业人才培养的核心课程,且各本科法学院校已有相关成果。但高职法律文秘专业尚未开设关于法律职业伦理教育的相关课程,在 2018 年出版的《法律职业伦理教程》这本教程中,囊括了九类法律群体,分别是法官、检察官、律师、公证员、法律顾问、仲裁员(法律类)及政府部门中从事行政处罚决定审核、行政复议、行政裁决的人员。高职法律文秘专业同样要强调职业伦理的教育。2018 年 7 月 31 日湖南省检察长会(电视电话会)特别强调了省市院关于“保密工作”的精神,各基层检察院参会的人员除了正式干警还包括协检员和其他辅助人员,可见法律职业和法律伦理在所有法律职业人中的地位。所以,高职法律文秘专业学生一旦通过招考进入系统内工作同样需具备良好的法律综合素养。

(四)学院与检察院合作不够深入

学院因为招收学生数量有限,长期以来和法院系统保持密切的合作,忽视了与检察系统的联系,所以学院对检察院法律文秘人才需求不够了解。检察系统对于书记员和行政秘书的需求略小于法院,由于平时缺少联系和合作,缺乏对该专业学生的了解,因此基层检察院一方面通常招不到专业能力强的人才,造成严重缺人,影响办案组织组建。另一方面,学生就业通道狭窄,毕业就失业。

三、高职法律文秘人才培养出路

2017年,最高人民法院、最高人民检察院、财政部、人力资源社会保障部联合印发《人民法院、人民检察院聘用制书记员管理制度改革方案(试行)》给法律文秘专业指明了方向,采用统一招考,与书记员签订劳动合同,提供稳定的工资待遇,整体提高了书记员的就业保障水平。检察系统对法律文秘专业学生招考岗位主要是书记员和行政秘书,相比较而言检察院对书记员的需求量更大,特别是基层检察院对书记员的需求更大。湖南省江华县基层检察院办公室主任余鸿源专门负责人员招聘工作,他提到基层检察院需要大量的书记员。而该院因距离省会城市较远,交通不便等原因招不到业务能力强的法律文秘专业毕业学生。这是应届毕业生的一个通病,眼高手低,没有对自身能力进准确定位,不愿意从基层做起。留在省会城市的毕业生又因竞争力不够,有一些学生在毕业后选择从事其他行业工作。对于有意进入检察系统从事书记员工作的学生,应当侧重于提高他们处理庭前准备事务性工作的能力,强化其对调查取证和制作笔录等程序的熟悉,提高整理、装订、归档的能力。

(一)人才培养与用人单位的岗位需求准确对接

我院在培养法律文秘专业优秀人才上具有优势。笔者在个别访谈中了解到,湖南省监狱管理局办公室副主任肖子才表示2000年前后我院政法文秘专业毕业生中4名毕业生现今已经成为监狱系统文秘中的骨干力量,分别是省监狱管理局的彭欢虎和范能,岳阳监狱的赵辉,还有长康监狱的余敏。2018年12月28日,我院学生在“2018年全国文秘 & 速录职业技能竞赛暨通往意大利撒丁岛国际速录大赛”中赢得了办公专项技能(青年组)项目一等奖,还获得了“2019卡利亚里国际速联大赛”的入场券;2018年11月15日,我院成功获批“国家工业与信息化系统速录师测评合作机构”。据悉,该资格由国家工业和信息化部批准授予,今年全国获批的合作测评机构共有14个,我院是湖南省唯一一个。同时,笔者通过在湖南省江华县检察院为期两个月的调查和走访了解到基层检察院对法律文秘专业人才的需求量和急需的人才类型,笔者有针对性的访谈了学生对自身未来岗位的期待，建议法律文秘专业学生应当按照其兴趣和擅长在入学后进行班级划分或者是就业方向的划分，调整不同班级的专业核心课程侧重点、教学理念和培养目标，以适应不同岗位的最首要技能的需求。

(二)加强法律文秘专业校内职业伦理教育

高职法律文秘专业应加强职业伦理教育。“法律是一门需要长时间学习和经验的积累才能掌握的技艺。”每一个高校法学本科专业都必须开设法律职业伦理必修课程，并且是专业核心课程。高职法律文秘专业教师，在讲授理论知识的同时应当适度融入实践教学。倘若培养学生就业方向为检察院书记员还应当开展有关检察官职业伦理的课程，不仅要从整体上对法律职业伦理的含义、特点、内容等方面进行深度的学习和研究，还要学习作为检察院书记员所特有的职业伦理。目前，高职院校尚未开设相关课程，参照本科院校独立开设一门有较大难度的情况下，可以将其融入涉及检察系统相关的程序法课程的实训课中去。力图将检察院书记员应当具备的法学信仰以及对职业伦理的遵守与热爱植入到课堂学习中去，用这种方式来培养法律文秘专业学生的基本法律素养。

(三)加强校外与检察机关的“校检合作”

逐步完善与检察系统“校检合作”。在学院重视下，加大与检察院的深度合作。充分发挥检察院部门行业指导老师工作职责的作用。提升学生实践能力的同时，注重培养学生良好的职业素养和职业行为规范。部门行业指导老师言传身教、边做边讲解的过程中，使学生了解整个行业的发展前景，重视养成良好的职业素养和职业行为规范。

首先，学校应向学生介绍各省书记员晋升等级制度。例如，2017 年江苏省省检察院颁布《全省检察机关聘用制书记员任职定级和等级升降办法(试行)》，其中，单独序列，分级管理尤其引人注目。岗位等级由低到高分别为初级书记员、中级书记员、高级书记员和特级书记员，初级、中级和高级书记员每一类别又分别设置了三等、二等、一等，特级书记员则无等级。任职定级的方式主要是考试和考核相结合。考试内容主要包括理论考试和速录技能考试，考核内容包括德、能、勤、绩、廉。此外，关于聘用制书记员的学历门槛，江苏省也有其独特的做法，低学历但是拥有高级速录师等职业资格证书也可以成为敲门砖。此外，江苏省聘用制书记员其医疗、养老、休假等职业保障与正式干警一视同仁。该制度的实行不仅极大地调动了聘用制书记员的工作热情,而且提升了聘用制书记员的职业归属感,因“晋升无望”而造成书记员人才流失的现象便也迎刃而解了。这样才能使干得好的书记员可以站得稳,更加在这个岗位发挥他们的聪明才智。同时,当书记员具备一定等级并且在工作,职业资格证书方面都做到完备的书记员可以争取一定的编制名额,使他们的工作可以得到更加稳定长期的发展,他们的工资福利待遇得到更加切实有效的保障。

其次,增加法律文秘专业检察院书记员方向学生的职业归属感。聘用制书记员的职业归属感和荣誉感仅仅靠书记员自己产生是很难的。当产生归属感后才能对整体产生信任,从而在潜意识将自己融入集体,为实现集体利益最大化所作出努力。归属感主要来源于物质及精神两方面,物质方面不再赘述。在实习过程中,精神上营造大环境的良好氛围,多给予实习学生以人文关怀,鼓励支持他们积极融入大家庭。

法学课程教学改革

适应市场化就业的高校法学专业教学改革

屈振辉*

摘　要:传统培养方式无法适应以市场为主的就业环境,是造成高校法学专业毕业生就业难的重要原因,改革教学创新人才培养方式是其解决关键。高校法学专业教学改革必须以市场就业为导向,加强实务性和实用性,应当融入其他专业课程设计复合型的教学模块;更重要的是加强学生作为"法律人"的基本素养,并将这种基本素养拓展为学生就业的可迁移技能,从而将学生培养成能够适应市场需要的"通才"。这样做虽然会招致某些批判且还存在很多问题,但它却能使高校法学专业毕业生走出就业困局。

关键词:市场就业　法学专业　教学改革

法律是人类理性的表达和智慧的结晶。法学作为培养专业性法律人才的学科,在高等教育学科体系中占有重要位置。特别是在建设法治国家的进程中,高校的法学专业教育更具有重要作用。但我们也应看到,由于各种各样的原因,近年来法学专业毕业生就业常面临困难,其就业率基本上排在倒数甚至是最末。白居易曾有句有关法学重要性的名言,即"悬法学为上科、升法直为清列"。而如今法学专业在尴尬的就业率面前,哪里还有半点被"悬为上科"的感觉?昔日模拟法庭辩论里口若悬河的学子,提到"就业"的话题个个都哑口无言。这不仅是他们心中挥之不去的伤痛,更是我们法治国家建设中的遗憾。因此,探求法学专业毕业生就业难原因,找出其中破解之道,这一问题值得我们深入思考。

---

* 作者简介:屈振辉,男,湖南女子学院教育与法学系法学副教授,研究方向:法理学、法学教育。

一、"就业难"使高校法学专业教学改革势在必行

(一)原教学改革对高校法学专业毕业生就业的影响

市场经济发展对法制无疑具有的重要促进作用,但这并不意味法学专业毕业生的就业状况就好;反之如果高校法学专业教学偏离市场就业需要,那么其毕业生就业难问题的产生就将是必然的。而这正是我国大多数高校法学专业的症结所在。改革开放后我国高校法学教育的发展突飞猛进,相继产生了法律、经济法、国际经济法等专业;而后根据《普通高等学校本科专业设置规定》,全国高校上述专业都统一被调整称为法学专业,并设置了十四门法学专业必须开设的核心课程(后增加到了十六门),从而也开启了我国高校法学专业教育新的时代。"一个充满生机、质量日益提高的法学教育局面已经形成。"其中也存在强化理论而忽视应用等诸多不足,尤其是在整体上缺乏面向市场的实务性和实用性,使法学专业成为"躲进小楼成一统"的显学。"市场经济就是法制经济",经济法本就是与市场经济结合最密切的部门法。很多高校原先开设的经济法专业就很贴近市场,在法学课程外还开设了企业管理等经管类课程。开设经管类课程既加深了学生对经管知识理解,又能够提高学生运用知识处理实际问题的能力。

(二)高校法学毕业生就业难的根源是无法适应市场

"就法论法"成为法学专业教育中的普遍误区,培养模式上远离市场是其毕业生就业难的根源。有些法学专业学生毕业时除法律外什么都不懂,而如果他们又不能够进入法律职业领域之中,那他们在市场上是很难找到工作并实现就业的。但实际上,在国家体制内就业的法学专业学生毕竟是少数,绝大多数法学专业毕业生必然要面向市场就业。目前我国法律职业中只有律师是国家体制外的,但因目前司法考试难度和律师行业发展等因素,法学专业毕业生也不可能大部分的都成为律师。在这种窘况之下法学专业毕业生的出路在何方?只有围绕面向市场就业这个导向进行教学改革,才能够扭转目前高校法学专业办学的尴尬境地。为此我们提出了两条比较可行的改革路径。

二、融入其他专业课程设计复合型的实用教学模块

(一)法商、法管结合的高校法学专业教学模块设计

鉴于高校法学专业名称以及核心课程的既定性,面向市场就业进行

教学改革应从教学模块开始。我国传统法学教育强调阶级意识形态和政治性，但是其中却往往忽视了与市场经济的相互结合。融入其他专业课程设计复合型的实用教学模块，首先就是要在法学专业课程中融入经管类课程。在这方面已有些政法、财经类院校进行了尝试，开始探索法商结合、法管结合的人才培养模式。当然这些探索并不完全是在法学专业中进行的，也有在经管类专业、国际经贸类专业中进行的。法学院系可以考虑与经济管理或商学院系合作，深入、细致地设计多个教学模块以供学生选择，每个学生根据自己的兴趣选择二到三个模块。

（二）复合型实用教学模块设计的依据及存在的问题

对学习和学术研究，韩愈曾说要“术业有专攻”，而法学专业也是个需要“术业有专攻”的专业。法学专业教育只有与具体领域结合才有生命力，法学专业的毕业生就业才会有更为广阔的空间。在这方面，美国的法学教育对我们具有重要启示。“美国没有法学本科教育。进入法学院之前必须有一个其他专业的大学本科学位，然后才能申请读初级法学士学位（J. D.）。”这样做最大的好处就是让学生先有其他专业的基础，然后再结合这个专业基础学习法律和运用法律。当然这种教学模块在实际中也可能遇到些困难。例如，高校法学专业在上完公共课和基础课以外，所剩下的专业教学课时本来就已经非常有限了，还要拿出部分来开设经管类课程形成教学模块，这将会使原本就非常紧张的课时更加捉襟见肘；而这也并不仅是开几门与之相关的经管类课程的简单问题，而是需要在教学中真正将法商、法管知识融合，这就对任教该模块的教师也提出了很高的要求，但这样的师资特别是具有实务工作经验的师资，并不是每个学校都有或能够很快培养出来的；设计的模块并不能完全满足学生和市场的需要，等等。这也是我们在教学实践工作中要思考和解决的。

三、在强化专业素养的基础上加强可迁移技能训练

（一）高校法学专业所塑造“法律人”及其基本素质

设计实用教学模块并非高校法学专业唯一出路，在强化专业素养的基础上加强可迁移技能训练，使法学专业毕业生在市场就业中也能占一席之地。从职业理论角度讲专业、职业对人的影响很大，不同的专业学习和职业工作塑造出各种“人”，而“法律人”就是其中之一。尽管学界对

“法律人”的内涵并没有统一认识,但比较全面和系统的看法认为其应当包括三类。“作为受过法学教育的人来说,可以分为三种类型。第一种类型的法律人,是指那些掌握了法学体系并理解了法律精神的职业法律人。他们又可分为两小类。一类是法律理论职业人,包括法学家和法学教授。一类是法律实践职业人,主要是立法者、法官、检察官和律师。第二种类型的法律人,是指那些虽然没有掌握法学精神,但却受过比较系统的法学知识和法律技能训练的法律辅助者,如法律助理、司法文秘等。第三种类型的法律人是具有参与意识,懂得维权的守法者。”高校法学专业主要培养的是前两类“法律人”。“法律人”具有有别于普通人的特质和能力,例如,“理性精神”“人际沟通能力”“控制和稳定情绪的能力”“冷静、谦虚的气质”“法律思维能力”,特别是“法律推理的能力”“法律表达能力”即“口头表达能力和书面表达能力”。法学专业学生的这些特质和能力的发掘和培养,对他们今后从事非法律工作也是非常有用的。

(二)法学专业学生可迁移技能在就业中的具体应用

辛迪·梵和理查德·鲍尔斯将技能分为了三类,即知识技能、可迁移技能及自我管理技能。知识技能是指那些需要通过教育或者培训才能获得的知识或能力,这种知识技能是不能迁移的,如法学专业学生所学习的法律知识;而可迁移技能则是可以从工作中的方方面面,特别是工作之外得到发展,却可以迁移应用于不同的工作之中,对于法学专业学生而言,这就是前文所说其有别于普通人的特质和能力。后者“对于我们在竞争中胜出具有关键性的作用,并且使我们能够在工作中得以更长久地发展;而雇主对它们的重视程度,也往往超过了对单纯知识技能的重视”。鉴于目前中国法治现状和高校法学专业的膨胀,大量法学专业学生在毕业后无法从事专业工作,这时专业学习中培养的可迁移技能就起作用了。例如,法学专业的学生就比较适合从事管理工作。他们以前虽没有接受过系统的管理学知识学习,但在法学专业学习过程中培养出的公平正义感,将使他们在管理工作中成为刚正不阿的执法者;他们在学习当中所养成的理性精神和逻辑思维,使他们做起任何事情来都按部就班、有条不紊;他们的口头表达能力以及书面表达能力比较强,在从事管理工作时能很好对上对下及平行沟通;其控制和稳定情绪的能力、冷静、谦虚的气质,则使他们能很好处理各种突发事件和紧急状况。最重要的是如果让他们草拟起各种管理制度来,他们学习的法学专业技能就能很好派上用场了。法律是种比其他各种规范更为“规范”的规范,熟悉法律法规的法学专业学生起草的规章制度,具有结构上逻辑严谨和语言表达上流畅等特点,还能避免出现与有关法律法规相抵触的情况。因此,法学专业的毕业生从事管理工作比较合适。现代日渐增多的公司、企业需要大量管理人员,尽管高等学校培养的各种管理类人才也非常多,但法学专业毕业生从事管理工作有自己的优势。特别是他们在学习和掌握了一定的管理知识后,将成为管理类专业毕业生就业时的有力竞争者。

(三)重视法学专业学生专业与可迁移技能间的关系

有学者撰文研究法学专业大学生就业能力开发,实际上主要研究的是他们从事法律职业的能力。而我们则认为,鉴于目前我国的社会现实情况,研究法学专业毕业生非法律职业的能力更重要。现在有些法学专业学生固守“法律人的执着”,在就业的时候不能够做到“风物长宜放眼量”;也有法学专业学生虽然也想到法律职业外就业,但却总是担心对其他职业而言自己非科班出身,在就业市场上竞争不赢那些科班出身的竞争者;还有些同学敢于到就业市场上应聘非专业工作,但却不知如何在求职中突出自己的可迁移技能……这就要求高校的法学院系要对法学专业毕业生,在强化专业素养的基础上加强可迁移技能训练,为其指明非专业就业的可能性、必要性及技能。由上观之,法学专业毕业生在法律职业外就业所需的特质,其实并没有远离法学专业人才基本素质的培养,而恰恰都是以此为基础而从中“迁移”出去的。这就要求我们法学专业的教师在教授专业课时,在培养学生专业基本素质的同时还要触类旁通,注重其可迁移技能以及非专业就业能力的培养;而作为学生也应当及早看到本专业的就业形势,在强化专业素质的同时培养自己的可迁移技能,尽早做好非专业就业的准备,“以不变应万变”。

四、小结

综上所述,不注重面向市场就业的传统法学专业培养模式,是造成法学专业毕业生就业难的重要原因之一,高校法学专业必须面向市场就业进行教学改革。实行“法商结合”“法管结合”的模块教学,在强化专业素养的基础上加强可迁移技能训练,积极培养法学专业学生的“非专业就业”能力,这是高校法学专业进行教学改革时必须注意的。当然,面向市场就业我们的想法还有很多的不足,促进法学专业学生面向市场就业还有很多的路径,因而还需要广大的法学教育工作者共同去探索。从这个意义上来说本文只是抛砖引玉,希望能引起更多的共鸣。

参考文献

[1]李龙.依法治国方略实施问题研究[M].武汉:武汉大学出版社,2002:90.

[2]大学生就业蓝皮书发布法学、英语等成就业红牌专业[J].中国大学生就业,2012(13):64.

[3]张文显.法理学[M].2版.北京:高等教育出版社,2003:20.

[4]牛君,林军.对政法院校“法商结合”人才培养模式构建的思考[J].当代经济,2010(19);赵云君.地方院校经济管理类专业“法商结合”人才培养模式探究[J].西安文理学院学报(社会科学版),2011(3);刘梦兰.商学院法学专业法商结合人才培养方案研究[J].当代教育论坛,2004(12);吕来明.法商融合视角下法律人才培养思考[J].商业时代,2011(14).

[5]人力资源法务师需求大[N].温州商报,2013-12-1.

[6]邹岿.法商复合型国贸人才培养中法律实践教学方法新探[J].经济研究导刊,2011(11):243.

[7]钟谷兰,杨开.大学生职业生涯发展与规划[M].上海:华东师范大学出版社,2008:47.

[8]刘坤轮.法学教育与法律职业衔接问题研究[M].北京:中国人民大学出版社,2010:141.

[9]曹义孙.从法治视野看我国法学教育[J].北京政法职业学院学报,2008(1):5-6.

[10]张文显.法理学[M].4版.北京:高等教育出版社,2011:12-14.

[11]周三多.管理学:原理与方法[M].4版.上海:复旦大学出版社,2004:155.

[12]申杲华.办公室实务运作全书[M].北京:中国物资出版社,1995:129.

[13]王家启.法学专业大学生就业能力开发[J].中国大学生就业,2012(18):11-14.

SPOC混合式教学模式：高职财经类专业经济法课程教学创新与实践

黄亚宇*

摘　要："互联网+"时代给职业教育带来了巨大的变化，为了促进信息技术在职业教育教学中的应用，混合式教学模式应运而生。本文基于SPOC理念并结合高职财经类专业经济法课程特色，提出了经济法课程混合式教学五要素以及混合式课堂教学组织六步骤，建立了立体化的经济法课程教学资源；在实践上对理论研究进行了转化应用，组建了学习型课程小组，组织了丰富多彩的第二课堂活动，创设了模拟庭审的课程考核方式，打造了着眼质量的经济法课程教学效果。

关键词：SPOC理念　混合式教学模式　经济法课程

随着信息技术在职业教育领域的渗透，大量以智能化、数字化、网络化为特征的职业教育教学资源不断推进着我国职业教育教学改革的步伐，传统的教学模式已无法适应"互联网+"时代给职业教育领域带来的巨大变化。随之，SPOC教学（small private online course）即"小规模限制性在线课程"应势而生。SPOC教学融合了实体课堂与在线课程的优势，营造了一种全新的混合式教学模式，弥补了传统课堂的不足。将SPOC理念运用于课堂教学，以混合式教学模式改造传统教学，能够有效促进学生个性化自主学习，提升学生课堂教学的参与度和学习效果，更适合财经类专业经济法课程的教学实践。

一、经济法课程混合式教学模式改革的必要性与可行性

（一）改革的必要性

1. 深化教学模式改革的需要

2012年教育部颁发的《国家教育事业发展第十二个五年规划》指出，

---

* 作者简介：黄亚宇，女，湖南商务职业技术学院教授、律师，研究方向：经济法、职业教育法。

高等职业教育重点培养产业转型升级和企业技术创新需要的发展型、复合型和创新型的技术技能人才。普通的教学模式是以课堂讲授为主,教师为了完成授课任务,无暇顾及学生对知识的理解程度,也无法调解学生接受知识速度不同、程度不同的矛盾。SPOC 教学模式正好可以解决以上问题。

2. 促进学生自主学习的需要

传统的教学模式主要在于教师"教",弱化了学生"学"的地位。SPOC 教学理念有利于建立混合式教学模式,更强调学生"学",并利用信息化教学资源和手段,激发学生的学习兴趣,从而进一步突出了学生的主体地位,促进了学生自主学习的能力,同时提高了教学质量。

3. 提升教师信息化能力的需要

互联网时代对教师提出了更高的要求,教师要主动学习互联网时代背景下的各种信息技术,并将各种技术运用到实际的教学中,不断提升自己的信息化教学能力。在 SPOC 教学实践中,教师必须具备一定的现代化信息技术能力,以适应信息化时代的要求。

(二)改革的可行性

1. 具有丰富的空间课程资源

自从 2011 年以来,我们分阶段逐步建设世界大学城空间经济法课程的教学资源,并且逐步开展经济法课程线上教学实践。目前空间课程资源已有 40.7 万人次访问量,获得了 2011 年度和 2013 年度学校空间课程资源评比一等奖等荣誉。

2. 具有良好的教学实施条件

近几年,学校高度重视信息化教学设施的建设,校园安装了无线网络设施,修建了录播教室,普通教室都配备了投影设备,为探索与实践 SPOC 混合式教学模式提供了良好的教学条件。

二、经济法课程混合式教学模式改革所解决的核心问题

(一)教学改革解决的核心问题

1. 以 SPOC 理念的融入为推手,解决传统经济法课程教学模式的弊端

针对当前经济法教学中课时量不够、授课内容陈旧、填鸭式教育及学

生自控能力不强这四点问题,探讨如何利用 SPOC 理念解决传统经济法课程教学模式的弊端。进一步探讨如何针对经济法课程教学过程的课前、课中和课后环节进行教学设计。

2. 以信息化教学手段运用为重点,解决教师信息化教学能力和水平的提升问题

信息化教学并不是要将所有的信息化手段全部运用到教学中去,而是在于探讨如何结合经济法课程特色和学校信息化教学环境,选取适合经济法课程教学的信息化教学手段,探讨如何提升教师信息化教学能力与水平。

3. 以激发学生学习兴趣为根本,解决学生的自主学习能力和学习效果的问题

探讨混合式教学模式是否能被学生接受,以及学生通过混合式教学模式能否提升学习兴趣与学习成绩,能否促进学生的可持续发展等问题。

(二)教学改革解决教学问题的方法

1. 以 SPOC 理念的融入为推手,创新经济法课程教学模式

(1)用 SPOC 理念解决传统经济法课程教学模式的弊端。

通过分解教学活动、重构教学流程;提供视频课程、整合优质资源;明确学生主体地位,丰富教学活动;提高教师影响力,监督、指导、评价三管齐下等方式解决传统教学模式的弊端。

(2)采用线上自主学习与线下分组竞赛的混合式模式设计经济法课程教学过程。

第一,线上大学城空间平台的运用。课前利用大学城空间课程资源自学→课堂上教师利用多媒体放送空间重要的课程资源与教辅资料→课后分组在空间提交作业与测试→课后利用教研苑交流互动等。

第二,线上课程微信平台的运用。课前微信群组讨论→课前微信投票→课堂上微信签到→课后教学总结与反思→课后精彩画面推送等。

第三,线下“竞赛制”的运用。课前成立学习小组→课前利用空间资源自学→课前拍摄情景案例剧→课堂上采取分组竞赛的模式展示学习情况→课后分组完成空间作业与测试的“竞赛制”学习方式。

2. 以信息化教学手段运用为重点,提升教师信息化教学能力

经济法课程选用的信息化教学手段主要是大学城空间平台、微信公

众号、QQ群、雨课堂、微课、Flash动画、录播教室等。运用这些信息化教学手段能提升教师信息化教学能力与水平,并能激发学生学习的兴趣,突出教学的重点与难点,达到提升教学质量的目的。

3. 以激发学生学习兴趣为根本,提升学生自主学习能力和学习效果

通过调查问卷、学生匿名选举周满意老师、模拟庭审、辩论会、在线测试等方式,发现学生对混合式教学模式的接受程度较高,学生自主学习的能力有所提升(见图1)。学生参与初级会计师《经济法基础》考试的通过率大幅度提升,学生参与财经类专业技能竞赛的成绩在全省名列前茅。

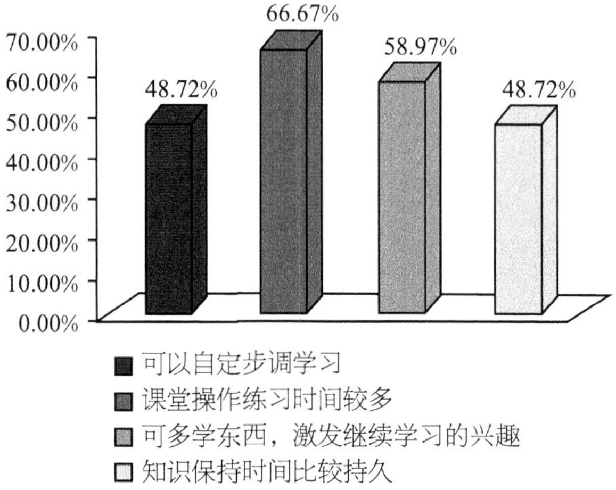

图1 混合式教学模式调查结果统计

三、经济法课程混合式教学模式改革的实施过程

1. 第一阶段,2011年6月至2012年12月,线下财经类各专业经济法课改实践阶段

此阶段完成了“高职财经类专业经济法课程教学模块化设计研究”教改课题,理论上提出了打破传统经济法课程不分专业特色的大一统讲解,结合财经类各专业的人才培养目标,分别设计不同专业的经济法课程教学大纲,并付诸教学实践,获得学校教学成果奖。

2. 第二阶段,2013年1月至2013年12月,线上空间课程教学资源建设阶段

第二阶段将第一阶段取得的经济法课程教学改革成果相关资源上传到网络教学平台进行应用推广,积极建设世界大学城经济法网络教学资

源库,并两次获得学校空间课程资源建设一等奖。

3. 第三阶段,2014 年 1 月至 2014 年 12 月,线上教学实践阶段

第三阶段运用第二阶段已有的空间课程资源进行线上教学实践,空间课程总访问量达到四十余万人次,在线上教学实践中进一步完善空间课程资源。同时,制作经济法课程微信公众号,通过微信推送课程微视频、课件及教学反思,并在此基础上编写经济法数字化教材,成功立项为“十二五”国家职业教育规划教材。

4. 第四阶段,2015 年 1 月至今,混合式教学模式实践阶段

第四阶段结合财经类各专业特色,深入研究与实践基于 SPOC 理念的经济法课程混合式教学模式。在实践期间,成功立项了湖南省职业教育名师空间经济法课程建设项目,并在项目验收时获得“优秀”等级,入选了湖南省教师信息化教学应用示范网络学习空间。围绕经济法课程混合式教学进行教学设计,参加湖南省第二届微课大赛和湖南省职业院校信息化课堂教学比赛,分获一、二等奖;同时,向本科院校、职业院校积极推广财经类专业混合式教学模式改革的成功经验,并应邀作为全省高职院校唯一代表在湖南省法学教育研究会年会、湖南省教育科研工作者协会年会等会议上做课程改革演讲。

四、经济法课程混合式教学模式改革的创新

(一)理论创新

1. 提出了基于 SPOC 理念的经济法课程混合式教学五要素

将 SPOC 教学理念与经济法课程教学特色有机融合,我们提出了基于 SPOC 理念的经济法课程混合式教学五要素,即学习小组参与、学习情景融入、线上自主学习、线下互动 PK、技能运用实践五要素(见图 2)。其中,学习小组参与是指课前成立若干个经济法学习小组,以小组的名义参与课程学习。学习情景融入是指将经济法课程教学内容设计成若干个学习情景,由学生带着任务进入学习环境。线上自主学习是指学生通过大学城空间平台和微信平台的课程资源进行自主学习。线下互动 PK 是指课堂上由各小组采取竞赛制的方式展示学习效果。技能运用实践是指经济法课程考核方式为分组进行模拟庭审,以考核学生综合运用经济法律知识解决实际问题的技能。

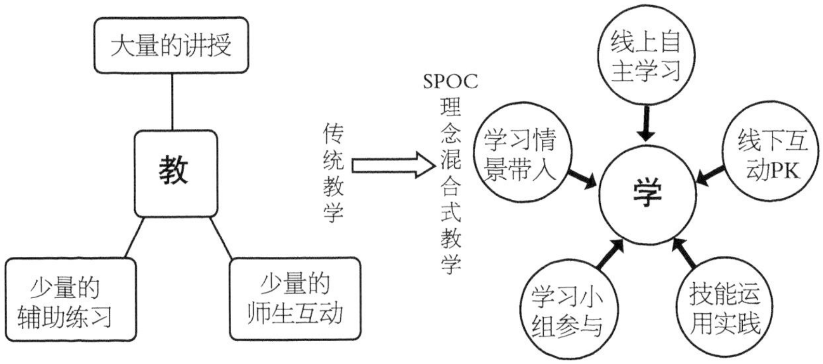

图2 两种经济法课堂教学要素对比

我们构建了经济法课程混合式的教学模式,即以"教师主导,学生主体"为原则,分为课前、课中、课后三个阶段。学生课前通过微视频教学内容进行自学,完成教师布置的题目与思考;课中在教师的引导下参与项目化案例教学,达到对知识的内化吸收,并采取分组竞赛的方式展示学习效果;课后在线回看课程巩固知识,以达到对知识的升华(见图3)。

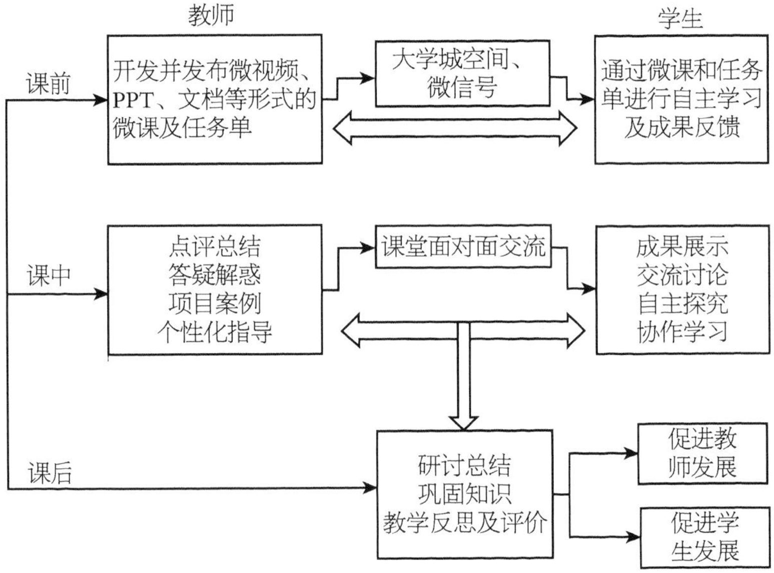

图3 混合式教学模式结构

2.提出了基于 BOPPPS 理念的经济法课程混合式课堂教学组织六步骤

第一步——导入(bridge in)(5 分钟):用学生自拍案例或影视剧中的案例设疑,引导学生思考新的知识点。

第二步——教学目标(objectives)(3 分钟):教师讲解学习目标、学习任务、学习方法等,帮助学生明确通过此次学习需要完成的任务。

第三步——前测(pre - assessment)(2 分钟):教师通过世界大学城、雨课堂等网络平台了解学生课前在线自主学习的情况,以及完成在线自测题的情况。

第四步——参与式学习(participatory learning)(25 分钟):教师组织学生进行分组竞赛制的参与式学习,包括小组研讨、辩论赛、模拟训练等多种方式的参与式教学活动。

第五步——后测(post - assessment)(5 分钟):教师完成课堂教学后需要对学生的学习效果进行评价性测试,学生还可以在课后继续与教师进行在线互动。

第六步——小结(summary)(5 分钟):教师对教学重点与难点进行小结,总结经验体会并反思值得改进提升之处。

3.建立了立体化的经济法课程教学资源

我们建立了立体化的经济法课程教学资源,其中大学城空间经济法课程资源(http://www.worlduc.com/SpaceShow/Index.aspx? uid = 8158)主要是从课程信息、课程设计、课程资源、教学应用、示范推广等方面进行建设,目前,该平台累计总访问量已达到 40.7 万人次。经济法课程微信公众号为"Economic - Law",微信平台主要是从学情概况、课程资源、应用推广等方面进行建设,目前该微信公众号订阅人数已近千人,最高篇文章浏览量已达四千余人次。

编写了"十二五"职业教育国家规划教材《经济法律基础与实务》(第二版),该书由高等教育出版社出版。本规划教材是以"职业应用"为标准建设的,结合了高职财经类各专业的人才培养目标,并且,该教材还加入了二维码等数字化元素,有利于学生课前、课后在线自主学习经济法课程。

(二)实践创新

1. 组建了学习型课程小组

组织学生成立了若干个经济法学习小组,组织学生通过分组拍摄课程教学案例,分组进行线上自主学习、线下分组竞赛、开展分组互评等方式参与教学活动。

2. 组织了丰富多彩的第二课堂活动

组织学生开展了经济法案例分析辩论赛、经济法案例之我见演讲赛、经济法知识竞赛、模拟经济诉讼与仲裁等形式多样的第二课堂活动,并通过课程微信公众号推送每次活动最佳人气奖的评选,极大丰富了学生的课余生活。

3. 创设了模拟庭审的课程考核方式

创设了模拟庭审的课程考核方式,从法律文书写作、庭审表现、团队协作等方面考核学生综合运用经济法律知识的能力。模拟庭审的考核方式及考核标准如下(见表1)。

表1 模拟庭审考核表

考核点	考核方式	考核标准			
		优(90—100)	良(80—89)	中(70—79)	及格(60—69)
模拟庭审	法律文书写作(占40%)	非常准确地进行案例分析,法律文书写作格式符合标准、内容完整。	较准确地进行案例分析,法律文书写作格式符合标准、内容完整。	符合案例分析要求,法律文书写作格式稍有瑕疵、内容欠完整。	能在其他同学的帮助下完成法律文书写作任务。
	庭审表现(占40%)	语言表达流畅,台风、气质好。	语言表达较为流畅,台风、气质较好。	基本上能独立完成模拟庭审角色。	能在其他同学的帮助下完成模拟庭审角色。
	团队协作(占20%)	具有良好的团队合作精神,相互协作能力强。	具有较好的团队合作精神,能较好地完成任务。	具有团队合作精神,能完成任务。	能在其他同学的帮助下完成项目任务。

五、经济法课程混合式教学模式改革的社会反响

(一)品牌效应突出

1.课程资源被全国众多高职院校师生线上访问学习

依托湖南省职业教育名师空间经济法课程结项优秀的品牌效应,持续建设课程资源。目前,世界大学城空间经济法课程已有40.7万人次访问量,课程微信公众号订阅人数已达近千人,经济法课程原创视频被全国兄弟院校同行在其大学城空间引用,经济法课程教学资源在全国范围内具有一定的影响力。

2.引领了全省高职财经类专业混合式教学模式改革

依托湖南省职业教育名师空间经济法课程结项优秀的品牌效应,在全省高职院校应邀进行了多次经济法公开示范课、经济法课程混合式教学模式与课程信息化建设的讲座、经济法课程信息化教学比赛经验交流等活动,引领了全省高职财经类专业混合式教学模式改革,取得了很好的应用推广效果。

(二)辐射效应明显

1.作为全省高职院校唯一代表,多次应邀前往省内各学术团体、本科院校进行成果推广

作为全省高职院校唯一代表,我校应邀在湖南省法学教育研究会年会做"互联网背景下经济法课程建设交流"的主题演讲,在湖南省教育科研工作者协会年会做"经济法课程改革与理论研究"的主题演讲,在湖南省社会科学研究工作研讨会做"青年教师教研与科研之路"的主题演讲,在长沙学院进行"经济法教材及慕课建设"的主题演讲,成果在全省范围内辐射效应明显。

2.编写的职业教育国家规划教材在全省范围内被广泛使用,获得一致好评

我们编写的"十二五"职业教育国家规划教材《经济法律基础与实务》,在长沙商贸旅游职业技术学院、长沙民政职业技术学院、湖南外贸职业学院、湖南现代物流职业技术学院等兄弟院校财经类专业经济法教学中广泛使用,获得师生一致好评。

为此,经济法课程混合式教学模式创新与实践获得了2017年湖南

省职业教育省级教学成果一等奖,并被新华网和《湖南日报》进行了报道。

参考文献

[1]南旭光."互联网+"职业教育:逻辑内涵、形成机制及发展路径[J].职教论坛,2016(1):5-11.

[3]郭洋.SPOC模式在高职计算机文化基础课程中的应用研究[D].重庆:重庆师范大学,2016.

[3]黄亚宇,刘新桥.高职会计专业《经济法》课程信息化改革与实践——基于"一带两平台"的建设理念[J].科技经济市场,2016(11):141-142.

远程开放教育法理学教学中法律修辞学的运用及其界限

贺凤来*

摘　要:法理学教学一直是个难题,对其教学方法的摸索从未停止,有案例式教学、预设式教学、生成式教学等。考虑到法学远程开放教育的受众为农民或者学历为高中或者中专的成人,以在线学习为主,面授课程相对较少的特殊性,本文提出把法律修辞学作为法理学课堂教学中的一个重要元素加以渗透,并分析其必要性和实现路径。

关键词:法律修辞学　远程开放教育　法理学　教学方法　农民大学生

一、远程开放教育法理学教学中法律修辞学运用的必要性

(一)法理学本身的特殊性:难学

作为法学中一门基础性的入门课程,同时也是核心课程,法理学从全部法律现象着手,宏观概括其中的共性和规律,虽然立足于社会,立足于社会的法律现象,但由于经过了从具体到抽象的过程,法理学的理论性便比较强,再加上法理学研究的问题太宽泛,跨越了学理、时间和民族的界限,便进一步加深了法理学的难度。难教、难学一直是法理学教学面临的问题。

(二)现代远程开放教育教学模式的不足

远程开放教育人才培养模式,一直处于探索之中,最后的基本定位是以学生自主学习为主,文字教材、录像、CAI 课件、面授、远程辅导等一起打包,便是远程开放教育学习支持服务。对于法理学这样的理论性、抽象性比较强的学科,远程开放教育的这种学习支持服务模式便显得苍白、乏力。在线课堂中,“听不懂、不好懂”是学生对法理学课堂认知最大的实际。当然,学生在没有法学基础或者素养的前提下,第一学期就开设法理

---

* 作者简介:贺凤来,女,益阳广播电视大学副教授。研究方向:法律语言学。基金项目:本文系湖南省社科联2016年年度委托课题“法律修辞学在法理学教学中的应用研究”(课题编号:XSP2016W05)成果。

学这门课,增加了这一门课的学习难度,"听不懂"这个最大的实际,自然导致学员产生枯燥、厌倦等心理,进一步阻碍了其对法理学的有效学习。

(三)学生对象的特殊性

学生自主学习能力不够。远程开放教育法学专科(根据湖南电大开放教育专业规则,法理学课程只在法学专科中开设)对学生的文化程度要求是高中毕业或者中专毕业,法学专业责任教师通过学习环节的指导和服务了解到,学生的学习基础薄弱,学习主动性、积极性不是很高,加上工作和家庭的压力,学生很难做到沉下心来学习,而法理学又是一门非沉下心来就学不好或者非沉下心来学习考试就不容易及格的学科。如果从考试的角度来检验教师的教学和学生的学习,以湖南广播电视大学为例,在法学专业的所有课程中,据专门统计,每次期末考试,法理学课程不及格率最高。尽管单从考试的角度评价法理学的教学,科学性不够,但问题摆在这里,谁也无法否认。

(四)教师教学的特殊性:难度大

法理学以法哲学的基本问题、法社会学的基本内容以及法发挥作用的机制的基本理论问题为研究对象,既具高度抽象性,又具非常强的系统性,在学生完全没有形成法学完整的知识框架的前提下,讲授法理学确实是不小的挑战。面授教学是法理学的基本教学方法之一,为破解学生"听不懂"的难题,教师们也在不懈努力,结合学科特点和学生认知层次,根据教学的内容和环节,以讲授法为基础,灵活采取不同的教学方法。

二、远程开放教育法理学教学中法律修辞学运用的可行性及其价值

(一)远程开放教育法理学教学中法律修辞学运用的可行性

在法律语言、法律生活、法律交往活动等方面,作为媒介或工具的修辞,对促成人们的交往更有效、更方便起了很大的作用。法律修辞学在司法中的运用,已经获得广泛的认可;其在法庭辩论中的作用,也已经引起了普遍的关注和认同。有研究者指出法律修辞在法庭论辩中的意义不容忽视;有研究者指出法律修辞有助于公正裁决;有研究者指出,法律修辞不仅适用于庭审过程,还可以延展至裁判文书。作为远程开放教育法学专业法理学教师,在尝试和摸索法理学教学的过程中,体会并感受到了法

律修辞学的作用——远程开放教育的性质是法律修辞学使用的前提。借助有限的面授课程和网上的教学视频,是学员学习法理学的第一条路径,如这些课程还是不能让学生舒服地听懂,学员基本上选择放弃。所以,教师如何讲授法理学教材内容很关键。在学校教育所有可控的变量中,教师是学习最大的影响因素之一,从事教师这个职业,担任了法理学这门课程的教学,就应该克服困难,尽最大可能,成就“一种在任何一个问题上找出可能的说服方式的可能”。王泽鉴先生所言的“依循法律逻辑,以价值取向的思考、合理的论证,解释适用法律”,在某种程度上,算得上是法律修辞学的另外一种表达。

(二)远程开放教育法理学教学中法律修辞学运用的价值

远程开放教育法理学教学,关键在于深入浅出,在于和远程开放教育专科学生学识能力和水平相匹配的教学内容的拿捏和表达,这种高标准严要求,不借助法律修辞学,事倍功半;借助法律修辞学,事半功倍。选用不同的法律事件,以案释法,逐步推理演绎,引导学生挖掘表象背后的实质,从而使空洞的逻辑或理论“落地”;至于法律论证,更是必须讲究法律语言使用的规则,从而凸显主张的正确性和正当性,这也离不开法律修辞学,当然这样的法律修辞学也具有方法论的特征。

三、远程开放教育法理学教学中法律修辞学运用的具体方法及界限

(一)法律修辞学作为法理学课堂教学中的一个重要元素,在远程开放教育法理学课堂教学中的渗透

法律修辞学的研究对象是法律语言。课堂教学就是凭借法律语言这个媒介来传播思想和理念的。能够熟练地运用法律修辞,是一个法律人智慧与能力的体现。把法律作为修辞只是法律人职业生涯所需要的基本技能,是法律人在司法场景以及在涉及法律问题的场合解决问题的基本思路。所以,建立法律修辞学及其重要的条件是人,是既深谙语言又通晓法律的人,是愿意并且能够在法律文化的大背景下融合法律与修辞的人。由此看来,法律修辞学这一课,对法理学教师来说,是要补上,并且要下功夫好好琢磨一番的,这是法理学老师的必修课。

从法律修辞学从属于修辞学的属性看,修辞的基本功能,就是亚里士

多德把修辞定义成为的“在任何主题中发现所有可能的说服手段能力,是与说服手段相连接的方法”。法律修辞学也应具备这种功能。把法律修辞学理解为一种修文饰词的技巧,不是完全没有意义,比如在法学的入门阶段,对法学理论的初步原理等问题,如何表达才能讲得更通透,学员才能更好理解,偏重于修辞一点是没错的,只是,这作为一个教师应该具有的职业素养,可以忽略不提。当然,如果仅这样,法律修辞学就没有建立的意义和价值。法理学教学不能以“理”释“理”,这样会钻入一个死胡同,费力不讨好。法理学教学应该和法律实务有机结合,以促进基本的法学职业素养的养成。前面提到的大部分教学方法,其实都可归纳为案例教学法,或者或多或少有案例教学法的影子,即根据现在的情形,在实践中完善法律语言使用,从理性的角度,把法律和道理讲清楚,这种法律思维养成的最好方式,其实就是法律修辞学的具体实践。法律修辞学是一个实践学科,它关心的是,从法律适用时对创造性的自由空间的理解中抽出结论。

(二)远程开放教育法理学教学中法律修辞学运用的具体案例

1.具体案例1——讲授基本概念:法的本体

答案:法的本体包括法的概念、法的本质、法的特征、法的规范、法的效力等。

分析:要讲授的概念“法的本体”内容抽象,给出的答案“法的概念、法的本质、法的特征、法的规范、法的效力等”仍然抽象,就算是逐一解释“法的概念、法的本质、法的特征、法的规范、法的效力”的相关内容,给人的感觉仍然是大而无当,杂而无章。

法律修辞学在讲授“法的本体”中的应用:法的本体是静态的研究法律,以一支笔打比方,看笔的外面,了解作为笔的基本属性,这就是法的概念;这支笔的样子,这就是法的特征;拧开盖子,看笔的里面的构成,这就是法的本质;从笔的这个侧面研究一下,就是法的规范问题;从笔的那个侧面研究一下,就是法的效力问题。

“法的本体”抽象,其包括的内容“法的概念、法的本质、法的特征、法的规范、法的效力”同样抽象,学生被动接受这些内容,其实难以消化。借助法律修辞学这个工具,拿“笔”打比方,根本没用到社会当中的法律现象,“法的概念、法的本质、法的特征、法的规范、法的效力”5 个点之间,顿时关联起来,共同组成一个立体的空间,并且它们之间的关系也清楚明了。在此基础上,再讲授5个概念的具体内容,学生便觉得容易多了。当然,具体讲授5个概念的内容,同样要讲究方法和策略。

2. 具体案例2——法的指引作用

答案:法的指引作用是指法对本人的行为具有引导作用。在这里,行为的主体是每个人自己。对人的行为的指引有两种形式,一种是个别性指引,即通过一个具体的指示形成对具体的人的具体情况的指引;一种是规范性指引,是通过一般的规则对同类的人或行为的指引。个别指引尽管是非常重要的,但就建立和维护稳定的社会关系和社会秩序而言,规范性指引具有更大的意义。从立法技术上看,法律对人的行为的指引通常采用两种方式,一种是确定的指引,即通过设置法律义务,要求人们做出或抑制一定行为,使社会成员明确自己必须从事或不得从事的行为界限。一种是不确定的指引,又称选择的指引,是指通过宣告法律权利,给人们一定的选择范围。

(1)法律修辞学在讲授"法的指引作用"中的应用步骤一。

规范作用包括五大作用,规范作用的第一个叫指引作用,指引作用的对象是谁——指引本人的行为:哪些可以做,哪些是不可以做。而指引作用又包括两种,一种是有选择的指引,一种是确定性的指引。有选择的指引又称权利的指引,而确定的指引又称义务的指引,而权利和义务的区别,有一句谚语说得好——权利可以放弃,义务必须履行。换言之,权利和义务谁有选择余地?权利!所以权利是有选择的指引,虽然有这个权利,但是可以放弃;义务是一种责任,不能放弃,如不履行就会被强制履行,法律当中的权利和义务就是指引大家,哪些事能做,哪些事不能做,这就叫指引作用。

(2)法律修辞学在讲授"法的指引作用"中的应用步骤二。

以下为改编小案例:主人公叫小赵,住在深山老林里面,世世代代砍柴为生。有一天突然发现家里没柴了,决定上山砍柴,这时正好想起,前几天村里面来了个普法小组宣传,国家最近出了一个法律——森林法,里面有内容"禁止砍伐森林"。于是,小赵意识到自己不能去砍柴。这体现了法的指引作用。指引的对象是本人自己的行为。

分析:不照本宣科,而是在理解的基础上深入浅出,根据理解的层次把讲授的内容分成两步走,这就是一种思维的牵引。所举例子也许还太浅显,但对于农民大学生来说,从基础开始,慢慢引导,教学思路是正确的。

3. 加强实务能力养成,领悟法律修辞学精要,助力法理学教学

法学专业教师实务能力的硬伤,在某种程度上影响到教学效果。如能通过法律职业资格考试,成为双师型教师,或者通过卓越法律人才培养途径,实现法官和大学教师的挂职换岗体验,对刑事侦查语言、方言识别、法庭辩论语言、询问语言等认真琢磨,在实践中体会法律修辞学的作用之后,再把法律修辞学嫁接应用到法理学的课堂教学中,助力法理学教学,方法应该可取。

4. 远程开放教育法理学教学中法律修辞学运用的界限

法理学在整个法学体系中处于基础理论的地位,它既是法学的基础和入门课程,又是法学前沿和尖端的理论学科,应当根据法理学的这种双重性质,并结合教学对象的认知特点,在科学的教学理念指导下,采取多样化的教学方法。法律修辞学作为法理学课堂教学中的一个重要元素,对解决学生听懂、听顺甚至喜欢这些问题有积极意义,但不是解决法理学课堂教学问题的万能钥匙,对于法律修辞学的强调和重视,都只能定位在工具属性或方法论层面,如同形式和内容,形式为内容服务,内容第一,形式第二。法律修辞学也只不过是促进法理学教学的一个因素而已,这是基本的定位。

参考文献

[1]巢容华,李艳华. 以部门法为视角的法理学教学法研究[J]. 法制与社会,2014,1(下):222.

[2]刘安华. 法理学教学中学生学习兴趣培养之探讨[J]. 法制博览,2015,07(中):44.

[3]徐钝,强昌文. 大学课堂生成性教学之施行[J]. 西南科技大学学报. 2012(4):48—51.

[4]巢容华,章颖芬. 法理学案例教学法研究——以湖北高校研究生的法理学教学现状为基础[J]. 湖北经济学院学报,2009(8):173-174

[5]刘安华. 在法理学教学中培养学生的法律思维能力[J]. 产业与科技论坛,2015,14(15):165-166.

[6]赵讯,庹进平. 走出法理学教学困境的理性思考[J]. 常德师范学院学报,2001(3):

62 - 64.

[7]刘爱龙. 论法理学教学与法学思辨能力的培养[J]. 黑龙江高教研究,2006(1):159.

[8]李爱荣. 面向实践的法理学教学理念和教学方法探索[J]. 河北职业技术学院学报,2005(1):15.

[9]卢燕. 法理学教学现状及改革方向探析[J]. 法制与社会,2010,07(下):229.

[10]徐梦醒. 法律修辞在司法话语中的运用[J]. 许昌学院学报,2014(3):79 - 81.

[11]崔林陶. 司法公正在法律修辞中的体现[J]. 法制与社会,2014,10(中):108 - 109.

[12]侯学勇. 法律修辞如何在司法中发挥作用[J]. 浙江社会科学,2012(8):61.

[13]李秀芬. 构建法律修辞学理论体系刍议[J]. 山东社会科学,2013(1):126.

[14]陈金钊. 把法律作为修辞——法治时代的思维特征[J]. 求是学刊,2012(5):77.

[15]陈金钊. 把法律作为修辞——法治时代的思维特征[J]. 求是学刊,2012(5):78.

[16]彭京宜. 法律修辞学刍议[J]. 新东方,2001(1):52.

[17]阿图尔 · 考夫曼等主编. 当代法哲学和法律理论导论[M]. 郑永流,译. 北京:北京大学出版社,2006.

[18]邴长策. 论法理学教学的理念与方法[J]. 武汉职业技术学院学报,2005(6):57.

案例教学法在理论法学教学中的运用

丁德昌*

内容摘要：案例教学法在理论法学教学中具有重要意义，不仅将理论法学抽象理论形象化，而且与部门法学融通起来；同时，也将法律精神培育感性化。案例教学应遵循典型化、鼓励参与和启发教学原则。提高理论法学案例教学效率，不仅应建构理论法学教学案例库，精选案例，而且在教学中应努力促进双向互动，不仅应优化现代教学手段，而且应重视案例教学研究机制。

关键词：理论法学　案例教学法　师生互动

案例教学法是在教师指导下，根据教学目的需要，精选案例来组织学生进行学习、讨论和研究，从而锻炼学生能力的特定教学方法。理论法学是法学的基础课程，显然属于"形而上"的理论层面，理论法学的抽象性使学生理解和把握存在较大难度。学生的学习首先要从感性情境出发，达到对抽象概念的理解。案例教学法作为一种实践教学模式，对于理论法学教学具有化抽象为形象、化抽象为具体的作用，对于促进学生法律实践能力提升具有深化的价值，"案例教学法独特的优势在于其不仅可以让学生掌握相关法律知识，更重要的是可以通过分析案例有效培养学生实际运用理论知识解决问题的能力素质"。

一、案例教学法在理论法学教学中运用的意义

（一）案例教学将理论法学抽象理论形象化

理论法学是从宏观和整体的层面研究法律问题，教师在讲授理论法学知识应该是化抽象为形象，通过向学生传授形象的知识从而促进理论法学概念、原理和规则的理解。案例具有典型、直观、形象等特点，给人以切实的现场感，易于理解和接受，"通过提供一个真实的或模拟的具体情

---

* 作者简介：丁德昌，男，湖南文理学院法学院教授，副院长，法学博士。本文系湖南省教育厅一般教改项目"转型背景下法学案例教学法与本科生法律技能培养的深度融合研究"（湘教通〔2007〕452号：编号351）阶段性成果。

景，有选择地把问题呈现出来，让学生置身于该情景之中”。通过案例教学能加强学生对理论法学的感知印象。“案例教学最浅近的使命是增强抽象理论和规范的现实感。”如教授“法律推理”中关于“实质推理”的内容时，可引用具体的“安乐死”案例，分析其内在所蕴含的法理，从而促进学生对实质推理的理解。

（二）案例教学法将理论法学与部门法学融通起来

“形而上者谓之道，形而下者谓之器。”理论法学的基本内容和原理和部门法的知识相比较，属于“道”的层面，部门法学则属于“器”的层面。理论法学是从整体的、宏观角度来研究法律现象，而部门法学则是从局域层面、微观角度去研究法律现象。理论法学案例教学所精选的案例，往往是部门法案例中具有很强法理意蕴的案例。通过对部门法案例的分析，从而说明某一法理学理论原则或某种法律观念。通过对相关部门法案例的讨论分析，从而自然而然地引导学生得出理论法学教材中所阐述的法学原理，从而强化和深化学生对相关宪政、人权、法治等理论法学法理的理解和把握。

（三）案例教学将理论法学法律精神培育感性化

理论法学除了向学生提供基本的法律概念体系、法律原理和原则外，最根本的使命在于培育法科学生的法律精神。因为作为我国未来社会主义法治建设的中坚力量，法学本科生必须树立崇高的法律信仰，培养优良的法律精神。这是因为，伯尔曼曾说过，“法律必须被信仰，否则它必将形同虚设”。理论法学案例教学通过提供一个真实的或模拟的案例，让学生置身于具体的案例情景之中，能将学生的法律意识和法律精神的提升于无形，起到“润物细无声”的作用。如通过“磨坊主状告德皇威廉一世”等经典的案例的学习，不仅向学生传授了“私有财产神圣不可侵犯”“契约自由”“公民在法律面前一律平等”等法律原则，同时，对学生法律意识和法治精神的培育起到潜移默化的作用。

二、理论法学案例教学的基本原则

（一）典型化原则：根据教学内容精选案例

“法学案例教学以法律案例为课堂教学的起点，选择恰当的典型的案例是成功实施案例教学的先决条件。”理论法学案例教学实施的效果如何,在很大程度上而言,取决于教师所选择的案例是否经典、是否有代表性、是否能最大限度阐释所传授的法理学知识所蕴含的法理。为此,首先要求教师必须吃透教材、深挖教材。这是精选案例的前提和基础。在精选理论法学教学案例时,应精选与教学目的和教学内容密切相关的典型案例。不仅应选择正面的案例,也应选择反面的案例;不仅应选择历史案例,更应选择现实案例。总之,要选择与理论法学教学内容密切相关,能最大化说明相关法律的经典案例。甚至,当有时对于某个案例难以综合地整体说明某个具体法律原则和法律原理时,教师也可以在不违背基本的生活逻辑的基础上构造某些虚拟的典型"案例"作为教学案例的补充,以满足理论法学教学案例的需要。

(二)鼓励参与原则:鼓励学生积极参与案例讨论

现代教学理论认为,学生是教学的主体,教师是教学的主导。学生以主体的身份积极参与课堂教学,是提高教学效果的根本途径。因此,理论法学案例教学法要求教师积极鼓励学生参与案例教学。这首先要求教师尽可能挑选生活中活生生的典型案例,特别是在全国引起重大反响的案例。在理论法学案例教学中,应充分鼓励学生扮演案例教学的"演员"。教师应摒弃传统教学中既充当"导演"又担任"演员"的双重角色。要引导学生扮演"演员"角色,教师只能担任"导演"角色。教师应紧紧围绕教学内容,对于精选的案例设置具体的典型问题,引导学生积极思考,积极参与讨论。只有在充分讨论的基础上,教师适时地进行引导,归结出正确答案,这样得出的结论因为是水到聚成而得来的,学生对相关的法学原理和原则的理解就会顺理成章,理解就会深入而透彻。

(三)启发教学原则

孔子曰,"不愤不启,不悱不发"。启发式教学使学生处于学习和思考的积极思维状态。为了提高理论法学案例教学实效,必须充分运用启发式教学方法。要求对于案例所涉及的问题,首先需要学生质疑,提出问题;然后由教师适时引导学生去解决问题。教师应把握学生疑难之所在,甚至在学生提不出问题时,"制造矛盾"引导学生提出问题。教师应以案例所蕴含的"问题"去叩启学生的心扉,激发其去思考。为此,要求教师所提供的教学案例的信息不要太充分。这样可以引导学生以案例"当事人"的身份对模糊信息进行分析和决断。教师所提出的问题应具有启发性,能激发学生的探索兴趣。教师应引导学生对有一定疑问和争议的问题进行充分讨论。在讨论中,教师应适时启发引导学生去探索案例存在的问题,引导学生通过案例顺理成章地理解案例所蕴含的法理,从而实现教学目的。

三、理论法学案例教学法运用的具体路径

(一)研究案例分析框架,建构理论法学教学案例库

没有案例,案例教学就是无源之水、无本之木。案例不典型,案例教学的绩效就会大打折扣;案例不全面,就难以覆盖教材中的所有可以进行案例教学的知识点。构建理论法学教学案例库应重点注意如下几个方面:其一,所挑选的案例应该具有典型性。教师在选择案例时,一定要注意案例的典型性。教师应精选那些与课堂教学内容密切相关的知识。其二,若对于有些知识点难以找到恰当的案例,教师可以设计。其三,案例库应不断吸收生活实践中的源头活水,不断更新。应该加强和司法事务部门的合作,不断从司法实践中获取具有理论法学案例教学价值的新案例。

(二)精选案例,充分发挥不同类型案例在教学中的作用

案例的典型与否直接关系到案例在教学中运用的效果,如何精选案例是充分发挥案例教学的作用的关键。归纳而言,典型案例主要有以下几种类型:其一,案例引路,即在法理阐释前的案例引路。教师在教授理论法学有关原理、原则和方法时,以一个典型的案例入手,通过对案例的讲授阐述相关的原理和原则,能够起到激发学生学习兴趣的作用。其二,佐证案例,即在理论法学教学中案例佐证。在讲解理论法学基本知识和基本原理后,结合相关法理和方法,给学生相关的案例。根据案例的内容结合已经学的相关法理知识,可以提出几个有一定探索性的问题供学生讨论,促进学生思考,启发学生的思维活动。然后组织学生讨论,各抒己见。教师从中加以引导、启发和总结。其三,总结案例,即在理论法学教学后的案例总结。一个知识点或几个知识点讲完后,可以向学生讲述一两个总结性案例,让学生将前后知识融合起来。这三种案例尽量要选择学生熟悉的案例。

(三)努力促进双向互动,深入揭示案例所蕴含的意蕴

案例教学成功与否的一个重要标志,是学生在教师的引导下能否深入理解案例所蕴含的法理意蕴。为此,案例教学中应努力促进师生教学双方的双边互动。一方面,理论法学案例教学中教师应充分发挥其主导性。在理论法学案例教学中,教师的主导作用是“使教学过程能够高效率进行的保证,学生的主动探索是学习取得成功的基本条件,两者不可偏废”。而法学传统教学中,“老师始终占据着主导地位,学生缺乏主动权,只能跟着老师的思路走”。案例讨论是案例教学的实质及高潮所在。在案例讨论中教师应发挥积极的引导作用。教师应努力营造一种学生积极发言、各抒己见、畅所欲言的案例教学的讨论氛围。同时,对于学生的发言教师应积极倾听、回应和沟通。

另一方面,理论法学案例教学中应充分尊重学生的主体作用。“成功的案例教学中,学生应该是一名主动参与者,而不是被动接受者。”理论法学案例教学中应充分强调学生的主体作用,要求在各个教学环节中,应充分发挥学生的主体性,努力让学生成为学习的主人。在案例教学前,教师应提前一周将案例材料发给学生,并根据案例归纳出几个可供讨论的典型问题。同时,教师还可以在材料中列出相应的参考书目和论文供学生查阅参考。要求学生在熟悉案情的基础上,查阅相关资料,深入分析案情。要求学生敢于质疑,针对案情把自己在事实、证据和法律适用上的问题列出来,并努力试图自己解决。教师要求学生在深入分析案情基础上,准备好发言提纲。在案例讨论中,应积极鼓励学生积极踊跃发言,教师切忌“独舞”。特别是教师应鼓励有争议的问题的讨论,让更多的学生各抒己见。教师应注意有效地回应、沟通和引导,但教师不应越俎代庖,并且这种回应和引导的语言应该是间接而凝练的。

(四)优化现代教学手段,提高理论法学案例教学效率

在法学专业转型背景下,填鸭式的教学方式早已不适应理论法学教学实践,因此,在理论法学教学实践中全面引入以多媒体为核心的现代教学手段势在必行。多媒体教学手段,将大大提高理论法学教学效率,一方面,使理论法学课堂教学的输出知识量显著增加,能解决理论法学课程信息量大而教学时间相对有限的矛盾;另一方面,多媒体是视觉和听觉等多方面的立体刺激能刺激学生大脑的兴奋点。法学教师在理论法学案例教学中大多也引入多媒体教学,但引入广度和深度大多尚有欠缺。为此,优化目前多媒体

教学实在必行,其一,教师应以多媒体为平台,精心设计多媒体教案,切忌将多媒体变成电子黑板;其二,应当充分利用现代教育技术,运用视频、图像、声音、动画等来设计并丰富课堂法学案例教学内容;其三,应充分建立并完善多媒体电教演示教学系统、多媒体校园电视教学系统和多媒体网络教学系统。

(五)重视案例教学研究机制,深化案例教学实际

案例教学绩效的提高是一个不断总结、不断反思的过程。在理论法学实践教学中有一系列的理论与实践问题需要去研究和创新。通过对现有案例,特别是相同和相近案例的跟踪比较,加以研究;在此基础上进行案例创新,创造出新的案例;在新的案例基础上进行新的案例教学实践,展开新的反思与研究,对新案例跟踪进行新的比较、分析与总结,又开启新一轮的案例教学研究。理论法学案例教学研究应充分发挥集体攻关的作用,经常将有关教师集中在一起进行案例分析研究。案例教学实践——案例教学研究——案例教学实践,如此反复,不断实现案例教学的否定之否定,从而不断为理论法学案例教学提供源头活水,不断提高案例教学的实效。

参考文献

[1]李纪恩,李一行,陈平. 法学教育中案例教学法的应用[J]. 教育教学论坛,2016(3):147.

[2]陈福松. 案例教学与创新型人才培养[J]. 扬州大学学报,2009(5):81.

[3]邹晓玫,齐恩平. 案例教学在法学专业教学中的应用及改革[J]. 黑龙江政法干部管理学院,2009(2):139.

[4]易·系辞上.

[5]伯尔曼. 法律与宗教[M]. 梁治平,译. 北京:中国政治大学出版社,2003:3.

[6]刘天君. 法学案例教学法探究[J]. 教育探索,2006(3):81.

[7]蒋辉宇. 论法学学科教学中的学生主导型案例教学法及其应用[J]. 湖南财政经济学院学报,2011(10):154.

[8]论语·述而.

[9]梁佑彬. 教师主导作用与学生主动性相结合的教学原则[J]. 三峡大学学报(社会科学版),2007(6):255.

[10]苏春琴. 案例教学在法学教育中创新运用策略[J]. 法制与社会,2018(9):186.

[11]何颖,陈露. 论法学专业案例教学中学生主体地位的确立[J]. 才智,2014(3):79.

[12]梁佑彬. 教师主导作用与学生主动性相结合的教学原则[J]. 三峡大学学报(社会科学版),2007(6):255-256.

刑法教学中案例教学法的创新运用

李进平*

摘　要:案例教学法能凸显学生的学习主体地位,调动学生参与课堂的积极性和主动性,启发学生的思维,培养学生分析问题、解决问题的能力和法律职业技能。在刑法教学中运用案例教学法要注意树立以学生为主体的教学理念,将案例教学法与举例教学区分开来,综合运用多种方式开展案例教学,并且只有和讲授法等其他教学方法相结合才能取得良好的教学效果。

关键词:刑法教学　案例　教学法　创新

长期以来,刑法教学采用的是"满堂灌"式教学模式,在这一模式下知识的传授是单向度的,学生处于被动的接受者地位,缺乏参与课堂的积极性和主动性,缺少教与学的互动,无法引起师生的共鸣。这样的教学方法不利于培养学生的思维能力、分析问题和解决问题的能力,不利于学生综合素质的养成。因此,有必要革新传统的教学方法,在刑法教学中引入案例教学法,提升教学效果。有学者很早就指出"就我国的法学教育而言,我们在教学中很少采用案例进行教学,因此,缺乏对学生的律师技巧、实际操作能力、从具体到一般的综合能力、思维的机敏以及雄辩的口才等方面的训练;同时也缺乏教学中的启发性、互动性和试验性,因此更有必要大力加强案例教学法的应用"。

一、案例教学法在刑法教学中的作用

(一)有助于激发学生学习的积极性和主动性

长期以来,我国高校教学采用的是"填鸭式"的满堂灌教学模式,在这一教学模式下教师是课堂的主宰者和主体,教师在课堂上滔滔不绝地讲,

---

* 作者简介:李进平,男,湖南文理学院法学院副教授,法学硕士,主要从事法学教育、刑事法学研究。本文系2016年湖南省普通高等学校教学改革研究项目"专业转型背景下地方高校法学专业课程改革研究——以分类培养模式为视角"和湖南文理学院教改项目"刑法教学中人文主义思想的价值与渗透研究(WHSZ1202)"的阶段性研究成果。

学生在下面默默无闻地“听”和“记”，老师只管将课本上的理论知识传授给学生，至于学生有没有理解消化这些理论知识在所不问，更遑论学生思维能力的培养。在这一刻板的教学模式下学生是被动的知识的接受者，在学习过程中缺乏积极性和主动性。在刑法教学中采用案例教学法彻底改变了教师和学生在课堂上的地位和角色，教师成为了课堂的引导者，引导学生思考问题，分析并解决问题，而学生则成为了课堂的主体，课前围绕案例材料认真收集阅读相关资料，形成对案例中蕴含的法律关系的初步认识，在课堂讨论中通过发言、提问、质疑、辩论等诸多环节充分展示学生的课堂主体地位，从而也大大激发了学生参与课堂的积极性和主动性，提升了教学效果。

（二）有利于培养学生分析问题和解决问题的能力

刑法案例教学将学生置于课堂的主体地位，教学环节的设计和展开均围绕学生进行，教师只是引导者，负责精选案例和设计相关思考和讨论的问题，而学生则需要在课前围绕案例和这些问题做充分的准备工作，认真收集阅读相关文献资料并独自思考问题，在课堂中通过小组讨论、课堂提问、模拟辩论等环节，将自己对案件事实和相关法律关系的理解和认识表达出来，通过与其他同学的争论、辩论加深对案件法律关系和相关法学理论的理解，最终解决案例中呈现的法律问题。这一过程实际上是对学生思维能力、语言表达能力、临场应变能力的训练，有利于培养和提升学生分析问题和解决问题的能力。

（三）有助于增进师生间的教学互动，真正实现教学相长

刑法案例教学不同于传统的讲授法，其不是一种单向的知识传授，而是教与学的一种互动过程。在这一过程中教师和学生是一种平等合作的关系，教师的任务是精选教学案例，在熟悉案例的基础上提炼出有针对性和启发性的问题供学生思考，负责引导课堂讨论，回答学生的提问和质疑，对课堂讨论做出评价。学生在这一过程中则需要做充分的课前准备，查阅资料，思考老师提出的相关问题，围绕案件事实和法律关系进行讨论、辩论，最后要得出相应的结论。在整个案例教学过程中“师生双方在平等的状态下交流、讨论，搭建良好的沟通平台，缩短师生之间的心理距离，为教学提供了很好的情感氛围，有利于师生关系的融洽，以便真正实现教学相长，提升教学的效果”。

(四)培养法律职业技能的重要途径

法律职业技能是法科学生从事法律职业应具备的专业技能,包括语言表达能力、协调沟通能力、制作法律文书的能力、探知法律事实的能力,以及法律诠释、推理和论证的能力。刑法案例教学是培养法科学生法律职业技能的一条重要途径,课前准备阶段让学生独自查阅收集相关资料,阅读思考案例材料,理清案例材料中蕴含的法律关系,有利于培养学生探知法律事实的能力;课堂分组讨论、辩论能训练学生的语言表达能力、协调沟通能力;分角色模拟审判辩论能培养学生法律诠释、推理论证能力和法律文书制作的能力。

二、案例教学法在刑法教学中的实施和运用

一般而言,刑法案例教学包括案例选择、课前准备、组织讨论、教师总结评价四个阶段。

(一)选择案例

选择案例是刑法案例教学的前提和基础,一堂有效的案例教学课首先要选择一个恰当的案例,这就要求教师要时刻关注刑法理论前沿和司法实践中出现的一些热点、焦点问题,一个好的教学案例至少要具备以下四个特征。

1. 针对性

案例的选择要紧密结合教学内容和教学目标,尤其是能反映出教学中的一些重点和难点问题。通过案例的展示和讨论能帮助学生理解掌握相关的理论知识,并能运用这些理论知识分析解决实际问题。例如,为了让学生理解正当防卫成立的几个条件,可以选择"的哥开车撞死劫匪"一案作为教学案例。因为这个案例中蕴含了正当防卫成立的几个难点问题,如正当防卫的时间条件和限度条件,让学生置身于这一真实案例情景中进行讨论分析,能够使学生深刻体会到什么是"不法侵害正在进行",什么是"不能超过必要限度造成不应有的损害"。

2. 典型性

典型性要求选取的刑事案例应具有代表性,能突出反映相关法律关系的内容和形式。通过对典型案例的分析,有助于学生掌握相关的理论知识及法律原理等。如成克杰案、胡长清案就是贪污罪和受贿罪的典型,

蒲连升案就是探讨“安乐死”问题的典型案例。通过对这些活生生的典型案例的分析探讨有助于学生直观形象地理解掌握其中蕴含的法理知识。

3. 适当性

所谓“适当性”是指选择的案例难度要适中，选择的案例既不能太难太复杂，也不能过于简单。案情过于复杂、涉及的法律关系众多，会让学生感觉到云里雾里，理不清头绪，分析讨论也没有针对性，久而久之会使学生失去兴趣和积极性。相反如果案情过于简单，一看就很明了，这样的案例也就失去了探讨的价值，学生也不会觉得有所收获，同样也会失去参与的积极性。

4. 启发性

刑法案例教学中选择的案例要对学生具有一定的启发性，能启迪学生的思维，给学生留下思考的空间，这就要求案例有一定的疑难性，涉及的刑法理论有较大的争议。如“许霆案”就有较大的理论争议，在“罪与非罪”“此罪与彼罪”等方面能给学生留下较大的思考空间。

（二）课前准备

课前准备是刑法案例教学取得成功的重要保障，案例教学课前准备包括教师的课前准备和学生的课前准备两个方面。在案例教学中，教师不是主体而是主导者和引导者，案例教学能否成功，教师的正确引导很关键，因此，在案例教学之前教师需要做好充分的准备工作。除了要精选教学案例之外，教师自己先要吃透案情，理清其中的法律关系及涉及的法理问题，在将案例材料交给学生的同时要罗列出若干个供学生思考的法律和事实问题，以便于学生能有的放矢地查阅相关资料和思考问题，此外还要准备好其后课堂讨论的焦点问题和如何引导学生进行讨论、辩论的基本思路。学生在接受老师下发的案例材料之后，应围绕案例材料和老师提供的若干问题收集查阅资料，读懂案情，了解基本的法律事实和法律关系，并就其中蕴含的法理问题做深入思考，为后面的讨论和辩论做好充分准备。

（三）组织学生讨论案例

刑法案例教学的第三阶段是组织学生讨论案例，这是案例教学的关键阶段，组织学生讨论可以通过多种形式进行。一个刑事案例往往涉及多方面的事实和法律问题，有定罪方面的事实，也有量刑方面的事实；有实体法律问题,也有程序法律问题。可以根据不同的事实和法律问题以及学生的不同特点分成若干讨论小组,先进行小组讨论,形成小组意见,然后由各小组推荐一名代表发言,表达本组观点。小组之间进行讨论之后有可能达成部分共识,达成共识的部分就是结论。除了采用分组和集中讨论的方式之外,还可通过"模拟审判"的方式进行,将学生分成法官组、公诉人组、辩护人组、被告组、证人组、鉴定人组、法警组等若干小组,分别扮演不同角色,通过角色分工,真实情景下的模拟演练对抗帮助学生掌握各种职业技能和技巧。

(四)教师总结评价

刑法案例教学的第四阶段是教师总结评价,这是案例教学效果的固定和提升阶段。通过分组讨论、辩论和模拟演练对抗之后学生对案情、涉及的法律关系及相关法学理论有了较为清晰的理解和认识,但仍有可能存在一些模糊之处和认识不一致的地方,这就需要老师进一步的答疑解惑。一方面教师要对整个案例教学过程做出总体评价,肯定成绩和长处,指出不足和改进的方向;另一方面教师要对刑事案例涉及的法律关系、法学理论做出系统梳理并给出自己的结论和观点供学生参考,此外还应认真细致地回应学生的质疑和发问。

三、刑法教学中运用案例教学法应注意的几个问题

(一)刑法案例教学应树立以学生为主体的教学理念

传统的教学方法以教材为中心,以教师为主体,学生只是被动的知识的接受者,缺乏参与课堂的积极性和主动性。刑法教学中运用案例教学法改变了传统的师生课堂地位,在课堂上教师是主导者和引导者,学生是学习的主体,教学手段和教学内容的选用都应围绕学生进行。无论是课前准备阶段的查阅收集资料还是讨论阶段的分组讨论、辩论,抑或是模拟审判演练均以学生为主体展开,这样才能有效地调动学生学习的积极性和主动性,训练其思维能力、语言表达能力,掌握法律职业技能技巧。当然在教学过程中教师仍需起引导作用,如选择合适的案例,提前给学生布置思考的问题,以便学生有针对性地查阅资料、思考问题,在讨论辩论过程中老师要注意引导学生围绕中心问题和焦点问题展开讨论和辩论。

（二）厘清案例教学与举例教学的区别

传统的案例教学往往是教师在讲授某一理论知识点时举一例子加以说明，通过举例帮助学生理解知识点，缺乏学生的思考、讨论、辩论过程，起不到训练学生的语言表达能力和思维能力的作用。这种案例教学不是真正意义上的案例教学，充其量只能称之为“举例教学”，正如学者所言，“这种举例不是以学生为主体，案件介绍、问题提出、分析展开、结论得出还是以老师为主动。而刑事案例教学则不同，它是以案例为平台，以学生为主体，由学生来自主发言、讨论、辩论、提问、质疑，最后逐步形成并成熟自己的看法，教师在其中只起穿针引线的作用”。因此，在刑法教学中应将案例教学法与举例教学区别开来。

（三）综合运用不同方法开展刑法案例教学

刑法案例教学可采用多种方式进行，包括课堂内教学与课堂外教学，校内教学和校外教学。刑法案例教学的主要方式是课堂内的讨论、辩论和模拟审判教学，除此之外还可以综合运用课堂外和校外的教学模式，如组织学生开展法律咨询活动、庭审观摩活动、举办疑难案例专题讲座，将学生带入真实的案例情景之中，亲身感受刑事案件的处理，增强学生感知案件事实的能力、分析法律关系和准确适用法律规则的能力。

（四）正确处理案例教学法与其他教学法的关系

刑法教学中运用案例教学法能有效调动学生学习的积极性和主动性，有利于培养学生的语言表达能力、逻辑思维能力、分析问题和解决问题的能力，强化法律职业技能训练。但案例教学法不是唯一的教学法，也不能取代其他教学法，正如学者所言，“不管是法律诊所教育，还是案例教学法、模拟法庭教学法等模式和方法，由于成本和经费、师资、管理人员等因素的限制，都不可能替代现有的课堂教学成为法学教育的主导模式，而只能是对课堂教学的修正、弥补和补充”。这是因为案例教学法有其固有的弊端，即缺乏知识传授的系统性和完整性，而且案例教学法一般耗时较长，往往会影响教学计划的正常进行，此外案例教学的进行需以学生掌握基本的概念、原理、原则为前提，这些都是案例教学法无法给予的。因此，刑法教学不能采用单一的案例教学法，应和其他教学法如讲授法相结合，才能取得良好的教学效果。

参考文献

[1]王晨光. 理论与实践:困扰法学教育的难题之一[J]. 中外法学,1998,6:81.

[2]孔令仙. 案例教学法在高校刑法教学中的应用[J]. 牡丹江大学学报,2016,3:182.

[3]冯江菊. 案例教学法在刑法教学中的应用研究[J]. 经济研究导刊,2009,29:224.

[4]苏彩霞. 案例教学法在刑法教学中的运用[J]. 湖北成人教育学院学报,2006,3:60.

[5]黄大威. 案例教学法在刑法教学中的应用[J]. 黑龙江省政法管理干部学院学报,2013,3:137.

论刑事诉讼法学课程案例教学法的思考与运用

刘作凌*

摘　要：刑事诉讼法是教育部规定的法学专业十六门核心课程之一，是一门实践性极强的基础学科。案例教学法在刑事诉讼法课程教学中处于举足轻重的地位，是提高学生运用诉讼理论与法律规定分析与解决刑事实务具体问题的主要途径，案例教学具有较强的真实性、时效性以及互动性和可操作性。因此，将案例教学法成功引入刑事诉讼法课堂教学，不仅有助于刑事诉讼法教学目标的实现，而且有利于卓越法律人才培养。

关键词：刑事诉讼法　案例教学　人才培养

案例教学法是通过对典型案例的分析，启发学生思维，使学生掌握一般的分析原理，并使其获得独立分析和解决问题能力的教学方法。刑事诉讼法作为教育部规定的法学专业十六门核心课程之一，是一门实践性极强的基础学科。在案例教学中，通过具体案例反映出具有理论价值和实践价值的刑事法问题，以规范分析和法理研判为视角展开，将刑事法律规范、刑事司法实践以及刑事法制理论结合起来，使学生们能更深刻了解和掌握刑事诉讼法及相关司法解释的内容，能够运用法律规定与法律原理去分析与解决刑事实务中的具体问题，培养和锻炼学生的法律适用与法理分析能力。

一、刑事诉讼法案例教学的特点和作用

（一）刑事诉讼法案例教学的特点

1. 具有法律专业知识的具体性

案例教学往往可以将抽象的法律原理转化为具体的法律知识。法学

---

* 作者简介：刘作凌，女，法学硕士，湖南商学院法学院副教授，长期从事“刑事诉讼法学”“法律文书写作”等课程的教学。

案例教学法的内涵之一是通过分析讨论体现基本法律理论和原则的典型案例,加深学生对法律理论问题的理解和掌握。刑事诉讼是行使国家刑罚权的活动,其目的之一是惩罚和打击犯罪,保证国家刑罚权的实现。教学中应当充分注意到刑事诉讼法属于公法性质,是规范和调整国家专门机关、诉讼参与人进行刑事诉讼活动的法律。因此,需要通过具体案例,使学生掌握公、检、法三机关的职能以及相互关系,帮助学生深刻理解刑事诉讼程序中国家权力与公民权利的协调关系。

2. 具有较强的真实性与时效性

法学教学中应用的案例来源于社会生活,运用实际生活中的案例进行教学,引导学生关注社会现实问题,让学生始终意识到他们学有所用,能激发学生的创造性和主动性。要注意的是,对于真实的案例应当尽量选择近期发生的热点案件,如果案例过于陈旧,缺少时代性、时效性,也会影响学生关注和思考的积极性,从而达不到理想的案例分析效果。

3. 具有较强的互动性和可操作性

刑事诉讼法作为一门重要的基本法与程序法,其实践性和操作性极强。在课堂教学中特别强调理论与实践相结合。教师在教学中组织学生对案例进行讨论,充分采用启发式、互动式、参与式等方法,使师生之间、学生之间的思想、知识、经验发生碰撞与交流,培养学生独立思考、分析推理的能力和表达能力。由于案例教学直接取材于司法实践,甚至是司法判例,而司法判例既直接来源实际和现实生活,又是司法部门运用法律做出生效裁判的判例,那么将这些司法判例作为案例教学的重要内容,可以使教学具有可操作性。

(二)刑事诉讼法案例教学的作用

1. 有助于学生诉讼法治理念的培养

刑事诉讼法有“小宪法”之称,在保障人权以及维护诉讼程序公正、合法、民主和文明等方面具有独特的功能。在课堂讲授中,要融入讲解中央“法治中国”的精神和社会主义法治理念,将刑事程序法与实体法的关系进行深度剖析,强调打击犯罪与保障人权并重,突出程序正义对实现法治的重大意义。对于刑事诉讼法中规定的“尊重与保障人权”“不得强迫任何人证实自己有罪”的理解、运用以及法治意义,可以通过当前有影响力的典型案例,如“呼格吉勒图案”“赵作海案”“聂树斌案”的平反昭雪,让学生们真实感觉到刑事诉讼过程中,加强人权保障,特别是被追诉人权利保障,对程序公正与实体公正的实现具有重要作用,以及新修订的刑事诉讼法在人权保障及司法公正方面的重大进步。

2. 有助于加强刑事诉讼法教学的专业针对性和实用性

刑事诉讼法教学必须立足我国司法现实,针对刑事诉讼法学中的重大、疑难问题结合案例深入分析,并注重比较研究的方法,介绍域外诉讼理论与实践经验,开拓学生视野,启发学生思维。在证据运用以及“非法证据排除”问题上,实践中的“王玉雷案”“陈灼昊案”都是比较典型的案例。在介绍域外诉讼理论与实践部分,“米兰达案”“辛普森案件”,是经久不衰的经典案例。“米兰达案”判例所确立的“米兰达忠告”对被追诉人沉默权以及获得律师帮助权做出的规定,辛普森案件中涉及美国的陪审团审判、刑事与民事证明标准不同、对抗式诉讼模式、被告人沉默权等域外诉讼制度,对于比较研究有较大价值。

3. 有助于加强理论教学与实践教学的深度融合

在注重理论基础教学的同时,加强课程内实践教学环节,充分利用案例教学,引导学生参与讨论,增加学生对我国刑事诉讼的运行现状的了解,使学生在掌握刑事诉讼法律规范的同时,也充分了解我国刑事诉讼的司法实践,理论与实践相结合,培养学生运用所学知识认识问题、分析问题、解决问题的能力。

二、目前刑事诉讼法案例教学中存在的问题

(一)案例资源落后,选用合适的案例难度大

目前,大多数案例材料局限于知识点案例,缺乏综合案例;注重定性研究,忽视定量分析;着重于叙述说明,忽略提供背景材料等问题。有些案例陈旧缺乏视角的多元性与可争论性,有些自编案例失真且缺乏可探讨性。教师们在案例的收集、整理、加工、更新方面,需要耗费大量的精力和时间,由于教学任务的繁重,教师很难保证每个案例具有针对性和实用性,这使课堂讨论所需案例的数量和质量受到影响,进而影响到整个案例教学的效果。

(二)课堂教学环节组织与控制不力

教师在传统教学模式和思维方式影响下,对案例教学法研究不够透

彻,准备不够充分,许多情况下,只是在课堂教学中穿插案例对某个具体知识点的讲授进行补充和说明,在内容体系和方法上没有对案例教学进行根本性变革,缺乏针对性和典型性,难以引起学生的兴趣和共鸣。主要表现为,一是课前准备不够,许多学生在上课前没有接触到案例材料,在短时间内无法对案例材料进行周密思考,在课堂讨论中难以独立思考,个人观点表达和参与讨论的积极性不高。二是课堂组织不够严密,课堂讨论经常会出现冷场、学生们沉默寡言,参与性不强的情形,使案例讨论流于形式。三是教师在案例的采用上不注意循序渐进,由浅入深,由易而难,由简单到复杂,采用案例时,往往信手拈来,主观随意性突出,缺乏教学过程的全盘考虑。对学生讨论的过程不加以合理引导,不针对争议问题做出分析及评判,导致达不到预期的教学效果。

(三)教学中未注意到学生个体的差异性

学生个体存在学习能力与性格上的差异,一般来说,能力较强、个性外向的学生在案例讨论中的主动性和积极程度高,能力一般和性格比较内向的学生参与讨论的积极性会有所欠缺。案例讨论一般采用分小组先讨论,后按小组上台发言的方式进行,结果每次都是几个学习能力强的学生上台发言,案例讨论的结果是学习能力强的学生得到了锻炼,学习能力差的学生因不敢或不愿表达自己的观点,而没有得到锻炼,导致课堂讨论不能让所有的同学从中得到锻炼与启发,教学不能取得满意的效果。

三、刑事诉讼法教学中案例教学法的实施和运用

(一)精选案例

在刑事诉讼法教学过程中,教师要精选适合专业课程教学的典型案例。同时,教师还应使案例有较强的针对性,案例问题设置妥当,能达到课堂教学目标。具体来说,案例选取一般应注意以下几个问题。

(1)针对性,即为了什么教学目的而选择此案例,案例应服务于教学目的,不可为案例而案例,所以应根据具体教学内容选择相应的案例。例如,为了让学生对刑事诉讼某一法律规范进行理解与掌握,在课堂教学中可以采用一些简单的有针对性的自编案例,帮助学生准确了解和适用某一具体的刑事诉讼法法律规范。

(2)新颖性,即尽可能选择司法实践中的最新案例,以使案例教学更

加贴近现实生活，并通过案例讨论了解司法实践中的新问题，激发学生讨论思考的兴趣。例如，近年来备受舆论与公众关注的“于欢”案的改判。

(3)专业性，即根据本课程讲授及设置内容需要，所选案例要体现课程特色及专业深度，能反映和解决专业实际问题。例如，在讲授辩护与代理制度时，原来实践中律师辩护的三难“会见难”“阅卷难”“调查取证难”，在2012年修订的刑事诉讼法中基本解决，但实践中又出现新三难“发问难”“质证难”“辩护意见采纳难”，可结合具体案例加以说明。

(4)综合性，对组织课堂讨论用的案例应有一定的深度和难度，涉及多个法学原理和法律问题，以训练学生综合运用法学原理去分析、解决实际问题的能力。案例并不是越多越好，而在于精。如果盲目地堆集案例，是达不到法学教学目的的。例如，在教学中，“薄熙来受贿、贪污、滥用职权案”①，属于综合性很强的案例，该案审判中涉及公开审判、指定管辖、辩护权保障、证人出庭作证、翻供、非法证据排除、污点证人及利害关系人证言、纪委调查收集材料的证据适格性及证明力、辩护方的调查权及质证权保障等程序法问题，还存在对“明知并认可”“为他人谋取利益”、利用“职务上的便利”的认定、“特定关系人”共同受贿、拒不认罪应否严惩、是否漏诉包庇罪等实体法问题，这些问题深具理论价值和实践意义，值得探讨和研究。

(二)案例教学过程的把控

1. 课前准备工作到位

教师需在开课之前制定一个详细、周密的案例教学计划，其内容包括本课程计划安排教学案例的总个数、各个案例实施的时间及主要涵盖的知识点。此外，教师还应为每个教学案例制定一个具体的组织计划，内容包括：案例类型、案例来源、向学生发放案例素材的时间、案例讨论的具体组织步骤、案例讨论过程中可能出现的问题及对策等。上课前，布置学生阅读案件材料以及与案例有关的其他材料，熟悉案例材料内容和背景，对材料进行初步分析和评价，通过阅读与个人分析，抓住关键性的事实，形成问题意识，在教学过程中能够口头表达自己的思想和观点。

---

① “薄熙来案”在我国法治进程中是一个标志性案件。该案在审判中所展现的公开性、透明性和程序正义，对彰显法治精神、推进法治进程有重大意义。

2.合理安排案例教学时间

案例教学法在课时有限的情况下,要求教师应妥当地配置课堂教学的时间资源,创造一个有利于相互学习和研讨的氛围,适时地引导和有效地组织学生参与讨论。在课堂教学中,应适当地把握和控制学生的讨论时间,可考虑以下形式:①分组讨论。例如,每组讨论人数不多于10人,让每个学生都有发言机会,提高参与性和自信心。②班级讨论,进一步进行分析,提出解决途径和方案。

3.注重对案例讨论的引导评析

案例教学的关键点在于教师对讨论过程进行引导,对讨论结果进行有针对性的点评,以提升学生分析问题能力以及法律思维能力。第一,要正确引导和评价学生的讨论过程,对学生独特的见解和正确的思路要予以肯定,对不足之处中肯提出来,纠正学生认识中的偏差,让学生掌握分析问题和解决问题的基本方法和技能。第二,在讨论结束后,教师要及时对案件所涉及的基本理论和重要知识进行整理和归纳,对主要观点做进一步深化和延展,引导学生向问题的深度和广度进行思考。第三,针对教学内容对学生的疑问做出比较全面、深入的解答与说明,并在此基础上举一反三,由此及彼,将刑事法律规范的适用深化与延展。另外,应加强课后作业的布置,例如,可以要求学生对案例写出分析报告,即围绕案例的论题展开,对案例中的疑难情境做出具体分析,挖掘出其存在的问题并进行解决。

4.掌握教学内容和方法的运用技能

采取案例教学法应充分考虑所讲授知识的理论特征,将所有教学案例做一个整体规划,使其与整体教学内容大体对应和贴近,并应当考虑到通过案例来承接和过渡各个部分内容,从而保持教学内容的连贯性。一方面,在具体分析某一案件时,应注意从学生所熟知的知识点入手,渐及对较高和更高难度的问题步步推进,使学生在知识的表层与深层、低层与高层之间循序渐进,从而达到贯通的效果。另一方面,在讲述具体案件所涉及的主要法律制度时,尽可能向学生介绍相关方面的系统的法律规定,使学生能够触类旁通,并进一步完善法律适用的逻辑思维。

（三）其他配套措施的建立

1. 改革考核方法，引入激励机制

成功的案例教学，必须具有一个有效的激励机制。教师在对学生进行成绩评定和考核时应建立以综合能力为标准的成绩评判、考核机制。在具体考核时，改变为理论与实践能力相结合的考试方式。在对学生成绩作评判时，教师应着重对学生分析问题的步骤是否恰当、思维要点的选择是否科学、能否抓住重要问题和是否抓住了问题的实质和关键，运用了哪些思维方法以及从什么角度看问题等方面进行考查，了解学生综合运用法律解决实际问题的能力，从而对学生成绩做出较为全面、客观的评判。

2. 提高教师的案例教学能力

案例教学对教师素质提出了更高的要求。不但要求教师具有较高的教学技能水平，具有较强的课堂引导和控制能力，善于处理讨论过程中出现冷场、偏题、过激等各种情景。同时，要求教师有渊博的法学理论知识、较丰富的法律实务经验以及综合分析与归纳能力，熟悉所要讨论的案例并对案例中所涉及的问题有自己独到的见解。因此，教师应当不断努力加强专业知识的学习，提高教学水平，并通过参与司法实践提高自身的司法实务操作能力，强化理论与实践的联系。

参考文献

[1]李亮.《刑事诉讼法》课堂的案例教学[J].吉林省教育学院学报.2012,10:73.
[2]胡之芳.刑事诉讼法学案例教学法的思考[J].当代教育理论与实践,2012,10:71.

论以法律素养为导向的法学本科教学改革

廖　红*

摘　要:法学本科教学方式的改革应力主在教学中以提高学生的法律素养为主要目标,核心是需要通过教师有效推动教学方式改进。在具体的教学改革中要以改进教师的实践教学方法和对学生实务能力的培养为重心,在重视法学理论和实践教学的基础上,将法治当作最高信仰来培养学生,并以此作为最高教改追求的目标,让法治厚德和人文关怀融入法律人的血液之中。法律的神圣性不仅体现法律的权威,更是印刻在法律职业者的内心。在此背景下,进一步反思传统的法学教学的不足,从而通过教师与学生之间教与学的合作进行学习模式的设计,探索我国未来法学本科如何通过教师有效推进法学教学改革,使教师教学和学生学习在基于问题的前提下,推动学生问题意识与自主学习,对于快速提高学生的法学素养有着重要的理论与现实意义。

关键词:法学本科教育　有效教学　实务能力　批判性思维　基于问题

在重视知识和文化素养的社会中,当代的大学更应该要求教师有对学生的爱心,还要有责任心,能将有效的教学方法运用于教学实践。尤其是从事法律这一特殊的职业,应具备更高的法律专业素养。

所谓法律素养是指一个人认识和运用法律的能力。一是指法律知识,二是指法律意识、法律观念,三是指法律信仰,这其中包括专业知识,素质等。这些都是高校教师通过其掌握、运用法律知识的技能及其法律意识表现出来的。国内大学开始注重法学本科素养教育,开始探寻培养适应未来社会需要具有法律素养的专门人才的教学方式,这一探寻甚至包括对未来大学法学教学发展之愿景的重新思考。正是这种求索,让我们看到了众多的法学教学方法的创新。

本文论述的问题也是基于对法学本科素养教育与大学生实务能力的

* 作者简介:廖红,女,博士,邵阳学院讲师,主要从事宪法与行政法学研究。

培养进行了深入而细致的思考而创作的。在这一努力探索的过程中,特别是从由古至今的明智的有才之士有关教育素养问题的论述中,他们有关教育素养问题的观点在他们的著作和论文中反复明白地得到阐述,对我有很大的启发。在本文论述中将大胆地阐述个人对法学本科教育的理解和信念:若要法学知识成为智慧并为社会服务,它就必须被不断地努力研究和更新,创建一种具有"法学文化"和"公民意识"的法律素养。"播种一次行动,收获一种习惯。播种一种习惯,收获一种性格。"因此,法学本科教育和实务能力的培养必须聚焦在对学生法律素养培养,在此基础上,进一步反思传统的法学教学实践的不足,从而通过教师与学生之间教与学的合作进行学习模式的设计,探索我国未来法学本科如何有效通过教师推进法学教学改革,这一问题对于快速提高学生的法学素养有着重要的理论与现实意义。

一、为法治信仰的意义建构而教学

我们当代的法学教育,必须要让教师和学生把法治当作信仰,相信它能够成为社会的秩序原则与社会良好运行的基本方式,并坚信理性力量是充满智慧的力量,良善的法律规则能够为我们的社会构建起具有人类普世价值的文化新传统和新的社会生活信念,是社会大厦得以矗立和延续的坚固基石。

我们当代中国的大学本科教育体系可以说是基于工厂模式的教育,对知识和学习持有功利主义的视角。在大学法学本科教育中,教师仅是一种拥有"大块大块"的某一学科重要知识的个体,他们的角色是以事实概念、原理和原则的形式向学生们传递知识,而学生在学习过程中被动承受学习的负荷。受家长们和大学的功利主义思维模式,正规的大学就致力于提供一系列的课程,以供所有的学生学习。反过来,学校的成功来自于学生对课程的基础知识的掌握,由标准考核模式予以测评。这促成了全国范围内的本科评估模式以及国家的教育立法的功利性思维,那些没有使其中所有学生达标的学校被要求减少招生或处以降级,并被克扣相关的教育经费。

显然,这些功利主义视角下的教育改革,不利于对法学学生的法律素养的培育。相对于功利主义视角,在国外教育中,我们看到了为人熟知的建构主义。建构主义的观点不是把知识看成全部都是已知的、固定的和可传递的,而是认为知识是比较个人的,其意义是学习者通过经验建构起来的。学习是一个社会行为、文化行为,在其中学习者建构的是被先前知识和新的学习行为相互作用而影响了的意义。

目前教育部提出将本科通识教育作为未来大学教学改革的路径选择,这也是法学本科教育教学的改革目标,其中对学生的法律素养培养所追求的目标之内涵与大学通识教育理念相吻合,两者都是指向培养完备的法律素养的专业人才,塑造法律人独有的品德和气质,将学生对法律的信仰,对社会公平正义理念的追求融入学生的专业教育中。

二、通过有效教师推进有效教学是关键

有效教师推进有效教学是法学专业学生素养培养的关键因素。在法学本科教学研究中处于中心的是有关学生学习方式、实务能力培养方式、教育基本目标以及有效教师和有效教学的观点。在一个全球化的时代,法律文化是多元的,教学的目标也应该是多元的,这就要求教学方式必须是多元的和有效的。而推进有效教学,有效教师是关键。

如何定义有效教师?在教育群体中定义有效教师时,多元性应当得到关注。作为法学教学的有效教师应该具备以下四个方面的属性。

(1)有效教师具备良好的个人品质和道德修养,能与学生、同事建立互相信任的关系,并为学生创造一个民主、公平的课堂环境。

(2)有效教师对于法律及相关知识有积极的态度,教师们必须掌握至少三类知识:有关学科的广泛知识、有关专业发展和学习的知识以及法律实践知识。他们利用这些知识指导其教学研究与实践。

(3)有效教师掌握整套教学技能,能使用现代技术提高教学水平,激发学生探求知识的动机,提高学生的基本写作和资料整理的技能,提高学生的批判性思维能力以及培养自律的学习者。

(4)有效教师自身要善于反思,用批判性思维来解决法律相关问题,并认为学会教学是一个职业生涯的终身过程,并且能够根据实践情况做出调整,同时恰当地利用专业知识提高学生的学习,促进学校学科的发展。

显然,要培养出有效教师,是一个大学成功的关键,也是得到社会承

认的重要一环。在法学教学中,有效教师能够推动教学的有效性,要在课堂教学中创造民主、公平的学习环境,以打破我们教学系统中长期存在的那种填鸭式教学模式,学生不敢发表反对意见的这种恶性循环,这对推进有效教学是十分重要的。

三、探索教与学的合作学习模式

合作学习模式,顾名思义,特点是采用合作性任务体系、目标体系和奖励体系。合作学习鼓励或要求学生们中有共同合作才能完成一项任务,并且他们必须相互协调才能实现目标。同样,在合作学习中,作为一个优秀的团队,团队成员之间将相互合作,赢得同一个奖励。

合作学习模式并非源于一个人的理论或单一的学习方法。它的理论根源要追溯到古希腊,但它的现代发展沿袭了20世纪初教育心理学家和教学理论者的研究。例如,1916年约翰·杜威(John Dewey)写了《民主主义与教育》一书,书中提出了“民主课堂”的概念。

数十年后,赫伯特·西伦(Herbert Thelen)为帮助学生开展团队学习提出了更精确的方法。西伦和杜威一样认为,为了研究重要的社会问题与人际关系问题,课堂应成为实验室或微型民主社会。西伦对团队动力学有着极大的兴趣,他更强调小组调查的组织性,并为当代合作学习的发展提供了概念基础。对于西伦与杜威来说,使用合作小组不止可以促进学业学习,他们认为合作行为与合作过程是人类奋发努力的基础,是建设、维持高度民主的团队的基础。他们认为,要完成这些重要的教育目标,合理的方法是按照预期的学习结果建构课堂与学生们的学习活动。杜威和西伦视合作行为为民主的基础,把学校看作发展民主行为的实验室。

合作学习虽然在国外是人们研究最多的教学模式之一,然而在我国研究与应用却较少。在这里由于篇幅所限,无法总结有关合作学习的所有研究成果,但可以简要总结一下这一模式对三种学习收获(合作行为、接受多元化和学业成就)的作用。

1. 对合作行为的作用

21世纪生存的特点是人们生活在全球化的、互相依赖的社团中,生活在需要成员间高度合作的复杂的社会组织中。因此,大多数人都高度评价合作共赢。合作学习也被认为是现代化教育的重要目标。大多数研究表明,合作学习既有利于学生的专业学习,也有利于其社会性发展。在合作课上,竞争行为更少,合作行为更多,这种合作行为能增加学生间的友情,并通过友情使合作更加密切。

2. 对接受多元化的作用

随着全球化的商贸活动的加深,各国高等教育也展开了合作。这意味着大学生之间的合作学习不只在具有本国文化的本国学生之间,还要与具有外国文化的外籍学生之间展开合作学习。类似研究已经证明,合作学习不仅能促进对国际化理念的包容和接受,还能使不同社会制度和文化间的学生关系更好,更好地推动教学模式的国际化和先进化。

3. 对学业成就的作用

合作学习的一个重要作用是,它在促进合作行为、促进小组成员形成更好关系的同时,还有助于学生的学业学习。大多数合作学习的研究者认为,不同文化的学习小组有益于所有的学生。

总之,合作学习模式的理论基础与实践基础说明,人们通过经验学习、积极参与小组活动,有助于学生学习重要的社会交往技能,同时发展自我不断学习的技能,形成合作与民主态度。

四、"基于问题"的法学教学实践——实务能力的培养

在法学教学实践中,教师的任务是"基于问题"的教学,让学生处在"基于问题"的学习中。"基于问题"的教学的教师任务是提出问题、提问、帮助学生调查和交流。最重要的是,教师为学生提供一个支持他们进行学习和研究的框架,这能增强学生的探究能力,促进学生批判性思维能力的发展。教师必须创设一个能真诚、坦率地交流观点的课堂环境,否则"基于问题"的学习就不能够实现。

"基于问题"的教学实践的主要目的是帮助学生:发展批判性思维①、提高解决实际问题的能力和主动学习的技能;通过真实情境或模拟情境

① 所谓批判性思维不是任凭各种诱惑的摆布,不是轻易受情感、贪欲、无关考虑、愚蠢偏见等的干扰;批判性思维的目标在于做出明智的决定、得出正确的结论。批判性思维是对思维展开的思维,是为了考量我们自己(或者他人)的思维是否符合逻辑,是否符合好的标准。见布鲁克·诺埃尔·摩尔、理查德·帕克:《批判性思维》(第10版)。

的体验，让学生“知道法律体现着正义，但也需要人们能够正确地运用它”。在学生实务能力的培养上，“基于问题”教学实践是有效的，这种培养模式使学生参与自己选择的调查研究，这些调查研究能使他们说明、解释现实世界的各种法律现象，并且以此建构他们对这些现象的理解。

实务能力培养要注重模拟法庭（或实际社会实践课）和案例教学。通过模拟法庭（或实际社会实践课），训练学生在审判案件或辩护中，要做好程序上的准备，训练学生对案件要耐心细致地观察而且方法要得当，然后谨慎小心地求证。在模拟法庭分析案件时，要养成科学的思维模式，其包括如下六个要素：①建立合适的分析框架（避免案件隐藏的陷阱和人为的偏见）；②创造性的选项（批判性思维的培养，满怀激情，充满智慧，坚信理性力量的作用）；③相关及可靠的信息（收集证据和核验证据）；④充分论证（主持庭审发言，制止与审判陈述无关的话题）；⑤清晰的价值和权衡（宣布审判所根据的原则依据，总结案情来龙去脉）；⑥付诸行动（依据法律做出宣判）。实践证明，通过以上六大要素，可以确保问题的正确解决，确保判决有力且高效。

通过推广案例教学法，也可以有效地增强学生实务能力。为了提升案例的教学效果，可以借用技术促进案例教学。今天是一个信息时代，通过网络可以把世界连接起来。确切地说，有成百上千的网站都可为学生提供虚拟的基于问题的学习体验或者是有组织的探索活动。但利用网络媒体技术和数据库资料时，教师有必要提醒学生警惕两个主要问题：第一，虽然大学生们有能力使用网络从事个人感兴趣的学习活动，但在搜索与学习或现实有关的资料时却未必娴熟。教师有必要教给学生有效的搜索查找策略，并专门安排课程和作业来培养学生的搜索技能。第二，网上的资料并不都是准确的。多数学术期刊和电子数据库的信息在公开发表之前都要经过学者反复地检查，其准确性有保障。主流报纸和杂志上的信息都要经过编辑的仔细检查，因此，在使用网站检索资料时，要提醒学生选择优质网站，告诉学生哪些优质网站能提供最准确、最可靠的信息。

总之，实务能力的培养作为法学本科专业素养的来说非常重要。这集中体现在法律人格的培养。从事法律职业的人要有气概、勇气和美德。法律人要能够战胜自我，否则就谈不上德行。

结　论

在我们国家进行法学本科素养培养的推广,仍然有一些障碍有待克服。当前,国内的教育制度和组织结构以及教学方式都还是传统的,要改变这种教学方式还需要宽松的体制来保障,特别是成绩评估体系要进行大的改革,才能支持这一模式的开展。

在国内的公立大学,许多学校都受功利主义思想支配,按照政府的教育政策来制定学校的教学方案,管理层对新模式新方法的使用比较谨慎,缺乏足够的决心和资源来支持这个模式的推广。一些教师也不愿意自找麻烦,这显然在当下是不合适的。

然而,法学素养教育如果不在教学方式、方法上改革,不能推广"合作学习"与"基于问题"的学习模式,不可能培养出我国法律界的专业素养的人才,法学教育素养培养的应当是重质量轻数量的高素质精英人才,而非传统培养模式只能培养的是"数量非常多的、带有一种普及型的"人才。

参考文献

[1]法制网.法学教育应是精英教育[EB/OL].(2019-05-20)[2014-05-28].http://www.legaldaily.com.cn.

[2]阿兰兹.学会教学[M].上海:华东师范大学出版社,2007:12-360.

[3]瓦克斯.读懂法理学[M].桂林:广西师范大学出版社,2016:7-15.

[4]理查德帕克.批判性思维[M].北京:机械工业出版社,2015:15-22.

基于应用型人才培养目标的税法课堂教学改革

姜　美　何长松[*]

摘　要：税法课堂教学过程中，有三对矛盾比较突出，分别是：法律条文的刚性与税法实践的灵活性；税法的稳定性与国家税收政策的多变性；税法课程课时的有限性与税法内容的繁杂性。有鉴于此，需要从教师角色转化、提高自身专业素养、实现资源共享等方面更新教学理念，需要从模拟环境、信息化、课堂讨论和文献阅读四个方面入手，转变教学方法，方能使税法课堂教学达到应有的的教学效果，使学生的涉税处理能力得到提高。

关键词：应用型　税法　课堂教学

当今社会，现有税法课程教学重理论、轻实践，难以满足社会需求；部分税法教师综合运用能力较差、实际操作能力较弱，特别是当遇到现实中的税收实际运用问题时难免束手无策。① 具体而言，有三对矛盾影响着税法课堂教学的有效开展：第一对是法律条文的刚性与税法实践的灵活性之间的矛盾；第二对矛盾体现在税法的稳定性与国家税收政策的多变性之间；第三对是税法课程课时的有限性与税法（税务筹划）内容的繁杂性之间的冲突。针对这种现状，在税法课程讲授过程中尝试进行教学理念、教学模式及方法的改革就不失为一种有益的探索和实践，也是研究者本人对自己在税法课程教学改革中体会的总结。

一、更新税法课堂教学理念：以税法教师角色转换为中心，以增强税法实践知识为重点，逐步实现资源共享

理念一般是指看法、思想和思维活动的结果。教学思维活动指导着

---

* 作者简介：姜美，女，中南大学博士，湖南涉外经济学院副教授、法律系主任。研究方向：经济法。何长松，男，湖南涉外经济学院副教授。研究方向：经济法。基金项目：湖南省教育厅教改项目“基于应用型人才培养目标的税法课堂教学改革”（湘教通〔2016〕400 号）。

① 张元珺：“基于应用型人才培养目标的税法教学改革探微”，载《湖北经济学院学报》2015 年第 7 期。

教学活动的开展和发展,教学活动的多样化有赖于教学思维的更新。税法课堂教学理念的更新对其课堂教学改革起着至关重要的作用。

其一,教师角色由教材的“奴隶”或者宣讲者转变为教材的主人或者利用者。

长期以来,受到传统教育中习惯性思维的影响,税法教师在课堂中也习惯性地以教材为教学重点,重视理论的传授,而忽视了实践知识的加强。所谓的“传道、授业、解惑”,更多的是理论知识的灌输,实践知识成了少有人问津的领域。这并非完全否认传统教学方法的作用,只是认为传统教学方法与现代教学方法各有千秋,应该将二者相结合。教材的作用很重要,但它毕竟只是一个工具,我们要善于利用它,要跳出教材来进行课堂的设计与讲授,不能被其牵着鼻子走,深陷其中出不来。

其二,任课教师不断提高自身专业素养,增强税法实践知识的储备。

由于信息的不断更新以及更新速度的加快,教师的学习必须是不间断的、与时俱进的学习,①让自己所拥有的知识具有时效性。除了不断学习新的税收法律法规和新的税收政策之外,税法教师还需要加强教育理念、教育思想、教育模式、教学方法等教育理论与教育实践的学习,让自己能够站在更高的理论高度去审视自己的教学过程和教学效果,用所学的教育观念和理论自觉指导自己的教育实践。

实践出真知。理论是否正确或者有效,需要在实践中反复检验。教师的实践知识来源主要有四种:一是看书,从书本上学习他人的实践经验,吸取其教训;二是建立模拟纳税申报实验室,采用纳税申报软件和手工填制等方法完成一般纳税申报、税收优惠申报实验;三是间接从校外获取资源,从实践部门邀请有经验的企业会计人员、税务部门专业人士、注册会计师等专业人员等来学校讲座,指导教学,与教师一起共同指导模拟纳税申报;四是教师直接到会计师事务所、税务师事务所、企事业单位挂职锻炼,通过亲自参与税收事务,为纳税人代理税务登记、代领发票、代理申报纳税、代理建账、代理制作文书等,缩短理论与实践的距离,尽快完成教师本身从感性认识到理性认识的飞跃,增强实践知识的储备。

其三,逐步实现教师间、高校间的资源共享。

---

① 刘献君:“应用型人才培养的观念与路径”,载《中国高教研究》2015年第7期。

对于整个国家的高等教育发展而言，资源的共享是一种必然的趋势。这不但可以促进精品课程建设，而且可以推定其他优质教学资源的共享，还可以促进国家整体教学质量的提高。从共享的范围而言，资源共享可以分为国内资源共享、区域内校际间资源共享和校内资源共享。相对而言，校内资源共享是比较容易实现的，区域内校际间资源共享次之，国内资源共享最难。但校内资源共享只是对有效改善学生的基础知识结构有影响，要真正提高学生的专业知识还需要另两种共享的实现，即通过校间相同或者近似专业的课程共享来实现，共享的方式包括但不限于网络、进修、会议等。

此外，学校应该大力促进教师之间的横向交流与学习，安排时间、提供机会让教师们交流专业和教学方面的心得体会，突破学科界限，商讨疑难问题，分享个人智慧，共享教学经验，使教师不断充实和调整知识结构，最终达到实现资源共享的目的。

其四，合理地安排教学计划，确保教学质量。

税法不但在财会专业课程体系中，而且在法学课程体系中都具有举足轻重的作用。因此，需要对税法课程的教学计划做出一定的改变，以跟上此课程理念更新的步伐。首先，课时分配不应该停留在现在的周课时32课时或者48课时，而应该另外安排一定量的实践课时，至少需要16个专用的实践课时，才能基本保障税法教学工作的需要；其次，税法课程的学习需要一定的基础课程作为铺垫，如法律基础、经济法、财政学、财务会计等，因此，税法课不宜开设过早，最好在大学四年的第五个学期开始为宜；①最后，对上课地点的选择也应该有要求，一定要在多媒体教室开设此课程，以便在课堂上提供更多的信息、采用更多样化的教学方式和节约更多的时间来做练习或者给老师用来讲解，使学生充分利用课堂，真正学有所获。

二、转变教学模式：加大模拟环境教学比例，实行信息化教学，组织和设计更有效的课堂讨论，在税法教学中增强文献阅读

更新教学理念需要同时更新教学模式，使其将先进的教学理念贯彻

① 施正文："迈向繁荣成熟的财税法：四十年的回顾与前瞻"，载《税务研究》2018第10期。

到具体的教学课堂中。

（一）模拟环境教学

模拟环境是教学方式的一种，指的是在课堂教学过程中尽量为学生提供与专业相关的学习环境与氛围的一种教学活动形式。这种教学可以通过两种方式实现：一种是建立实训室，购进相关的实训软件，采用在电脑上操作的方式，参与近似现实的纳税申报等流程，结合理论讲授与案例分析，将小组讨论与角色体验紧密结合，全面模拟真实企业的纳税申报和税款缴纳流程；另一种是以学生手中拥有的教材为蓝本，结合我们所生活的时代和生活实际，为学生提供与课堂教学内容密切相关的教学案例，主动为学生设置学习的环境，营造现场学习的氛围。后者应该属于广义的案例教学的一种，要注意的是选取案例的时候一定要跟我们现在的时代和生活密切相关，具有解决问题的现实意义，不能是现行税法生效之前的陈旧案例，也最好不是案例教科书上的案例。税法任课教师也可以请学生讲讲自己熟悉的家庭的经济情况和扣税情况（一般不主张讲学生自己家里的），然后进行比对研究，以此来说明税款扣除制度在逐步完善和进步，还可以附带联系量能课税原则和实质课税原则，说明个人所得税费用扣除规定完善的必要性①。模拟环境往往需要运用数据分析和学生多人协作完成，处于动态变化的时代背景中的案例，其实践部分远大于理论部分，更有利于学生实践能力的培养与提高。

（二）信息化教学

信息化教学，是指教师在教学过程中应用多种信息技术手段，使教学的所有环节或者部分环节数字化，从而提高教师教学质量和学生学习效率的一种教学方式，也是一种以现代教学理念为指导，以信息技术手段为支持，应用现代教学方法的教学模式。税法知识体系庞杂，信息量大，在教学的过程中实行信息化，可以事半功倍。信息教学化使税法教学效果和教学效率明显提高，这是单单运用粉笔远无法达到的。当然，这对税法教师的教学能力提出了更高的要求，不但要能熟练操作各种教学设备，而且要能熟练运用各种教学软件。另外，信息化教学手段的运用要以学生

---

① 胡元聪、闫晴："低收入家庭税法保障的中国方案"，载《中央财经大学学报》2018年第10期。

学习为中心,强调对学习环境的充分设计,强调利用各种信息资源来支持学生的学习,不能过度信息化,影响学生的注意力和判断力。① 只有充分认识到信息化教学模式的特点,税法教师方能更好地胜任信息化教学,把税法教好。

(三)课堂讨论

在课堂教学中开展讨论,让课堂从单向的讲授转向双向的讨论,不但可以从一定程度上提高教学质量,而且有助于学生主动思考,合理有效的讨论能更充分地调动学生学习积极性,加深学生对税法理论的理解。课堂讨论并不少见,目前缺少的是效果显著的课堂讨论。要想真正发挥讨论的作用,税法教师必须先对讨论进行科学的设计。首先要合理确定选题,既要避免过于抽象,又要难易适中。在上课之前,可根据每章的具体内容列出 1 至 3 道讨论题,让学生提前预习,带着问题听课,并适时安排讨论。讨论的内容应该主要针对学习中的实际问题、教学中的重点难点以及税制改革中带有探讨性的问题,论题的质量决定着学生探讨的兴趣。其次,教师须掌控整个讨论,明确重点难点,适当引导。在讨论过程中,教师应该仔细倾听学生的各种见解,抓住时机进行引导,防止学生讨论无法深入甚至离题万里。再次,教师必须营造民主的讨论氛围②,尽可能做到对所有学生一视同仁,必要时建立讨论小组,及时对学生的发言做出回应,对其中一些自相矛盾的推论、错误的结论进行分析,并予以更正。最后,讨论之后要由教师对讨论进行归纳总结,分析讨论中的亮点和出现的问题,发扬优点,改正缺点。

(四)文献阅读

对于知识体系比较庞杂的税法而言,文献阅读应该成为一种必备的教学方式,税法教师应以培养学生的创新精神和实践能力为主要目标,督促学生通过研究性学习,在教师的指导下主动查阅大量税法资料,自觉学习或熟悉其中的精华内容,注重对基础内容的理解,大胆探索税法前沿问

① 周丽华:"知识传播与创新中的信息势及其对课堂教学的启示",载《中国成人教育》2018 年第 11 期。

② 王允庆、孙宏安.:《课堂教学目标研究》,人民教育出版社 2015 年版,第 130 页。

题,且使之成为一种常态[1]。教师在开阅读书单的时候要注意区分基础类书单、提高类书单和兴趣类书单,还可以在提供精选文献目录时布置热点问题或者极易引起学生兴趣的主题,让学生有目的地阅读。同时,还要注重对文献阅读效果的考核,如将读书笔记纳入平时成绩等,有引导有督促,文献阅读才会发挥应有的效果。

以上四种教学模式并不是截然分开的,而是相辅相成,交叉运用的。如模拟环境教学中就有信息化教学的成分,而信息化教学模式的运用也可以采用模拟环境的方式;部分课堂讨论依赖于学生在课外大量的文献阅读,而文献阅读的效果又需要在课堂讨论与辩论的过程中得到加强。

三、怎样评价教学效果:规范性、时效性、前瞻性

无论是税法教学思维的更新,还是教学模式的转变,最终都必须落实到教学效果上来。教学效果的好坏,直接反映了税法课堂教学改革的成败[2]。

(一)规范性

在法律条文的刚性与税法实践的灵活性之间,需要把握一个度。税法教师应该在课堂上强调,税法实践的灵活性是以守法为前提的,税收实践的灵活性并不是要我们规避法律甚至违反法律,而是要求我们在严格遵守法律的前提下,合法合规地进行筹划,以便在法律允许的范围内减少单位的税务支出。税法教师在讲到相应的税法理论或者税法案例的时候,应该附带讲授一些会计职业道德知识,以便为将来的财会从业人员树立法律信仰,严守法律。

(二)时效性

税法的稳定性与国家税收政策的多变性之间的矛盾则要求税法教师在具备扎实的理论功底、熟悉税法外,还需要对多边的国家税收政策保持紧密且持续的关注。国家税收政策的多变性导致税法课程知识更新频繁,具有很强的时效性,这就要求税法教师关注这些变化,并将其运用于

---

① 骆祖莹.:《课堂教学自动评价——从理论到应用》,北京师范大学出版社2018年版,第133页。

② 王允庆、孙宏安:《课堂教学目标研究》,人民教育出版社2015年版,第130页。

课堂，教之于学生，让学生的知识储备足以应对其今后的工作要求和工作环境。因此，是否在税法课堂教学中体现时效性也应该成为税法课堂教学质量的重要衡量标准。

（三）前瞻性

前瞻性是指税法教师应该以现行的税收法律法规和税收法律政策为基础，对税法的研究及研究方法、税法将来的发展趋势等做出分析与预测，教给学生自主学习的方法与习惯，可让税收政策多变性给未来财会实践带来的不利后果降到最低。当然，前瞻性需要以扎实的税收基础理论知识和敏锐的政策观察能力作为基础，注重对税收政策的牵连性、影响性、可发展性的把握，以及对税收相关制度的本质（潜在性）的挖掘。当今社会科技迅猛发展，日新月异，能够根据社会现实的发展与需要对税收政策做出一定的分析与预测是比较重要的，这也是税法课程的学术性所在。税法的这种学术性，要求主讲教师必须随时掌握、不断充实反映本学科前沿的新思想和新成果，才能充分保证所讲授的知识和阐述的理论具有前沿性。

中国法制史课程教学设计探索

李　晶*

摘　要：地方本科院校以培养应用型人才为目标，其中对学生创新能力的培养成为法学专业在人才培养过程中的基本教学要求。通过对传统纯理论性质的课程教学改革的调查反馈，将传统文学作品引入中国法制史课程教学可以作为探索法学专业学生加强团队合作水平的方式，也可以作为训练学生知识、思维与逻辑创新的有效途径。

关键词：中国法制史　传统文学作品　创新能力

中国法制史课程是一门重要的专业基础课程，也是法学专业的核心课程之一，但在实践中却因为对其缺乏正确的认识、课程本身的难度较高以及教学手段和教学方法的落后而备受冷落。近年来，在湖南人文科技学院法学专业中国法制史的课堂教学中，尝试将该课程与传统文学作品相结合进行教学设计，从而使该课程焕发生机与活力，也为中国法制史课程的教学改革提供了新的思路。

一、传统文学作品引入中国法制史课程的优势

对于法律与文学关系的研究，始于20世纪70年代的美国，目前已经发展了四个分支。我国自20世纪90年代以来就已经有学者以不同的方式接触到法律与文学的领域，这些都为传统文学作品与中国法制史课程的结合打下了良好的基础。适用于中国法制史课程教学的传统文学作品主要包括诗经、楚辞、史记、汉赋、唐诗、宋词、元曲、明小品、清小说等，属于我国优秀传统文化的重要组成部分。将传统文学作品与中国法制史课程的教学进行结合，与传统教学方法相比较，具有不可比拟的优势，主要表现在以下几方面。

第一，将传统文学作品与中国法制史课程结合进行教学，可以在保证

---

* 作者简介：李晶，女，湖南人文科技学院法学院讲师。

法学教育的同时适度融入人文的教育,能够较好地提高学生的知识创新能力。阅读、理解文学作品本身就能够增进法学专业学生的人文素养,促进学生的创造性思维。这种基本素质的培养从长远来看,有利于学生未来的学业和事业,也有利于社会和法学的发展。

第二,将传统文学作品与中国法制史课程结合进行教学,有利于教师的教学方法多样化。如引导学生对传统法律从传统文学作品的角度进行学习,有助于促使学生在文学作品中深刻领悟我国传统法律制度,能够作为训练学生思维创新与逻辑创新的有效方式。文学往往会起着塑造人们行为和思想的作用,具有一定的社会控制的功能,承载着意识形态的传播和整合,这在中国传统社会表现得非常明显,并且延续至今。因此,将传统文学作品与中国法制史课程结合起来进行教学,可以回避传统的以讲授、背诵为主要形式的教学方法,让学生在"学习—研究—思考"的方式中自主探寻问题和解决问题,深化对我国传统法律制度的理解和诠释。

第三,可以改变中国法制史课程目前存在的沉闷、乏味、单调的倾向,有利于调动学生学习的自主性,提高中国法制史学习的感染力,确保其在法学教育中核心课程的地位。

二、传统文学作品引入中国法制史课程的运用

中国法制史强调的是过去时空中在中国历史上曾经存在过的法律制度。对于学生而言,他们不可能对这些制度有直观的感受,因此,在中国法制史课程教学过程中,也不能够只谈抽象空洞的制度和理论,应当结合该制度产生的背景、原因以及是否对现代中国法律制度或者现在中国人的观念产生影响进行具体的阐述,否则很容易导致学生对课程产生厌倦的心理,从而失去对专业基础理论课程的学习兴趣。具体而言,中国法制史课程教学的基本教学可以作如下设计。

(一)联系实际,情景设疑

在教学过程中,首先对传统法律的背景知识进行介绍,帮助学生理解。与此同时提出对学生有意义并有针对性的问题,以此丰富学生的探究活动,但是教师提出的问题不能超过学生现阶段的知识范围和认知能力。基于此,选择以中国传统文学作品为载体,使学生通过对文学作品的阅读与理解,获得问题的解释和答案。如在宋朝时有一种刑罚制度,称为

刺配刑,在《水浒传》中有非常完整的体现,在教学中,可以从被“打金印”的梁山好汉出发,引导学生对这种刑罚制度进行讨论、分析。

(二)引入问题,设置探究

教师提出问题后,引导学生探索解决问题的思路,即设置探究。在这一过程中要充分调动学生的主动“探究”,挖掘学生的思维潜能,形成基本思路;同时应该充分发挥学生的主动性和积极性,不能代替学生。但是应该适时提醒学生探究思路是否正确,如要求学生通过《水浒传》《三国演义》等作品思考传统法律制度中的核心内容“忠”,当学生对小说内容理解有偏差的时候,不能任其错误下去,而是要及时引导。

(三)科学分析,得出结论

在中国法制史课程的教学设计过程中,关键是让学生在对文学作品阅读、理解的基础上,从传统法律制度的角度对其进行分析和理解并做出介绍。学生的解释和观点必须与其所选择的文学作品所体现的传统法律的内容相符合。教师应该对学生易得出的错误结论加以分析,指出错误、解释疑问,从而得出科学的论断。如在对《杜十娘怒沉百宝箱》这一作品进行分组谈论的过程中,如果发现学生从反封建反礼教的角度来进行解释和分析时,教师则应该指出错误,并引导学生转变思路。

(四)迁移运用,反馈矫正

让学生交流结论,可以为其他人提供根据同一观察资料提出其他不同解释的机会。交流结果能够引出新问题,使学生能够解决交流中遇到的矛盾,进一步提高专业技能。

综上所述,对中国法制史课程教学进行设计的过程中要遵守以下流程:学生对老师提供的文学作品进行阅读后,以合作讨论为前提,对文学作品从传统法律制度的角度进行分析和理解。

三、实际实施效果

在课程教学中,我们曾尝试着引入了《水浒传》《窦娥冤》《孔雀东南飞》等文学作品,要求学生进行探究,取得了比较好的成效。

如学生在面对《水浒传》时,往往从“武松休妻”的角度讨论古代的离婚制度——“七出”与“三不去”;从阎婆惜的身份去思考古代社会妻与妾的身份与地位问题;从“杨志杀牛二”“宋江杀阎婆惜”“武松杀潘金莲”等杀人案件中探讨古代的“六杀”制度和司法制度，等等。在阅读完《窦娥冤》后，学生们对窦娥为何替婆婆顶罪、窦娥父亲窦天章的官职以及“六月飞雪”“三年大旱”特别感兴趣，通过查阅相关资料后，学生得出结论：窦娥替婆婆与我国传统文化及传统法律制度中所倡导的“孝”密切联系；窦天章的官职是古代监察制度的体现；“灵异事件”则与战国时代流行的阴阳五行学说有关，等等。

通过教学实践后发现，将传统文学作品与中国法制史课程结合，提高了学生学习的自觉性和主动性，提高了学生的团队合作能力，也提高了学生的知识、思维和逻辑创新能力，同时还能在保证法学教育的同时适度融入人文教育，也有利于加深学生对传统法律制度的理解。

四、对中国法制史课程教学的进一步反思

在中国法制史课程中引入传统文学作品进行教学，确实能够取得不错的教学效果，但仍需注意以下事项。

（一）教学实施过程中教师的注意事项

第一，教师教学观念应该要有所改变。将中国法制史课程与传统文学作品结合起来进行教学设计，使得在教学过程中将更强调开放与平等。对于教师而言，如何营造好课堂教学自由平等的氛围是探究式教学取得成果的关键之处，教师可以通过座位的编排、教学场地的改变等方式实现。但目前的现实是教室的课桌椅是固定不可移动的，这为开放和平等的教学氛围的营造提供了一定的难度。

第二，教师的知识体系应当丰富并完整。为了训练学生的创新能力，在教学过程中应以学生为主体，教师主要起引导性作用，如何引导学生通过探究获取知识、提高能力，需要教师在自身具备扎实基本功的前提下进行有效引导。

第三，教师应做好课堂教学的前期准备。为了教学设计的成功应用，教师应准备好与探究内容相关的背景知识和资料，提供的量应当是充足的，以使学生能够挑选出适合自己且能解决其所提出的问题为宜；要事先准备好提问大纲；要提供探究的场地和时间。只有这样，才能为中国法制史课程教学营造良好的外部环境。

(二)教学实施过程中学生的注意事项

在教学设计过程中,强调以学生为主体,应充分发挥学生的主观能动性,因此学生首先必须自己提出问题。学生在提出问题后,就可以采取课堂讨论或者阅读相关的传统文学作品了。为使学生较好地获得相关的背景知识,使所有的学生达到大致相同的理解水平,势必要求学生必须掌握好相关的背景知识和专业基础知识,只有这样,教师的教学设计才能顺利进行下去。

博登海默曾言:"攻读法律的学生如果对其本国的历史很陌生,那么他就不可能理解该国法律制度的演变以及该国法律制度机构对其周围的历史条件的依赖关系。"学好中国法制史的重要性不言而喻。我们要认识到,中国法制史的教学确实急需变革,而从传统文学的角度对中国法制史课程进行改革,无疑为我们拓宽了思路。

参考文献

[1]曾维君.论探究式教学法在高校历史教学中的运用[J].当代教育论坛,2009,7:108.

[2]秦越存.探究式教学法与伦理学专业研究生教学[J].黑龙江高教研究,2012,1:160.

[3]项松林.《中国法制史》专题式教学设计[J].绥化学院学报,2011,4:165-167.

[4]王文玲.论中国古代文学作品中忠君思想的表现[J].山西教育学院学报,2000,12:9-11.

[5]博登海默.法理学:法律哲学与法律方法[M].邓正来,译.北京:中国政法法学出版社,2004:530-531.

略论案例教学法在理论法学课程教改中的运用

游志能*

摘　要:案例教学法是实践教学的传统方法之一,美国法学院提倡的案例教学法与德国法学院常见的案例研习法是其基本方式。近些年,国内开始提倡个案全过程教学法。这些方法对师资力量、师生比的要求都相对较高。从地方本科高校理论法学课程案例教学改革实践的基本情况来看,还面临着诸多的问题。需要通过组建教学团队、精选精编教学案例、改善教学组织方式等多种形式来进一步提高教学效果。

关键词:案例教学法　理论法学　实践教学

根据学界的一般认识来看,常见的实践教学形式有案例教学法、讨论式教学法、个案全过程教学法、模拟法庭、法律诊所、案例分析、专题教学等,近年来还有法学院开展"法律实验室教学"实践。本文拟以案例教学法为核心,梳理案例教学法的起源、两大法系案例教学的基本情况及我国大陆地区法学课程案例的基本情况;进而介绍我校法学课程(特别是理论法学课程)的案例教学情况,并在此基础上总结地方本科高校理论法学课程案例教学的困难;最后,就地方本科高校如何加强理论法学课程案例教学提出可行化建议。

一、案例教学法发展概况

讲到案例教学法,很多人的第一反应就是朗代尔在哈佛大学的案例教学法。1870 年,朗代尔担任哈佛大学法学院院长后,开始进行改革,首创案例教学法。朗代尔在其代表性著作《合同法案例》的前言部分明确表

* 作者简介:游志能,男,法学博士,湖南人文科技学院法学院副教授,主要研究方向:法理学。本文系 2016 年湖南省普通高等学校教学改革研究项目"地方本科高校转型发展背景下的理论法学课程实践改革探索(编号:763)"的阶段性成果。

示:“被作为科学的法律是由原则和原理构成的。每一个原理都是通过逐步的演化才达到现在的地步。换句话说,这是一个漫长的、通过众多的案例取得的发展道路。这一发展经历了一系列的案例。因此,有效地掌握这些原理的最快和最好的,如果不是唯一的,途径就是学习那些包含着这些原理的案例。”①20 世纪二三十年代以来,案例教学法一直受到现实主义法学派和社会法学派的冲击。为了应对冲击,各法学院逐步开设法律诊所式课程、法庭辩论课等实践型课程。由于法律诊所课程需要的经费和师资人员(师生比大约为 1∶8)要求较高,后又发展出模拟法律诊所课程。

相对而言,我们对大陆法系法学教育中的案例教学了解较少。根据资料介绍,“德国法学院的教学从第一学期开始就高度重视案例材料。除了教授的讲座课,所有学生都必须参加 10—20 人的学习小组,在那里他们学到如何将法律运用到小型虚拟案例中去”。“德国法科学生在大学阶段学习的案例都是事实清楚,不需要在当事人之间进行辩论。”②这主要是因为德国的法科学生在大学毕业经过第一次国家司法考试后,要进入实务部门进行 2 年的实务训练。因此,其在大学阶段的案例教学内容通常是事实清楚简单的案例,主要是训练法律适用。在德国,由于 2008 年以前的《法律服务法》禁止没有律师资格的人提供法律服务,法律诊所教育开展得并不普遍。即便是 2008 年修改法律后,德国的大学中设置法律诊所的仍然非常少。

二、案例教学法的中国实践与发展

大陆地区法学院中常规的案例教学有两种形式:一是在讲解某些法律时穿插案例,通过较简明的案例分析,帮助学生理解法律条文或者某些法学理论;二是开设专门的案例分析课程。由于美国的案例教学法是建立在判例法制度基础之上的,法律的规则和理念都体现在各式各样的判例之中。这样一来,非判例法国家引进该制度就会十分困难。而德国式的案例教学,通过王泽鉴教授的系列专著的引进逐渐为大陆学者及学生

① 王晨光:“法学教育的宗旨——兼论案例教学模式和实践性法律教学模式在法学教育中的地位、作用和关系”,载《法制与社会发展》2002 年第 6 期。

② [德]阿什特里德·斯达德勒尔:“德国法学院的法律诊所与案例教学”,吴泽勇译,载《法学》2013 年第 4 期。

所熟悉。但是,根据大陆地区法律规定编写的高质量的案例教学教材仍属阙如。相对而言,法律诊所教育在全国诊所法律教育委员会和美国福特基金会的大力推广下,获得了较大程度的发展。① 针对美国式诊所教育在中国实践的困难,国内学界开始提出“个案全过程教学法”,希望借此克服传统法律诊所教育的弊端。

根据学者的见解,个案全过程教学法具有一些显著优点:一是在一定程度上解决了中国大陆判决书达不到案例教学要求的问题;二是有助于解决学科划分所造成的教学案例与现实案例不完全接轨的问题;三是使学生受到较为系统的法律实务训练,深化对理论问题的认识;四是扩大了模拟法律诊所教学的规模,在一定程度上解决了模拟法律诊所小班上课成本高的难题。② 从目前的情况来看,个案全过程教学法获得了很多学者的认可。③

个案全过程教学法相对美国的案例教学法与德国的实例研习而言有其优点;但也有其局限性,主要在于授课教师的限制,因为“它主要针对从事律师实务课和法律诊所课教学的少数教师”④。这就是说,在法学院内适合开设个案全过程教学课程的师资主要是从事过法律实务工作的老师。这就给地方本科高校的实践教学改革带来了更大的困难,主要是合格师资的问题。以我校法学专业为例,在 16 名专职教师中,通过国家司法职业资格考试的有 7 人,比例大约在 40% ;另有 3 名教授担任了地方仲裁庭的仲裁员。但这些老师也不都是经常参与法律实务的,大约只有一半的老师曾经参与过法律实务处理。这样来看的话,能够适合开设“个案全过程教学”的师资就非常有限。而地方本科高校各专业整体师资队伍的人数有限,他们承担的教学任务已经较重,再单独开设其他课程(特别是这种对师生比要求很高的实践类课程)的动力明显不足。因此,较为可行的仍然是传统的案例教学法。

---

① 章武生:“‘个案全过程教学法’之推广”,载《法学》2013 年第 4 期。
② 王泽鉴:“‘个案教学法’的新探索”,载《法学》2013 年第 4 期。
③ 王晨光:“‘个案全过程教学法’是探索法律实践教学新路径”,载《法学》2013 年第 4 期。
④ 章武生:“‘个案全过程教学法’之推广”,载《法学》2013 年第 4 期。

三、地方本科高校理论法学课程案例教学中的困难及其对策

作为一名地方本科高校的理论法学课程任课教师,本人也曾在理论法学课程授课过程中有意识地采用过案例教学法。

在本人的教学过程中,采用案例教学法的做法以两个例子来进行说明。一是法理学课程中的法律解释方法问题,大家常用的“知假买假”类案例。对于该类案例,本人先简述王海知假买假案情,请大家根据自己的生活常识进行判断,是否应该支持王海要求双倍赔偿的诉讼请求;然后,介绍《消费者权益保护法》中关于消费者的定义,再请大家思考判断;其次,介绍知假买假类案例在不同法院得到的不同判决结果(有胜诉的,也有败诉的),并分析判决书中的说理部分;最后,请学生下课后搜索观看王海个人接受凤凰传媒采访的视频,并进一步反思自己判断的合理性及其理由。二是中国法制史课程中唐代法律制度基本特征中的“一准乎礼”,笔者在研究其他问题的时候,碰巧发现《唐律疏议》中的“亲属为人杀私和”一条很有意思。《唐律疏议·贼盗》“亲属为人杀私和”一条规定:“诸祖父母、父母及夫为人所杀,私和者,流二千里;期亲,徒二年半;大功以下,递减一等。受财重者,各准盗论。虽不私和,知杀期以上亲,经三十日不告者,各减二等。”①之后,笔者对该问题进行了系统的资料收集,既包括《宋刑统》《大明律》《大清律例》对该条文的承袭与演变,又包括《旧唐书》《新唐书》《刑案汇览》等历史典籍中的相关案例,还包括《儒林外史》《二刻拍案惊奇》等文学作品中的相关故事。在资料收集后,笔者写了专题论文。在中国法制史的授课过程中,本人接受该门课程任课老师的邀请,为学生以专题讲座的形式讲授了该部分内容。私和罪的确立无疑与“一准乎礼”的刑法思想有重要关系,但推行到极致也可能造成荒谬的结果,本人就以《刑案汇览》中的真实案例向学生阐明了该问题。在专题开设前,会让学生简要谈一谈对“一准乎礼”的认识和评价;在专题中,会仔细介绍该罪名与中国古代的“礼”的关系;在专题结尾部分,会通过案例来介绍“一准乎礼”走到极端时的荒谬。此外,在法理学的授课过程中,本人

---

① [唐]长孙无忌:《唐律疏议》,法律出版社1999年版,第361页。

还曾邀请开设了中国传统文学与法律文化选修课的老师来讲解“法律与文学”部分；本人也曾以“牛郎织女故事的法律意蕴——兼论我国未成年人监护制度”为题为学生做了专题讲座。

以上所述，为本人在法理学课程教学改革中的一些作法。在进行这些尝试，以及设计下一步的教学改革方案的过程中，本人也遇到了很多的问题，主要有以下几点：首要的困难是合适教材的短缺。虽然现在已经有了少量的“教学案例”汇编出版，但为了照顾适用上的普遍性，这种教材通常选题非常广泛，而各主题的背景资料相对简要。因此，任何授课者要想进行较深入的案例教学，基本上都要重新备课。二是教学团队的缺乏。由于总体师资有限、教学任务较为繁重等原因，地方本科高校组建教学团队较为困难，而要进行深入的案例教学，需要一个团队进行分工合作。否则，单个老师的工作量会激增，必然会导致案例教学质量的下降。三是学生的学习积极性问题。要进行案例教学，必然要求学生在课前阅读一定数量的资料，但从2015年、2016年两学年的实施情况来看，可以说60%以上的同学是没有认真阅读过指定资料的。这些困难都有待在接下来的实践教学改革中不断调整教学内容、教学方法，想方设法组建教学团队予以克服和解决。

四、结语

案例教学法是以案例为中心来组织实施教学任务的方法的总称。它既可以包括美国传统的案例教学法、德国传统的案例研习法，还可以包括我国大陆现在时兴的个案全过程教学法，甚至还可以包括以案例为核心展开的专题教学法。受制于师资队伍的人数与知识结构、教学资源的分配使用、学生的学习积极性等多种因素，我们应该在上述前提下尽量组建教学团队，实现师资力量的优化配置，精选精编教学案例，以更好地激发学生的学习积极性，提高教学质量。

案例教学法在体育法学课程中的应用

姜晓华*

摘　要：以提高体育法学教学质量为目的，将案例教学法应用到体育法学的课程教学之中，通过教学情景去模拟现实生活情景的方式，可以激发学生学习兴趣，提高师生的分析和解决问题的能力，达到教学相长的目的，也有利于体育法学内容的更新完善和教学改革的完成，以更好地培养适应社会需求的合格人才。

关键词：体育法学　案例教学法　问题意识

体育法学是以体育法及其实践为研究对象的一门新兴法学分科，自1983年全国体育工作会议“着手制定中国体育法”以来，至今已经有三十多年的历史了。体育法学的授课对象虽有体育学院学生或法学院学生之分，然而其无论作为必修课还是选修课，都对学生掌握现代法学的规律和方法，具有深远的影响。体育法学研究以制定实施体育法、研究国内外体育领域的法律法规、关注体育改革与发展中的热点、难点问题等为契机，呈现出迅猛发展的态势。

一、我国体育法学教学现状

目前，体育法学教学的现状令人担忧，广泛存在教材陈旧、教法单一、效果不明显等问题，其中教法的问题尤为明显。教师往往凭着一支粉笔、一块黑板，满堂灌输，即便有些教师采取了多媒体教学手段，但由于教法的陈旧，无非是由原来的照着课本的逐字念读，变成现在照着幻灯片的照本宣科，这和当代社会高速发展的信息时代形成巨大的反差，丰富互动的课堂教学演变成教师与学生“各唱各的调”，课堂教学形同鸡肋，教学效果差强人意。有些教师无从掌握教学的基本原则，没有及时采取适当的教学方法来回应，从而导致教师课堂教学掌控力低下，学生听课效果不满

* 作者简介：姜晓华，中南林业科技大学政法学院教师，湖南师范大学法学院全日制在读博士研究生。

意,教师对提升教学质量力不从心等现象。我国的案例教学法引进得较晚,没有受到普遍重视,中华人民共和国成立之后,我们国家从原苏联引进的是一整套应试教育的模式,采取的是教条式的教材、填鸭式的教学和死记硬背的学习方法。随着信息技术的发达,教师不再是单一权威的信息主宰者,学生可以通过互联网络获取更多的知识和信息,这增加了学生的话语权,削弱了教师的信息话语主导权,从而加剧了"填鸭式"教学模式下,师生之间的紧张对抗的关系。

落后的高等教育教学理念是体育法学教学方法落后的思想根源;传统的"灌输式""填鸭式"的教学方法是导致上述现象的现实温床,片面偏颇的教学评价体系和松散低效的教学管理手段是造成这一现象的直接原因;部分体育法学教师本人的专业功底和素养也负有一定的责任。要解决上述体育法学课堂教学中教师"教"、学生"学"两张皮的问题,必须从改革教育教学的方法入手,摈弃落后的"满堂灌"思想,引入案例教学法,充分调动学生主动、自觉学习的积极性,有效发挥教师组织课堂教学的作用,提高课堂教学质量。

二、体育法学课堂教学改革内容

我国在《国家中长期教育改革和发展规划纲要(2010—2020 年)》的指导思想中,明确提出了:"把握教育发展阶段性特征,坚持以人为本,遵循教育规律,面向社会需求,优化结构布局,提高教育现代化水平。"在体育法学的课堂引入案例教学法,改革目标是通过案例教学法的运用,提高学生对知识理论的理解能力及应用能力,提高和培养学生的逻辑思维能力和判断推理能力,让学生在概括、归纳、总结、辩论、说理等过程中,提高知识和能力,增强学习的自觉性、主动性,增强学生的学习热情和学习的自信心,为将来进入社会打下良好的基础。

要使课堂教学与法治社会、和谐社会的发展要求相适应,改革内容主要包括以下几个方面。

(1)课堂教学是高等学校人才培养的重要载体,课堂教学质量的高低,直接与专业自身及学校的发展密切相关。案例教学法的设计要从学生和老师的自身情况出发,制订切实可行的计划,选取的案例要由易到难,要有典型性、代表性、相关性、可信性、启发性。案例既叙述事实,又提出问题或者隐含问题,让学生开动脑筋,运用所学的专业知识,去发现、分析、解决问题;要从普通高校法学院的实际出发,理顺高等学校与教育行政机关、部门之间的关系,促进案例教学方法与经济社会需求的和谐发展。

(2)教师要进行积极的课堂引导。在案例教学中,教师要认真倾听学生的发言,有效组织各方发言,并鼓励不同观点的同学,进行积极的讨论。教师要对整个案例教学过程认真做好笔记,并在讨论中及时引导、点拨,在讨论之后,进行总结和交流,切忌将教师的观点强加给学生,以鼓励言论自由。案例的选择也要体现在教材内容的更新上,加强体育法学教材体系建设,在教材内容更新完善方面,吸引从事体育法学教学一线的教师、体育法学实务工作者和相关领域专家学者,参与到教材建设之中,并将与社会需求紧密联系的案例写进教材之中。“对于美国体育法学教学,很早就建立了每年体育法案例汇总制度,从 2004 年前后一直到现在都有总结性文章发表。而集结成册、公开发表的体育法案例有很多本,无论对研究还是教学都大有裨益。”

三、体育法学课堂教学应用案例教学法的积极作用

究竟什么是案例教学法,可谓见仁见智。“从广义上讲,案例教学可界定为通过对一个含有问题在内的具体教育情境的描述,引导学生对这些特殊情境进行讨论的一种教学方法。在一定意义上它是与讲授法相对立的。”以案例教学的方法很早就有,“在国内可以追溯到春秋战国时代,在国外可以探寻到古希腊罗马时代”。“科瓦斯基(Kowalski)认为案例教学法是一种以案例为基础,进行研讨的教学方法。”“国内的《教育大辞典》将案例教学法定义为‘高等学校社会科学某些学科类的专业教学中的一种教学方法。即通过组织学生讨论一系列案例,提出解决问题的方案,使学生掌握有关的专业技能、知识和理论。’”案例教学法“首创于哈佛大学。它最早被运用于 19 世纪后半叶的法律教学中。教师选择个别犯罪案例进行剖析,让学生学习法学的基本知识和理论。以后,被运用于医学、心理学、管理学、市场营销学、社会学的研究和教学之中”。目前,哈佛大学商学院里,有超过 80% 的课程是以案例教学法为主的。在哈佛大学商学院的案例教学法中,通过教师与学生共同参与对工商管理条例或者

疑难问题的讨论方式，鼓励学生在自行阅读、研究、探讨的基础上，在课堂中，通过教师的引导，在全班讨论。这种方法不仅是教师的教，更包含学生的学，要求教师与学生的密切配合，并承担各自的责任。

现代的学习联结理论、观察理论、人本主义理论、认知理论、建构主义理论等，与案例教学法的基本理念、过程和出发点是一致的。学生在案例教学法中，面对的是一个个问题案例，因此学生学习的联结，就隐藏在对案例的研读方面。当然，在体育法学教学过程中，采用案例教学法并不是要排斥传统的讲授式的教学方法，这其实涉及法学教育是侧重于实践还是理论，教学方法是偏重于讨论式还是讲授式等经典的话题。“立足于大陆法的土地之上，我们可以在何种程度上借鉴普通法的案例教学法呢？这要看我们要借用案例教学法达到什么样的目的。”在法学教育中，把握好理论与实践的关系，在体育法学的课堂教学中运用案例教学法至少有如下几点作用。

（1）案例教学法可以帮助教师培养创新精神和解决问题的能力，敦促教师更好地学习和掌握相应的方法来教书育人。现实社会是瞬息万变的，只有将知识内化成自身的能力，才能以不变应万变。对从事案例教学的教师而言，其也是在与时俱进地学习，是在更新其自身的知识和能力。“全球视野、中国意识和人本关怀是中国体育法学的三维面向。”教师作为相对平等的主体一方，既可以作为参与方，又可以作为组织方，与学生一起对案例进行相对深入地分析研究，实现“教学相长”的目的。

（2）案例教学法可以帮助学生理解教学中可能出现的两难问题，“授人以鱼，不如授人以渔”。引导学生对课堂教学的内容进行分析、思考后，再得出正确的答案。在传统的教学中，学生通过了解书本上的内容而获取相应的知识，难以有切身的体会；而案例教学法中，由于学生事先在上课前预习，在课堂中分析、讨论案例，学生更容易在相同或相似的情境中，做出良好的选择。但需要学生在案例教学法中，坚持辨别与讨论真问题，树立问题意识。“体育法学研究应当基于新时代体育法治建设的总体思路和战略目标，通过加大问题导向，为以更加完善的体育法治环境推动新时代体育强国建设进程建言献策。”

（3）案例教学法通过教学情景去模拟现实生活情景的方式，大大缩短了两者之间的距离。案例教学的出现，使得在模拟现实生活中出现的问题情景时,将教师单纯的教学活动转变成一种特殊的研究性、实践性讨论活动,通过在课堂教学中,师生之间的相互研究讨论,学生通过详细的课前准备活动,其在课堂上,就能够在教师的指引下,像案例中的人物一样设身处地去思考,去战胜困难,去研究问题、分析问题、解决问题。在案例教学与研讨中,要注意把握时间和节奏,平衡讨论的深度、广度与教学引导的力度、参与度之间的关系,既避免讨论因不深入而流于形式,又避免讨论过于激烈、延时而影响教学进度的现象。

参考文献

[1]姜仁屏,刘菊昌.体育法学[M].哈尔滨:黑龙江人民出版社,1994.

[2]石刚.体育法学[J].体育教学与科研,1984,9:2.

[3]贾文彤.我国现行体育法学教材研究[J].体育研究与教育,2016,10:14.

[4]郑金洲.案例教学:教师专业发展的新途径[J].教育理论与实践,2002,7:37.

[5]王青梅,赵革.国内外案例教学法研究综述[J].宁波大学学报(教育科学版),2009,6:7.

[6]KOWALSKI T J. Case studies of educational administration [M]. New York: Longman, 1991:116.

[7]案例教学法基础研究[R](2019-02-25)[2019-03-15]. https://wenku.baidu.com/view/d9ebd9fe690203d8ce2f0066f5335a8102d266d2.html.

[8]但武刚.公共教育学教学中的"案例教学法"探微[J].课程.教材.教法,2000,1:46.

[9]王晨光.理论与实践:围绕法学教育的难题之一[J].中外法学,1998,6:81.

[10]韩勇.在路上:中国体育法学向何处去[J].体育与科学,2014,11:84.

[11]赵毅,王晓蕾.改革开放40年来我国体育法学研究的成就、论题与展望[J].成都体育学院学报,2019,1:33.

法学实践教学

培养德法兼修的卓越法治人才:中南大学的实践探索

毛俊响*

摘　要:为回应新时代法律人才培养的新形势和新要求,2018 年教育部、中央政法委发布《关于坚持德法兼修实施卓越法治人才教育培养计划 2.0 的意见》,提出要完善协同育人机制,构建法治人才培养共同体,做强一流法学专业,培育一流法治人才。卓越法治人才是"应用型、复合型法律人才"的升级版,德法兼修人才,是"应用型、复合型法律人才"加"法治文明信仰者"的结合。近年来,中南大学积极探索培养德法兼修的卓越法治人才的新模式、新路径。一方面,结合社会实践,积极开展理想信念教育、社会公益教育、让学生在感悟法治进步中坚定理想信念,在了解群众疾苦中磨炼坚强意志,在奉献社会中增长智慧才干;另一方面,积极做实"双千计划",构建"全方位协同"的双师型团队;开发"渐进式实践"课程体系;推行"双师同堂式""嵌入式"课堂教学改革;建立"参与式工作坊"校外实习机制。

关键词:卓越法治人才　德法兼修　协同育人

在全面推进依法治国战略的背景下,培养什么样的法律人才,一直是国家和社会关心的重要问题。2012 年 4 月《教育部、中央政法委员会关于实施卓越法律人才教育培养计划的若干意见》(简称《卓法意见》)强调培养应用型、复合型法律职业人才,是实施卓越法律人才教育培养计划的重点。2014 年 10 月 23 日中共十八届四中全会通过《中共中央关于全面推进依法治国若干重大问题的决定》,对法治人才培养提出了新的要求,即"创新法治人才培养机制""培养造就熟悉和坚持中国特色社会主义法治体系的法治人才及后备力量"。2018 年,《教育部、中央政法委关于坚持德法兼修实施卓越法治人才教育培养计划 2.0 的意见》(简称《卓法 2.0

---

* 作者简介:毛俊响,男,中南大学法学院副院长、教授。

的意见》),强调要强化法学实践教育,完善协同育人机制,构建法治人才培养共同体,做强一流法学专业,培育一流法治人才,为全面推进新时代法治中国建设提供有力的人才智力保障。

一、德法兼修:新时代卓越法治人才培养的基本要求

卓越法治人才是“应用型、复合型法律人才”的升级版,德法兼修人才,是“应用型、复合型法律人才”加“法治文明信仰者”的结合。一方面,法律教育必须培养“应用型、复合型”法律人才,这旨在强调法学专业人才培养需要实现法学教育与法律职业之间深度衔接,将法律职业技能教育、法律职业所需复合型知识结构、法学理论知识教育相结合,保证法治人才培养在理想信念、职业伦理、知识结构、思维方式与职业技能方面达到卓越法律人才的基本要求;另一方面,我们看到,社会上法律实务人员司法腐败、知法犯法的现象屡见不鲜,反映出法律信仰的缺失、法治精神的匮乏和对法律的敬畏。因此,需要学生对法律信仰、法律精神、法治意识和法律职业伦理的教育。

近年来,中南大学结合社会实践,积极开展理想信念教育、社会公益教育、让学生在感悟法治进步中坚定理想信念,在了解群众疾苦中磨炼坚强意志,在奉献社会中增长智慧才干。一走志愿服务路,修学子之德。学校打造“送法下乡”志愿团、校内法律援助中心和法院志愿者工作室三大志愿服务平台,学生在志愿服务中实现德法兼修。在长沙市芙蓉区人民法院和天心区人民法院设立志愿者服务基地,学生志愿者在法院值班,开展提供指导当事人应诉、代拟法律文书、协助人民调解以及参与综治维稳等志愿服务,工作室曾荣获长沙十佳学雷锋志愿服务项目。二走社会实践路,明社情民意。鼓励并指导学生投身社会实践,增强社会责任感和担当精神。全国社会实践优秀团队“守望乡村实践团”提出“关于改进大学生村官政策的建议”,得到三位省委组织部长的批示,并被全国人大代表带上两会,相关政策建议获组织部门采纳并实施。法学院学生领衔的中南大学重金属污染防治调查团队的调研报告,先后获得第十五届“挑战杯”全国大学生课外学术科技作品竞赛特等奖(法学类唯一)、第十二届“挑战杯”湖南省大学生课外学术科技作品竞赛特等奖。三走网络思政路,树理想信念。学校组织成立铜豌豆工作室,工作室瞄准目前思政教育“形势严峻、难教厌学、知行脱节”三大问题,以诙谐幽默的原创漫画形式,传播社

会主义核心价值观和马克思主义科学理论,在网络上形成了强烈文化共振;线下组织学习沙龙等活动,带动学生形成学习社区;指导学生用实践转化学习成果,形成“线上、线下、实践”三大课堂,着力提升思政教育的“接受度、深化度、转化度”,取得了良好的效果。

二、协同育人:新时代卓越法治人才培养的基本路径

当前,许多高校在协同育人方面也都总结出了不少有益经验,中南大学近几年法律教育改革也在朝着协同育人方向发展。总结起来,有以下几点经验。

(一)做实“双千计划”,构建“全方位协同”的双师型团队

2014年《中共中央关于全面推进依法治国若干重大问题的决定》强调,要“健全政法部门和法学院校、法学研究机构人员双向交流机制,实施高校和法治工作部门人员互聘计划”。为此,中南大学提出并实施“全方位协同”双师型教学团队的设想,做实“双千计划”。

1. 建立规范化的协同机制

挂职单位之间建立制度化的合作机制,规定挂职人员的权利义务及挂职单位的监督管理职责。派出单位承诺,挂职人员在挂职单位的工作量在派出单位实行工作量互抵,让挂职人员无后顾之忧。

2. 开展实质化的协同合作

挂职人员在挂职单位有职有责。挂职人员在挂职单位上班(上课);来法学院挂职的聘任人员必须承担专业核心课程的教学任务,并纳入学校教务管理系统;赴法院、检察院挂职的教师依照职务情况承担相应的工作,如参加审委会、检委会等。

3. 推进全方位的协同配合

“全方位协同”师资团队不仅局限于卓越法律人才的教育培养,还体现在以互聘人员为基础,推进高校与互聘人员所在单位在课题研究、团队建设等方面的实质合作,真正实现“全方位协同”。

自2013年来以来,中南大学先后分别选派黄先雄、陈文曲、周刚志、张宝四位青年教师赴长沙市中级人民法院、湖南省人民检察院、湖南省公安厅、湖南省高级人民法院挂职;先后接受来自长沙市中级人民法院研究室主任(龙兴盛)、湖南省高级人民法院民三庭副庭长(伍胜)、湖南省监狱管理局副局长(曹新良)、湖南省高级人民法院民三庭副庭长(陈小珍)挂职。龙兴盛法官在2013年秋季为本科1203班开设了刑法分则课程,

2014 年春季和秋季又为卓越法律人才实验班 1301 班开设了刑法总则和刑法分则课程;伍胜法官和陈小珍法官则为知识产权法研究生开设了知识产权法学课程,并为本科生开设知识产权法学相关课程,实务专家积极创新教学模式,取得了良好效果。

在合作开展研究方面,伍胜法官在挂职期间推动湖南省高级人民法院与中南大学联合举办了“依法治国与司法改革高端论坛”,省内外学者与实务专家就依宪治国、司法改革与法治人才培养展开了广泛交流。龙兴盛法官等实务专家加入了中南大学承担的国家社科基金重大项目“加快建设法治中国研究”课题组,参与撰写的《加快推进法治中国建设的若干建议》被国务院《改革内参》全文刊载,为推进法治中国、法治湖南建设提供了有力的智识支持。陈小珍法官参与了 2017 年中南大学湘雅品牌保护研讨会。

(二)开发“渐进式实践”课程体系

培养实践型卓越法律人才,要逐步建立起与之相适应的实践性课程体系。法学实践教育需要尊重学生拓展式的知识结构和渐进式的认知规律。为此,中南大学从理论讲授中的若干实践课时为起点,开发出“渐进式实践”课程体系。这一套实践性课程体系如下:理论课(含实践讲授课时)—疑难案例课程—模拟审判课程—法律诊所课程—司法实务课程—同步庭审课程—校内真实庭审课程—司法认知实习课程。

1. 含实践课时的理论课程——强化理论课程的实践要素

随着学生学习法学课程的不断深入,需要在一些部门法中安排实践讲授课时(4—10 个校外实践讲授课时)。例如,在民法、刑法、诉讼法、知识产权法、行政法和行政诉讼法等课程中,安排实践课时,让学生在接受理论知识讲授的同时,开始认知实践因素。

2. 疑难案例课程——实体法律问题的研讨式教学

民事、刑事、行政疑难案例课程(32 学时、2 个学分)中的疑难案例往往是现实中发生的、司法机关审判实践中遇到的真实疑难案件。疑难案例课程不再将法学原理和知识点讲解作为课程中心,而是强化学生解决实践中法律问题的思维意识,直接培养学生应用法学知识解决实体问题的能力。

3. 模拟审判课程——法律实体和程序的实践演习

开设民事、刑事和行政模拟审判(各 32 学时、2 个学分)课程,让学生进行角色分工,进行法律实体和程序的实践演习。模拟审判具有较强的代入感,实践性也逐渐增强。

4. 法律诊所课程——真实案件的实际解剖

开设法律诊所课程(32 课时、2 学分),通过中南大学法律援助中心接办的真实案件,进行实际的手术解剖。法律援助中心承办的案件,大多是针对社会弱势群体,其社会责任感更加强烈,对于真实案件的介入也更加深入。

5. 司法实务课程——校外导师的实践技巧培训

开发司法实务课程,邀请法官、检察官、律师、仲裁员、公司法务全程讲授司法实务技巧、司法职业伦理等。司法实务课程分为两种形式,一种是司法实务必修课程(16 学时、1 学分);另一种是"法官大讲堂"课外素质讲座,作为学生课外研学课程(1 学分)。

6. 同步庭审课程——校外基地庭审数据化传输

本门课程(课外研学 1 学分)设计的内容:在校外实践基地真实庭审开始之前,接触案件的各种法律文书,学生在校内导师的指导下研读法律文书,以法官、公诉人、辩护人、当事人、律师等身份进行演练,做出"判决",进而观看庭审视频,比较真实法庭庭审与学生庭审之间的差距,对其中的法律问题进行探讨。

7. 校内真实庭审课程——参与校外基地的真实庭审

将校外基地的真实庭审案件搬进校园,作为学生课外研学学分课程(1 学分)。学生和老师作为当事人的代理人或辩护律师,免费提供法律服务。

8. 司法认知实习和毕业实习课程——校外基地常年实习机制

每年安排学生 150—160 人到校外实习基地法院和检察院进行 2 个月的司法认知实习(8 个学分)和 6—18 周的毕业实习(6—18 学分)。司法认知实习是培养方案中的课程。学生在校外实习基地的实习,实行 8 小时坐班制度,配备校内外实习指导老师,担任法官助理或检察官助理,或书记员,整理案卷、庭审记录、参与讨论案件、起草法律文书初稿、协助执行判决等,以司法人员的身份投入实习全过程,全方位接触司法实务,提升司法实践技能。

(三)推行"双师同堂式""嵌入式"课堂教学改革

培养实践性法律人才,坚持实践性的课堂教学方式和方法的改革尤为必要。

1."双师同堂式"课堂教学法

教师将课堂转换为真实的审判现场,校内外教师合作讲解同一门课程。

以“双师同堂式”教学方法在中南大学法学院省级精品在线开放课程《知识产权法学》课堂教学中的教学应用为例。它的主要形式为:①在案例教学课程上,法官首先向学生介绍法院审理的典型著作权纠纷案件的相关情况,并对涉案证据进行说明,让学生对整个案件有一个直观的感受;②课堂任课教师对著作权某一理论问题进行讲授,并将学生分组,分别围绕关于该案件的三个关键问题进行辩论;③法官分别为三个小组的辩论进行点评,从实务视角对该案进行分析判断,让同学们将书本知识与司法实务进行有机结合,了解实务中的做法,发现实务中的难题,以全新的实务视野再次学习理论知识;④学校督导专家根据学生们的表现和实务老师的点评评出双师同堂公开课的最佳团队表现奖及最佳个人风采奖,激励学生们以更强的求知欲和更积极的态度学习法律知识。

2.“嵌入式”法学实践教学法

“三位一体”的嵌入式法学实践教学法分三步走:首先由老师讲授基本法学知识,并提出问题;其次由老师(法官)主持庭审,老师选择有代表性的个案进行真实的法庭审理,学生则带着问题听法庭审理案件;最后环节由老师结合庭审情况与学生互动,相互交流,共同解决在学习法律知识中产生的疑惑。

(四)建立“参与式工作坊”校外实习机制

“参与式工作坊”源于心理学领域,是利用一个比较轻松、有趣的互动方式,让参与者在参与的过程中能够相互对话沟通、共同思考、进行调查与分析、提出方案或规划,并一起讨论让这个方案如何推动,甚至可以采取实际行动。中南大学法学院以实习基地为平台,探索“参与式工作坊”的基本模式,并将之引入校外实习活动。

1.开展多元化、常年司法实习

在培养方案中,设置8个学分的司法认知实习(为期8周)、12个学分的毕业实习(一)(为期12周)和6个学分的毕业实习(二)(为期6周)。在法院实习过程中,学生是参与者,校内实习指导教师是促成者,而校外实习指导教师如法官是实习的专业者。实习单位中,在“专业者”的指导下,以具体的合议庭为工作坊,学生作为“参与者”(扮演“法官”“书记员”等身份)参与实习工作。在实习工作中,校内指导教师是“促成者”。“促成者”的角色不仅是联系实习指导教师“专业者”,还是与“专业者”设计实习过程中的具体模式,如选取具体真实案件作为实习过程中理论式研讨的素材、促成学生在实习过程中发挥更加积极作用等。“专业者”的作用更为重要,它直接教授“参与者”法律技能。“参与式工作坊”模式不仅出现在法院实习当中,在检察院和律师以及公司法律顾问机构中,这种模式同样可以应用得很好。

2. 与校外实习基地合作建立法律志愿者工作室

为进一步弘扬志愿服务精神,规范法律志愿服务活动,中南大学法学院、长沙市芙蓉区人民法院联合成立法律志愿者工作室,制定中南大学法学院、长沙市芙蓉区人民法院法律志愿者工作室工作制度。每个星期的周一和周三上午9时至11时30分,到芙蓉区人民法院进行诉讼活动的当事人和来访群众都能到“法律志愿者工作室”得到这些法律专业人士的法律咨询、代拟诉状等法律服务。目前,芙蓉区人民法院已与中南大学法学院以及长沙市司法局等单位取得联系,并建立了“志愿者名单库”,将提前一周公布下一周上岗的法律志愿者名单及其专业所长,以方便预约联系值班志愿者。在法院内设立“法律志愿者工作室”为当事人提供服务,在长沙市尚属首次,在全省也不多见。

三、结语

习近平同志在2018年全国教育大会讲话中指出,新时代新形势,改革开放和社会主义现代化建设、促进人的全面发展和社会全面进步对教育和学习提出了新的更高的要求。全面依法治国战略的持续推进,也对我国法律教育提出了新的要求。高校应当“拓展学校—社会—行业单位分工协作的一体化人才培养机制”①,打破原有的封闭式的传统培养模式,主动与实务部门开展合作,完善协同育人机制,推动建立区域性乃至全国性法律职业共同体,在人才培养方案、教学团队、课程体系、课堂教学、教材编写、实习实训等方面开展合作,培养德法兼修的卓越法治人才。

① 杨清望:“卓越法律人才的基本类型与培养路径探析”,载《现代大学教育》2012年第3期。

法治中国建设语境下法律硕士"U＋联合培养工作站模式"之提倡与实现路径

刘期湘*

摘　要:当下,我国社会对于法治人才的需求量越来越大,法律硕士作为高层次、应用型法治人才,面临着法学专业毕业生过剩与高层次法治人才匮乏的竞争矛盾,以及"应用型"理论定位与"学术型"现实教学的培养矛盾。如何优化法律硕士的培养模式,改善法律硕士实务操作能力差,社会磨合周期长的问题需要深思,"U＋联合培养工作站"模式通过高校与法律事务部门联合在实务部门建立工作站,聘请专业实践导师进站指导的方式提升法律硕士的实践操作能力,为法律硕士的培养提供了新思路,值得深入研究。

关键词:法治中国　法律硕士　U＋联合培养　工作站

我国通过在二十多年不断努力,法律硕士培养已取得了重大突破,但法律硕士毕业生的实践能力与社会期望仍相去甚远,特别在法治中国建设的重要时期,如何打破高校与社会之间的壁垒,培养出德法兼修的法律硕士,是当代高校法治人才培养需要直面的现实问题。

一、法律硕士"U＋联合培养工作站模式"的概念及特征

(一)法律硕士"U＋联合培养工作站模式"的基本概念

法律硕士"U＋联合培养工作站模式"是指在"U＋联合培养"思维指导下通过构建高校与法律实务部门联合培养工作站,进而向社会提供德法兼具的优质法治人才的培养模式。这里的"U"是指 university,在硕士培养过程中,因"U＋"的对象不同而产生不同的培养模式。在这种模式指导下,法律硕士联合培养主体呈现多元化趋势,这种模式实质上是以高校培养为基础,注重依靠法律事务部门的力量,通过"U＋人大法工委""U＋法院""U＋检察院""U＋律师事务所""U＋行政执法部门""U＋企业

* 作者简介:刘期湘,男,湖南商学院法学与公共管理学院院长、教授。

法务部门”对法律硕士进行联合培养。在这种培养模式形成的前提下，要进一步形成相应的工作站，如“U+×××人大法工委”联合培养工作站，确保这种培养模式以工作站的形式固定下来。

(二)法律硕士“U+联合培养工作站模式”的基本特征

法律硕士“U+联合培养工作站模式”作为一种新型培养模式，在基本概念廓清的基础上，需要进一步明确其相应的特征。法律硕士“U+联合培养工作站模式”的特征突出体现在培养主体、培养目标、培养方式、培养地点四个方面。

1. 培养主体多元化

法律硕士“U+联合培养”不仅有校外导师，还建立相应的培养基地，法律实务部门与高校建立培养基地后，沟通便不再局限于校外导师与高校之间，而是法律实务部门与高校之间建立了沟通枢纽，通过法律实务部门进行工作分流实现校外导师培养法律硕士研究正常负载的局面，进而实现有效培养主体多元化。

2. 培养目标职业化

培养目标职业化并不代表轻视法学理论基础，法律硕士的理论定位是高层次、应用型法治人才，“高层次”不仅是学历高，而且还需要有深厚的法学理论功底，“应用型”则是指法律硕士的培养应当偏向于职业化。法律硕士“U+联合培养”注重依靠法律实务部门进行培养，着力打破当前“重学科轻实践，重学术轻运用，重知识轻训练，重理论轻案例”的法学教育传统模式。[①] 通过“U+联合培养”实现法律硕士在高校学习理论，在法律实务部门学习实践理论知识。

3. 培养方式灵活化

“U+联合培养”中的“U+”的对象不同，培养方式亦不同，如在“U+法院”时，培养方式便以高校理论教学与法院审判过程中实务经验形式传导给法律硕士，在“U+企业法务部门”时，培养方式便转换为高校理论教学与企业法律谈判、风险防范以及合同拟定与审核等形式培养法律硕士。

---

① 西南政法大学校长付子堂在全国政法院校“立格联盟”第六届高峰论坛上说：“目前的中国法学教育存在着四个倾向：重学科轻实践，重学术轻运用，重知识轻训练，重理论轻案例。”

4. 培养地点固定化

法律硕士"U+联合培养模式"与传统"双导师"培养模式的关键区别在于培养地点固定化,法律硕士学习实务经验就像学习游泳,无论校外导师讲授多少技巧,学生做多少课堂笔记,在真正游泳的时候依旧不会,培养地点必须固定化,并且不能局限于高校的教学楼课堂讲授,应当设立在法律实务部门,让学生"下水学习"。

二、当前我国法律硕士培养面临的现实困境

当前法律硕士在培养模式方面存在很多矛盾,法律硕士实务能力差,进入社会磨合期长的问题尤为突出,需要高度关注。

(一)法学专业毕业生过剩与高层次法治人才匮乏的矛盾

依照就业率来看,法学专业毕业生明显过剩,而目前仍旧极力倡导培养法治人才,很多高校开设了法学专业,硕士点和博士点的数量也在不断增加,这种怪象实则反映了一组矛盾,即法学专业毕业生过剩但与高层次法治人才匮乏的矛盾。受政策影响,一些高校法学专业不断扩招,而这些学校缺乏法学教学经验,相应的教育理念也不清晰,导致法学专业毕业生进入社会缺乏竞争力而被淘汰。①

(二)"应用型"理论定位与"学术型"现实教学的矛盾

虽然法律硕士在理论上定位是"应用型",但在实际教学中由于教学资源、师资力量以及教学经验等多种因素影响,法律硕士培养方法经常根据法学硕士的培养经验进行设定,导致法律硕士培养偏向学术化。例如,在课程设置方面缺乏明显的职业特色,必修课包含了法理学(2 学分)、中国法制史(2 学分)、宪法学(2 学分)等课程,在选修课中却包含了证据法学、劳动与社会保障法学、商法学等课程,②法律硕士同样需要深厚的法学功底,但对于实务操作来说,证据法学更为关键,并且劳动保障社会保障法与商法也应当是法律实务中应当重点关注的领域,安排为选修课程有待商榷。

---

① 许新承:"地方高校法律硕士培养机制的困境及其完善路径",载《教育评论》2018 年第 7 期。

② 参见教育部 2017 年 7 月发布的《法律硕士专业学位研究生指导性培养方案》中的课程安排,http://www.moe.edu.cn/s78/A22/A22_zcwj/201708/t20170821_311503.html。

三、法律硕士培养困境破局的契机：创建“U+联合培养工作站模式”

“U+联合培养模式”通过与法律实务部门建立相应的工作站，培养法律硕士实务能力的同时也推进了法律职业共同体建设，为当前的困境提供了破局的可能。

（一）破解培养的法律硕士实务操作能力欠缺的困境

法律硕士缺乏实务操作能力是当前培养模式的首要困境，法律硕士“U+联合培养模式”在破解这一难题上具有三大优势。

第一，“U+联合培养工作站模式”的培养单位可以契合学生自身就业规划。“U+联合培养工作站模式”的培养单位是以法学院理论教育为基础，加上其他实务法律部门，即“U+”的对象呈现多元化，进而契合法律硕士的就业规划。

第二，“U+联合培养工作站模式”的培养地点是实务部门，保证法律硕士在培养过程中能接触实务。法律硕士“U+联合培养工作站模式”的培养地点由高校改向实务部门，让法律硕士在真实的法律案件中学习实务经验，有利于法律硕士了解实务，在毕业后快速融入社会。

第三，“U+联合培养工作站模式”的培养导师具有丰富的实践经验，保证法律硕士学习实务经验的质量。建立法律硕士联合培养工作站，将法律硕士送往实务部门应当以高校的名义实施，而并非法学院，因此，在实务导师选择上也会经过层层筛选，找到有精力、能力的校外导师对法律硕士进行实务教育，可以确保法律硕士能够学到高质量的实务经验。

（二）缓解我国高层次、应用型法治人才匮乏的困境

人民法院和人民检察院内部人力资源配置与管理模式改革需要大量高层次、应用型的法治人才，一些法院和检察院为了缓解法官助理与检察官助理不足的问题，一方面向社会招聘，另一方面将视野投到法学院，希望法律硕士能够顶岗实习，填补这一空缺。[①] 其实，不仅司法体制改革缺乏法治人才，在全面深化依法治国的背景下，以法治思维与法治方式处理

---

① 夏锦文、徐莹荣：“法官助理制度改革需求与法治人才培养创新”，载《法学》2017年12期。

问题贯穿到各个领域,[1]如深化监察体制改革、建设服务型法治政府、构建法治市场等一系列改革都需要大量法治人才。

"U+联合培养工作站模式"通过落实联合培养工作站建设,让法律硕士进入法院、检察院、律师事务所等部门学习,一方面可以让法律硕士接触到真实案件,另一方面可以为司法一线的法律工作者分担一些工作压力,成为员额制改革的一大助力。

(三)进一步推进法律职业共同体建设

法律职业共同体作为法律人的共同体非常强调作为一名法律人对共同体建设的职业伦理责任和职业发展自觉性。法律职业对法学教育、对明天法律人、对法律职业者梯队建设天然担负着一种伦理使命,这种伦理使命虽然没有法律明文规定,但却能够转化为法律职业共同体成员的责任感和自觉性。

从长远的发展来看,"U+联合培养工作站模式"实行高校与法律事务部门建立工作站机制,加强了法律实务部门与法学院的联系,法律硕士在不同的工作站面临的实务问题不同,回到法学院之后相互交流、学习,再次到工作站学习的时候也会将相应的交流心得反馈给自己的校外导师,在整个交流过程中,法律硕士可以起到信息中转的作用,在一定程度上加强了法律实务工作者交流与学习。另外,这种在校期间的交流对法律硕士在毕业后从事法律工作也大有裨益。

四、法治中国建设语境下法律硕士"U+联合培养工作站"模式的实施路径

进入新时代以来,以习近平为核心的党中央开启了全面推进依法治国的新征途。在这个特殊时期,法律硕士"U+联合培养工作站"模式需要考虑指导理念、基本内容以及运转机制等方面的问题,保证培养出来的法律硕士是当前社会所期望的高层次法治人才。

(一)贯彻落实"德法兼修、高层次、应用型"的教育目标

坚持把培养德法兼修的应用型人才作为法律硕士"U+联合培养工

---

① 杨春福:"新时代复合型法治人才及其培养路径探究",载《法治与社会发展》2018年第5期。

作站”模式的指导理念是法治中国建设的必然要求。

面对多元化的社会，法律硕士应当在实务部门进一步学习法律职业伦理，“U＋联合培养工作站”为法律硕士在实务部门学习职业伦理提供了平台，实务导师在教授法律硕士实务经验、技巧的同时应当注重法律职业伦理教育，通过身体力行告诫法律硕士在今后法律职业生涯中应当具有的底线思维，通过潜移默化的方式培养出具有崇高职业道德的法治人才。

法律“U＋联合培养工作站”模式重点提升法律硕士实务技巧以及实务操作能力，实现法律思维、法律知识与方法和法律职业技巧有机结合。“U＋联合培养工作站”应当是法学院与法律实务部门公共协力，要深化理论学习，避免专业技能、技巧与理论脱钩，脱离了法学的基本原理，实践经验、专业技巧只能不过是机械性的条件反射，全无实践属性。①

（二）构建“工作站—法律硕士—指导老师”一体化教学基地

培养法律硕士的法律功底与实践操作能力的提升需要多方协力，要将“工作站”“法律硕士”“指导教师”三者有机结合，实现一体化建设，首先，要明确工作站建在哪。“U＋联合培养工作站”模式的工作站应当设立在设立在实务部门，要确保法律硕士能够接触到现实中案件，通过研究导师的处理方式进而获取相应的经验与技巧；其次，要明确工作站由谁来建。工作站的建立主体应当是高校与相应的法律实务部门；最后，要明确工作站里的人员组成。法律硕士“U＋联合培养工作站”中的组成人员有两类，第一类是法律硕士，第二类是实务导师，为进站研究生配备实务指导老师至关重要，这些导师不是由法学院聘任而是由高校学位委员会聘任，经过申报学位委员会专家投票产生，保证法律硕士的培养质量。

（三）实现“战略合作—沟通交流—管理评估”协同共管的运转机制

法律“U＋联合培养工作站”模式运转机制以高校与实务部门建立长久的良好合作关系为基础，在将法律硕士送进工作站之后，通过及时交流工作站建立过程中的遇到的问题，进行重点突破，同时，要建立有效的管理评估机制，测试法律硕士的学习效果。

---

① 蔡立东，刘晓林：“新时代实践教学的性质及其实现方式”，载《法制与社会发展》2018年第5期。

1. 战略合作协议支撑机制

法学院与法院、检察院、律师事务所等法律事务部门构建法律硕士联合培养工作站,也有赖于法学院与这些事务部门之间长期良好合作关系作为支撑。而建立良好的合作关系,需要法学院领导和老师平时多与法院领导和法官、检察官领导和检察官、律师事务所领导和律师多沟通交流,时刻注重培养彼此业务上的合作关系。当然,关键时候也可以借助校友资源予以推动,有时也可以通过聘请这些事务部门的专家担任法学院的法律硕士的校外导师,构建和事务部门之间良好的合作关系。

2. 信息交流沟通机制

要在法学院、法律硕士、实务部门三者之间建立长效的交流机制,交流机制应当以法律硕士为中心,法学院领导、学术导师以及其他老师要加强与法律硕士的沟通,找准法律硕士在实务部门学习实务经验遇到的理论问题,从法学理论方面打通法律硕士实务经验学习的“最后一里”,实务部门应当与法律硕士沟通,明确法律硕士进站学习过程中遇到的理论与实践转化困难点,进行深度解惑,形成“教、学、做”循环一体的培养模式。

3. 工作管理及评价机制

管理评估机制可以从培养对象、培养主体以及培养单位三方面进行,首先,要定期对法律硕士处理实务能力进行评估;其次,要定期对校外导师授课方式进行评估。根据不同法律实务部门的特点,制定相应的评估机制;最后,要对每个法律事务部门工作站进行评估,重点评估管理方案的科学性、设施建设以及培养效果等方面,确保工作站能正常运转。

“理论是灰色的,但实践之树常青。”法学是调整社会关系的学科,法律硕士作为高层次的法科学生,其培养目标定位在应用型法治人才,“U+联合培养工作站”模式通过在实务部门建立工作站,安排法律硕士进站学习,实务导师进站指导的方式展开,为当前法律硕士培养模式提供了一种新路径。

参考文献

[1]姜萍萍,杨丽娜. 习近平在中国政法大学考察[N]. 人民日报. 2017-05-04(1).

[2]时斌. 地方高校法律硕士研究生实践能力培养困境与探索[J]. 学位与研究生教育,2016(9).

[3]张守文.法治人才培育的目标及路径[J].中国高校社会科学,2017(4).

[4]许新承.地方高校法律硕士培养机制的困境及其完善路径[J].教育评论,2018(7).

[5]艾尔肯.依法治国背景下美国法学教育对我国的启示与借鉴[J].河北法学,2016,34(6).

[6]王亦君.全国遴选出20多万名员额法官检察官[J].人民日报.2017-11-02.

[7]高轩.法律硕士研究生培养模式的改革路径[J].社会科学家,2017(4).

[8]于志刚.法治人才培养中实践教学模式的中国探索:“同步实践教学”[J].南开大学学报(哲学社会科学版),2017(5).

[9]贾永健,付子堂.近代中国法证教育的当代启示:警惕“法政学堂陷阱”[J].学术交流,2017(12).

[10]夏锦文,徐莹荣.法官助理制度改革需求与法治人才培养创新[J].法学,2017(12).

[11]杨春福.新时代复合型法治人才及其培养路径探究[J].法治与社会发展,2018(5).

[12]付子堂.探索政法高校法治人才培养新机制[J].中国高校社会科学,2017(4).

[13]胡明.创新法学教育模式　培养德法兼修的高素质法治人才[J].中国高等教育,2018(9).

[14]陈云良.新时代高素质法治人才职业伦理培养方案研究[J].法制与社会发展,2018(4).

[15]蔡立东,刘晓林.新时代实践教学的性质及其实现方式[J].法制与社会发展,2018(5).

促进高等学校法律援助中心开展人权教育与保护

——湘潭大学社会权益法律救助中心的经验

蔡高强*

摘　要：法律援助制度的要旨是保障人权。湘潭大学社会权益法律救助中心作为湖南省成立最早的高校法律援助机构，以“弘扬正义、救助弱者”为宗旨，面向全省及周边省市，为社会弱势群体提供无偿的法律服务，促进和保障公民基本人权。中心通过法律咨询和法律服务等日常工作，开展“3·15普法”“12·4普法活动”“三下乡社会实践”专项活动，积极开展人权教育和人权保障，取得显著成效。高等学校法律援助中心开展人权教育与保护，是对公民基本人权的捍卫，也是中国人权保护和人权教育的成果经验。

关键词：法律援助　湘潭大学社会权益法律救助中心　人权保护

湘潭大学法学院作为湖南省创办最早、师资力量最强、学科门类最全、招生规模最大、教育层次最齐全的法学院①，全力扶持和推进法律学子开展各项探索性教研教改活动。湘潭大学社会权益法律救助中心（简称法援）成立于1999年12月，是湖南省首家高校法律援助机构。中心由法学院优秀本科生、研究生自发组成，并聘请法学专家为中心顾问，挂靠湘潭大学法学院，受湖南省司法厅统一管理。中心以“弘扬正义、救助弱者”为宗旨，面向全省及周边省市，为社会弱势群体提供无偿的法律服务。近20年来，中心已建设成为社区性法律咨询机构和校园法律事务服务组织，更是法学教育实践基地、学术性研究机构和资源的平台，在长株潭地区及湖南省和全国部分地区产生了广泛影响，深受好评，为推动中国基本人权保护和人权宣传教育进行了艰苦卓绝的工作。

---

* 作者简介：蔡高强，男，法学博士，湘潭大学法学院教授，博士研究生导师。

① 参见《中国法学院系排名》，http://www.fae.cn/pm/detail24194.html。

一、通过日常工作推进人权保护和人权教育

法律援助制度的要旨是保障人权。在当今经济高速发展、法律日趋完备的社会,法律意义上的社会活动越来越成为一项专门性的职业活动。人权的保护与实现必须具有专门性的法律帮助,对于那些经济困难的人来讲,他所需要的法律帮助会因其支付不了必要的法律服务费用而落空,而其享有的权利只表现为法律上的规定,在实际中并没有得到保障。法律援助正是为填补这项漏洞而设立的,其宗旨就是使那些经济困难的人也能享有专业的法律服务,保证其在权利实现中的公平待遇。只有当社会成员不因经济条件的差异而平等地获得法律帮助时,"法律面前人人平等"这一宪法原则才具有实现的可能。法律援助不仅是保障人权的手段,而且是人权的基本内容之一。由于法律援助在保障人权中的特殊作用,法律援助本身又成为公民人权的基本内容之一。许多国家或地区将公民获得法律援助权作为一项基本人权写入宪法或人权法(案)中,作为保障人权的配套法律制度。法律援助作为一项人权标准在联合国有关人权保护文件中所规定,有关人权方面的公约多次将法律援助作为一项基本人权予以规定。自我国于 1994 年建立法律援助制度以来,中国特色的法律援助制度,丰富和完善了我国的人权保障体系。

湘潭大学社会权益法律救助中心成立至今,不忘"弘扬正义,救助弱者"的初心,为大众提供免费法律援助服务。从接待当事人,到案件分析,再到为当事人提供切实可行的法律意见,已经形成了一套完整的工作流程链。① 到目前已受理案件一万余起,代理诉讼一百多起,直接受益群众数万人,有效地推进了人权保护和人权教育。

湘潭大学社会权益法律救助中心周一到周日每天安排成员轮流在办公室值班,接待来访的当事人及接听相关电话。每一来访来电,值班人员能够口头回复便当场回复,不能处理的就由案件接待人进行受案登记,记录在纸质登记本上,并形成电子文档(受案登记表)发给案件管理人,案件管理人根据各案例小组情况进行案件分配,案例讨论小组进行案件处理,

---

① 详见湘潭大学社会权益法律救助中心网站,http://lfzx.xtu.edu.cn/e/action/ShowInfo.php?classid=16&id=13。

最终形成回复意见(包括法律文书、法律意见书等)回复当事人,回复人再将案件回复情况告知案件管理人,案件管理人对此案件进行存档。同时,中心利用互联网技术开展线上服务,利用官方微博、官方微信、官方 QQ 号、邮箱、律法之湘平台等网络平台和网络工具,由专人分管进行接受咨询,简略案件直接回复,复杂案件登记到受案登记表上发给案件管理人,并按照相关程序进行有效处理。这些日常工作,有效地维护了当事人的基本人权,推进了中国的人权教育。

二、开展专项活动推进人权保护和人权教育

湘潭大学社会权益法律救助中心在认真做好日常维权工作的同时,开展了一系列专项服务与维权活动,使人权保护与教育活动从校内扩展到校外,其影响从省内迅速提升至全国,产生了良好的社会效果。

1.“12·4”普法活动

“12·4”普法是湘潭大学社会权益法律救助中心的特色活动之一。每年的 12 月 4 日,为响应全国的普法号召,法援联合相关司法局、律师事务所等组织,招募百余名普法志愿者,在学校内外进行“12·4”普法宣传活动,活动具体分为校内普法和校外普法两个部分。

校内普法主要分为流动宣传和摆点宣传两个部分,给湘大学子普及相关法律知识、答疑解惑。校外普法主要分为流动宣传、向过路人群介绍湖南省每年的十大法治人物和十大法治事件、法律小知识有奖问答、为前来咨询的群众提供法律上的服务以及万人签名五个版块的活动。其中,流动宣传主要为过往路人发放宣传册、普及相关法律法规;十大法治人物和十大法治事件的宣传则旨在让群众了解到当今法律热点问题、弘扬法治正义精神;有奖问答模块则是以奖励小奖品的方式鼓励民众知法懂法、学法用法;而现场提供法律咨询便是更好地直接解决群众困惑、落实到具体问题上,切实帮助所需之人。

每年的普法活动现场的人络绎不绝,志愿者们和法援工作人员的人权保护与宣传教育活动效果突出,得到了司法局与律师事务所的大力支持。通过普法宣传,旨在普及法律知识,增强群众的法律意识,同时用法律解决群众反映的问题,让法律真正地惠及大众,服务大众,使人权保护和人权教育落到实处。

2."3·15"普法活动

借助每年"3·15"消费者权益保护日全国消费维权宣传达到高潮的契机,法援都会在湘潭市范围内进行消费维权知识的宣传与普及,以提高群众的消费维权意识和增强其消费维权能力,并通过与湘潭市和雨湖区消费者协会的合作,将在活动中收集到的具体案例加以解决,以维护市民的权益,切实保护人权。

该活动具体工作主要分两部分:消费维权知识宣传与消费情况调查与改善。前者主要通过摆点宣传与流动宣传相结合的形式进行。具体形式包括发放宣传册与宣传单、以班级为单位进行相关 PPT 演示与讲解、在主要街道悬挂横幅写真喷绘海报等。消费情况调查则通过动态收集与静态收集相结合的形式进行,具体形式包括发放调查问卷以及通过网络平台收集案例。而通过分析后的数据以及案例将汇总至消费者委员会,由专业机构来进行协调处理。

3."三下乡"社会实践活动

每年暑假,法援工作人员会组成暑期社会实践团进行"三下乡"社会实践活动,如 2015 年以"送法下乡"为主题开展活动,深入农村普及相关法律知识、为村民提供法律援助;2016 年以"留守儿童权利保护现状"为主题到各地进行实地调研,了解现状形成报告助力儿童权利保护;2017 年则以"留守老人年人权益保护"深入湘潭市展开调研,分析问题提出对策;2018 年是以"美丽乡村"建设规划与农民权益保障为主题进行调研与分析。

"三下乡"社会实践活动使法援工作人员直面中国最现实的人权状况,通过对典型事例和具体人权场景的感知,学生们直接感受到的是中国人权保护和人权教育的真实困境,激发他们以法律知识和法律服务改变中国现状,积极开展人权保护与人权教育,为推动中国的人权保护与人权教育献计献策。

4."典型案例讨论会"

"典型案例讨论会"为定期举办的面向全校的精品法律研讨活动。在案例讨论过程中,中心不仅会邀请法学院知名教授,还会邀请职业律师、检察官等人员进行指导,以贴近实际、进一步提升案件质量。活动的目的是通过对热点案例、焦点问题的讨论,提高法科学子处理相关案例的能力,并通过对典型案例的研究,探寻维权的具体措施与手段,为搭建更完善维权机制做努力。

在案例讨论会上,学生与学生、老师与学生、老师与老师之间进行平等的学术交流,对时政热点提出各自的看法并提出各种各类的问题,很好地激发了学生对运用法律维权的热情与激情。

案例讨论会选取了在社会上引起广泛争议的“酒托女案”“保姆纵火案”“于欢案”“范冰冰偷税漏税”等案例,邀请湘潭市人民检察院检察官张琳、贺蔚寅,湖南惟明律师事务所主任刘朝阳,湖南湘剑律师事务所王莹律师、湘潭市中院公诉科杨莹洁副科长、湘潭市中级人民法院唐铁湘法官、湘潭市人民检察院刘婷检察官、湖南省湘剑律师事务所潘柳、刘献文律师,以及湘潭大学法学院的教授专家担任嘉宾,采用控、辩、审三方主体的不同视角分析有关案例,实现了人权保护与教育的实景化、真实化。

三、推进人权保护和人权教育成效显著

法律援助不仅是对弱势群体的帮助,更是对遭到侵犯的人权进行的有效保护,是对人权和法律正义的维护。湘潭大学社会权益法律救助中心长期来的维权活动,是对弱势群体基本人权的捍卫,也是中国人权保护和人权教育的成果经验。长期来,湘潭大学社会权益法律救助中心受到了社会各界的广泛关注,湖南教育电视台、湖南经济电视台、长沙政法频道、湖南日报、潇湘晨报、三湘都市报等省市主流媒体都进行过相关报道。湖南省委原书记、现最高人民法院现院长周强,湖南省原副省长胡彪、湘潭市原市委书记陈润儿等领导曾先后来本中心视察并指导工作,促使湘潭大学社会权益法律救助中心在人权保护和人权教育工作中载誉而行,成果丰硕。

湘潭大学社会权益法律救助中心 2001 年和 2002 年连续荣获优秀志愿者青年服务队、年度荣获优秀志愿者青年服务队。2003 年湖南省委原书记、最高人民法院现院长周强等领导来中心视察。2004 年中心被评为优秀志愿者青年服务队、2007 年被评为志愿服务先进集体,2008 年“湘潭大学社会权益法律救助中心”成员合作开展的“‘四位一体’法律援助模式创新研究”荣获“第十一届全国大学生课外学术科技作品竞赛”三等奖、湘潭大学第四批大学生创新基金研究项目。中心 2010 年在第三届全

国高校社团评选暨关注大学生学业就业创业公益活动企业评选活动中被评为“全国十佳社团”和“全国百强社团”，2011 年获“湖南省最具影响力法治人物暨法治事件”称号、2012 年获全国高校优秀社团法学类特别奖、2013 年获湖南省青少年发展基金会“芙蓉学子”奖学金、2014 年被评为十佳学生社团、2015 年获“芙蓉学子”公益类资助金、十佳社团品牌活动、2016 年被评为湘潭大学十佳社团。

从先进集体到全国百强，荣誉背后是法援人对卓越的追求，更是法援人对“弘扬正义，救助弱者”不变的初心。未来，湘潭大学社会权益法律救助中心将开展更加丰富的人权保护和教育活动，为中国人权事业添砖加瓦。

参考文献

[1]蒋海文. 蝶变之路:法学实验教学中心发展纪实[N]. 湘潭大学报,2013-10-26.

[2]赵红. 我国法律援助制度的法理研究[D]. 烟台大学,2018 年硕士学位论文.

[3]路易. 中国法律援助制度:司法人权的重要保障[J]. 人权,2003,5:31-33.

[4]蔡伟. 浅析裁判请求权保障与法律援助制度[J]. 今日南国(理论创新版),2009,3:176.

[5]冯玉军,胡美娟. 中国亟须建立特色法律援助制度[J]. 发展,1997,9:23.

[6]胡勤志. 我国高校法律援助制度探究[D]. 河北科技大学,2018 年硕士学位论文.

[7]马云飞,田坤. 湘潭大学社会权益法律救助中心走进“无妈乡”[EB/OL]. (2014-06-05)[2018-12-04]. http://qnzz.youth.cn/place/gxtw/201406/t20140605_5318041.htm.

当代青年律师职业教育问题研究

段启俊*

摘　要：青年律师是指正在执业或者实习的，年龄在四十周岁以下的律师。青年律师职业教育主要体现在律师职业伦理与道德、职业素养与执业技能培训等方面。青年律师职业教育困境表现在：前端基础职业教育不足；实习阶段的职业教育不足；继续教育虚化，执业后的职业教育机会少。青年律师职业教育困境的主要成因包括：入职门槛过低；职业教育未得到重视；缺乏强制性的青年律师职业教育措施。走出青年律师职业教育困境的路径有：在法学本科教育阶段加强律师职业教育；职业教育程度应成为青年律师入职的重要考核指标；有效保障新执业律师的职业教育。

关键词：青年律师　职业教育　困境　成因　路径

近几年来，我国律师队伍呈直线增长，根据第九届全国律师代表大会透露的信息，截至 2017 年年底，我国执业律师人数已逾 36.5 万人，与 2016 年相比，2017 年全国执业律师人数增长 11.5%。① 高速增长的经济带来了大量的法律服务需求，但同时也对律师特别是青年律师的执业能力提出了诸多挑战。在优胜劣汰的市场机制下，一些加入了律师队伍的青年律师也可能被迫转行，然而，这并不是我国法律服务市场饱和使然，我国律师人数占总人口的比例还相当低，远不及欧美等国家。笔者认为，律师队伍建设不能很好地适应社会，满足社会总体需求，主要还是在于我国当前律师整体特别是青年律师的执业水平有待提高。青年律师的业务素养、执业能力问题实质是职业教育问题，值得从国家层面予以重视。

---

* 作者简介：段启俊，湖南省法学会法学教育研究会副会长，中国人民大学法学博士，北京德和衡（长沙）律师事务所主任，湖南大学兼职教授。

① 白阳："我国党员律师人数已突破 11.7 万人"，载新华网，访问日期：2018 年 7 月 2 日。

一、青年律师职业教育问题概述

(一)青年律师的界定

目前对青年律师的界定尚未形成统一的认识,如果依据全国律协青年律师工作委员会对"青年律师"的认定标准,即"年龄不超过四十岁、大学本科以上学历,执业5年以上,在当地律师界有一定的影响"①,则排除了实习律师和新执业律师,实际上这一标准下的"青年律师"是已经成熟的队伍,是律师中的骨干。是否应当以年龄作为划定青年律师的标准,一直是有争议的。有人将青年律师界定为年龄在三十岁以下,在律师事务所执业的专职社会律师或专职实习律师。② 我国当前硕士、博士毕业生进入律师队伍的人数也在逐年增加,不少律师在实习或者执业不满三年时就已经超过了三十岁的生理年龄,但是从执业年龄来看,却仍然是有待帮助和扶持的。因而,三十岁的年龄划分还是不可取的。另外,我们也没有必要将兼职律师排除在青年律师之外。

有鉴于此,本文以年龄来划定青年律师的范围,并将实习律师也纳入青年律师的范畴,这样,本文将青年律师界定为:正在执业或实习、年龄在四十周岁以下的律师。

(二)青年律师职业教育

本文所讨论的职业教育专注于青年律师的职业教育,包括青年律师在入职前获得的、与律师职业有关的法律基础理论与实践教育,进入律师实习阶段获得的岗前培训、实习培训、实习考核等,以及律师在新执业三年内获得的有关律师职业素养、提升业务能力的培训等,主要体现在律师职业伦理与道德、职业素养与执业技能培训等方面。我国目前尚未设立类似西方法学职业教育中的司法研修等后大学继续教育制度,③律师职业教育相对比较零散,教育环境宽松,没有形成严格的考评机制及比较稳定的职业教育体系。

---

① 樊攀:"青年律师有了自己的'家'——记全国律协青年律师工作委员会成立",载《中国司法》2007年11月。

② 郝韶泽:"我国青年律师生存困境的破解",湘潭大学2009年硕士学位论文。

③ 彭锡华、麻昌华、张红:"司法研修与诊所法律教育——兼论中国法律教育职业化之途径",载《环球法律评论》2005年第3期。

二、当代青年律师职业教育困境

(一)青年律师前端基础职业教育不足

我们将律师在执业前的职业教育称为基础职业教育。从律师在入职前所可能接受的职业教育途径来看,主要是在本科专科以及研究生学习阶段。目前的本科教育更多的是基础理论教育,法学本科的教学目标仍然在到底是“定位为国民普法式、综合素质性教育”,还是“定位于法学职业教育”之间徘徊。虽然部分高校为法学本科生设置了毕业实习或者见习的课程要求,但是由于考核机制的缺失,其重要性并未得到重视。这样一种高校教育现状导致本科阶段的教育不能达到职业教育的要求。硕士研究生阶段的法学教育由各大法学院校完成,其定位摇摆于“学术型”与“专业型”之间。同时,也没有独立的法律职业教育体系来承担相应的职业教育职能。① 因此,在全日制的普通高等教育阶段,普遍存在职业教育缺乏的现象。

(二)青年律师实习阶段的职业教育不足

青年律师实习阶段则存在实习期短、实习被形式化、实习的效果不确定等问题,因而此阶段是职业教育“不能承受之重”。我国的律师实习期为一年,但是由于考核宽松,一些实习不合格、没有真正在律所实习或者实习期很短的人也能顺利通过考核。实习培训和考核被形式化,一些律师即使在拿到律师执业证后仍然没有接触过多少律师实务,业务不能上手,也就很难说掌握了律师工作技能。

(三)青年律师继续教育虚化,执业后的职业教育机会少

执业后的职业教育对于在前端职业教育不足的青年律师来说非常重要,特别是在青年律师执业的前几年,是否能够获得有效的继续职业教育会成为律师的分水岭。律师在执业后每年都有继续教育的硬性要求,但是这种教育方式经常被虚化,如有些地区采取“点睛网”听课学习方式,要求每年听满四十个课时,但是很少有执业律师会用心地去完成。讲座培训则可能因为乏味、安排不合理、缺乏系统性而难以达到预期的效

---

① 郭艳利:“美、英、德、日法律职业教育的比较及启示”,载《中国法学教育研究》2013年第3辑。

果。其他的职业教育方式尚处于探讨阶段,现行有效的职业教育还不多见。

三、青年律师职业教育困境的主要成因

(一)律师入职门槛过低

我国律师的入职门槛低,一是表现在进入律师队伍,只有国家统一法律职业资格考试(俗称司法考试,1996 年改革之前是律考)这一准入机制。社会普遍认为,只要过了司法考试(或律考),就可以做律师。一些没有任何法学基础知识和功底的非法学毕业生突击两三个月就能通过司法考试。二是律师实习考核流于形式,并不能起到为律师准入设置门槛的作用。在律所实习一年,执业前的考核对于实习律师来说并不足以为惧,甚至一些并没有专职在律所实习的人也能顺利通过考核、获得执业证。

相比于国外诸多律师事业发达的国家,我国律师入职门槛明显过低。这虽然有助于短期增加律师人数,却导致律师的职业教育问题不能在入职的前端解决,到了律师已经执业的阶段才显现出律师职业教育的重要性,但为时过晚。靠市场的优胜劣汰机制来进行二次遴选,伤害的是律师队伍本身。

(二)青年律师的职业教育未得到重视

律师的市场化虽然有利于律师队伍的扩大,有利于发挥律师在现代经济建设和当事人合法权益维护方面的作用,但是过于市场化的建设一味地强调了量的增加,忽视了质的提升。青年律师是律所的生力军,律师事业生生不息需要律师技能不断传承并提高。然而大部分律所的管理者只看到眼前利益,忽视了对于青年律师的培养与教育,很多律所留不住人才,或者在经历一代人的发展之后即分崩离析,不得不说与律所本身的人才培养机制不合理有关。

(三)缺乏强制性的青年律师职业教育措施

青年律师职业教育存在问题,很大程度上也与我国目前并无强制性的教育措施有关。软法常消磨于无。法学高等教育阶段没有硬性的法律职业教育要求,律师行业机制对于律所的职业教育责任与培训义务也没有做安排,缺乏惩戒性要求。很多律所只关注眼前的业务收入,在人才引进方面只欢迎能够马上为律所创收的律师,实习和新执业律师甚至面临

无处安身的境地。在这样一种境况下,律师的学习和工作就是"靠自己",似乎天然地脱离不了"项目经理"式的业务方式。

四、走出青年律师职业教育困境的路径

关于如何主动提高当代青年律师的职业教育水平,真正建设起高规格的律师队伍并传承下去,主动适应社会的高标准要求,而不要等到市场的残酷淘汰,就走出青年律师职业教育困境,本文建言如下。

(一)在法学本科教育阶段加强律师职业教育

无论是英美法系的美国还是大陆法系的德国均是西方法治社会的典范,其法律职业共同体的建构便以法学院为基础与核心。[①] 在我国,律师同样是法律职业共同体中最具代表性的群体,律师的职业教育也应从法学院开始。既要重视本科阶段的素质教育,也要高度重视职业教育,在这一阶段加大法律职业教育的投入力度,做好相应的制度设计与规划。法学本科阶段还要在法律职业共同体一体化教育下,针对学生的未来工作意愿,有计划地进行职业教育分流。对于有志于从事律师事业的学生应当在本科阶段即有针对性地进行律师实务的实操培训,学校不仅要设置相应的课程与考核,还应当与有实力的律师事务所对接,安排学生进入律所进行实习,实习时间应不短于六个月。同时,要改变当前的单纯由见习单位出具实习证明就可判定实习完成的方法,而应设置相应的考核机制,并以实务操作题目来进行考核,探索法学本科教育与职业教育的有效衔接机制。

(二)职业教育程度应成为青年律师入职的重要考核指标

当前律师入职门槛低是一个共识,然而提高门槛可能会受到部分人的反对。本文认为,提高律师入职门槛不是要求多高的学历,而是要依据实际受到的职业教育程度来考察和衡量。律师的工作是一门法律实操性非常强的业务,因而要从职业水平的角度来设置门槛。一是要进行司法考试改革,二是加大律师实习阶段的职业教育考核。

司法考试的改革不仅要"完善考试内容和方式方法。组织编写适应

① 刘爽:"我国法律教育职业化导向研究——从法律职业共同体进路",首都师范大学2013年硕士学位论文。

法律职业人才培养的指导教材，加大法律职业立场、伦理和技能的考查力度，提高案例题的分值比重”，还应“建立法律职业人员职前培训制度。研究制定职前培训规划和考核标准，明确职前培训内容、方式、时间等，组织编写职前培训大纲”。[①] 司法考试本是为选拔专门的法律职业人才而设的考种，提高考试资格的门槛是大势所趋，未来必须限定只有法学本科以上学历的人才能参加，并对年龄做出一定的限制，如以年满 60 周岁的人为界限。还可以考虑增加面试的考试方法，面试的题目应限定为实务操作类题目。

改变目前青年律师实习过于松散和形式化的状况，将青年律师实习考核也作为一种提高律师入职门槛的手段，具有现实意义。首先对于实习律师，律师协会应加强管理，定期进行跟踪检查，杜绝不在律所实习也能通过实习考核的情况。其次，建立实习指导“导师制”，通过给予指导律师一定的指导补贴来保证实习的质量。实习完成后，导师的实习评鉴以及品行证明将计入准律师获得律师执业准入的评判标准。[②] 再次，青年律师的实习考核还要改变目前的形式性考核方式，采取实质性考核，统一由资深律师采取案例问诊、庭审实战、品行鉴定等方式来对律师的实习情况进行考察。最后，可以尝试延长律师实习的时间。例如，法国对于见习律师要求在律师事务所业务进修三至五年，德国对于通过笔试和口试的法律专业人也要求在法院、检察院或者律所进行两年的司法实习。我国也应当尝试增加律师实习的时间，但可以适当提高这一时间的灵活性，设定为一年六个月至三年的实习时间。

(三)有效保障新执业律师的职业教育

首先，律师职业团体应承担起新执业律师的职业教育责任。律师事务所应当认识到青年律师对于律所的重要性，舍得为新执业律师投入。一流的律师事务所并不是因为硬件条件而卓越，而是因为拥有一流的法律人才而卓越，而一流法律人才的成长需要一流的培养。[③] 这里的投入包

---

① 贾丽群：“全面推进国家统一法律职业资格考试改革发展”，载《中国司法》2018 年第 3 期。

② 郑运周：“我国律师职业准入制度的完善建议研究”，载《智库时代》2017 年 8 月。

③ 包振宇、朱蕾：“论律师事务所及资深律师对青年律师培养的责任”，载《中国司法》2011 年 9 月。

括保障新执业律师的基本生活来源,保障其有足够的时间和精力能够接受职业教育,和有途径可以获得有效的业务技能与素养方面的培训。其次,对于目前的由当地律师协会组织律师继续教育的方式,执行效果并不好,主要是缺乏硬性的考核标准。包括湖南在内的很多地方对于新执业一年的律师并没有要求接受继续教育和参加考核。新执业律师在前三年正是提高执业能力的关键时期,律协应当制定相应的考核制度,更加严格地考察其接受继续教育的效果,而不能放任自流。最后,应当构建执业律师进行法律硕士研究生以上深造的机制,出台政策鼓励青年律师进入高等院校继续接受教育,但可限定为专业型法律硕士。

法律实务专业群视域下实践教学的困境与突破

吴　畅*

摘　要:法律实务专业群是教育部专业目录中法律实务专业类四个专业的统称,所培养的学生专业技能为法律实务技能。法律实务技能包括基础性技能和专业性技能,具有很强的实践性、教育相关性和综合性。培养专业技能主要依靠实践教学,但目前校内实践教学更多的只是将技能知识传授给学生,而忽略了实践性操作本身。角色演练能还原各种司法实践情境,演练法律实务问题处理过程,从而使专业技能从知识层面的认识转化为学生自身的直接经验。教师应突破传统教学思维和习惯,做好教学设计,实现法律实践教学的实质化。

关键词:法律实务　实践教学　角色演练　专业群　技能培养

2015年,教育部为提升产教融合的院校整体质量,启动了国家优质专科高等职业院校建设工程。强化实践教学以培养高技能人才一直是高职教育教学改革的重点,那么,在新兴的法律实务专业群建设中,该如何界定相应的法律实务技能,如何加强实践教学以培养专业技能呢?本文专注于校内实践教学在培养学生法律实务技能方面的现实不足,探究如何加强角色演练式实践教学,以突破当前困局。

一、法律实务技能的界定

一般意义上法律实务技能即法律职业技能,法律职业技能一词在理论探讨中更为多见,但对其内涵外延的界定一直莫衷一是。对职业技能的界定,必须依托对行业、职业岗位和技术领域的准确归纳。本文以教育部高等职业教育专业目录中法律实务类专业教育为研究范畴,

---

* 作者简介:吴畅,男,湖南司法警官职业学院讲师,法律系副主任,法学硕士,主要研究方向为诉讼法学、法律教育。基金项目:湖南省教育科学研究工作者协会2018年立项课题"全国法律实务技能培养与竞赛机制研究"(编号:XJKX18B221)。

采用法律实务技能这一概念,特指法律实务专业群培养的学生专业技能。

《教育部普通高等学校高等职业教育(专科)专业目录(2015年)》将法律大类与公安大类合并为公安与司法大类。其中法律实务类的部分原有专业合并,书记官专业合并入法律文秘专业,经济法律事务专业和人民调解员专业合并入法律事务专业。法律实务类共涵盖四个专业,分别为司法助理专业、法律文秘专业、法律事务专业和检察事务专业。司法助理专业就业主要面向法院、检察院、律师事务所、基层司法所的助理岗位。法律文秘专业就业主要面向行政部门和社会团体,从事办公室秘书、文职人员、综合管理人员及司法机关书记员等岗位工作。专业目录中的二级专业类又可以称之为专业群,法律实务专业群接续本科法学专业,区别于法官、检察官、律师等法学本科培养目标,专业群主要培养法律辅助人员,相应的法律实务技能也就主要指相对基层或辅助性的法律职业技能。

法律实务技能具有极强的实践性,此为其第一特性。法律实务技能源于法律实践,是人们从事法律实务活动的直接经验。该技能必须在具体司法情境中,通过专业训练才能逐步掌握和运用成熟。第二,法律实务技能与高等教育亦密切相关。法律职业的内在要求的"最典型的限制就是要求从业者接受长期的正式教育,包括某些大学类型的专门教育"。最后,法律实务技能有极强的综合性,它是"法律职业所要求的法律职业者应该具备的综合法律思维能力、法律知识和实践经验于一体的能力和技巧,它既不表现为单纯的法律思维能力、知识结构,也不单纯表现为实践经验"。

法律实务技能是法律职业者应当具备的与其所从事的法律实务工作密切相关的工作技巧、能力和方法。基于上述专业目录类别范畴以及对技能特点的理解,可以将法律实务技能分为基础性技能和专业性技能。基础性技能包括法律实务知识的掌握、法律思维能力、法律语言表达能力、计算机运用能力和沟通与协作能力等。专业性技能包括法律文书写作技能、诉讼处理技能、纠纷调解技能、合同处理技能、法律咨询与法制宣传技能、案件调查与汇报技能、法律检索技能、速录技能等。

二、校内实践教学的"弱实践"困境

法律实践教学又称为实践性法律教学,是相对于理论教学而言的,以法律实务技能为教学内容的实践性教学模式，分为校内实践教学和校外实践教学。校内实践教学包括两种：一是课程教学中开展的各项课堂实训，如模拟法庭、案例教学等；二是专门的实训实践课程，如模拟法庭实训课程、民事法律综合实训课程等。校外实践教学为在社会真实环境中，利用社会资源进行的实践教学活动，如顶岗实习、专业见习、法律诊所、社会调查等。

美国法律教授摩根曾说，忽略技能训练会给学生带来危害。"法律实践教学自其诞生之日起就被赋予了弥补传统法学理论教育之不足的历史使命——培养学生的法律实务技能。"法律实践教学对学生法律实务技能的培养，通过两个层次来完成。第一层次即通过教师讲授这样的教学认知活动，使学生获取和理解书本中的法律实务技能知识和教师总结的间接经验，完成师生之间的知识性传递。第二层次，通过实践教学形式的具体开展，让学生演练这些技能，使法律实务技能不再只是停留在学生主观层面上的知识和间接经验，而由技能知识转化为真正的技能。开展于社会实践的校外实践教学能较好地完成两个层次的教学任务，但专业技能的培养仅依靠校外实践远远不够。校内实践教学在实践教学和技能培养中的主体地位不容撼动。从目前情况来看，校内法律实践教学大多数只停留在了技能培养的第一层次，即法律实务技能知识的传授。大多数专业教师习惯并擅长于在课堂上滔滔不绝，把理论知识和实务经验详尽的灌输给学生，而忽略了实践性操作本身。很多课内实训项目的教学方式也是以教师讲授为主导，是为形式上的实践教学。这样，学生能够了解和记忆相关专业理论知识和技能知识，但知识始终停留在主观层面，没有产生从知识到自身技能的质变。以在法律教学中被津津乐道的案例教学为例，"案例教学法侧重于法律分析，主要是教给学生法律理论知识，虽然这种知识并非是纯理论的，但是却不能够胜任实践技能训练的要求"。一般案例教学把事实查明过程从案情中抽离了出去，作为既定事实存在，学生仅针对既定事实作法律分析和评判。这样的简单形态案例教学，只有助于学生对理论和法条的理解，而无法培养法律实务技能。即便教师会注意讲授到实务操作中的相关经验和要点，对学生而言那也只是知识性记忆，只是抽象的纸上谈兵。笔者曾经以问卷调查为主兼用采访和座谈方式，对高职法律类专业学生学习现状进行调研，结果显示"学生在专业技能训练和技能掌握方面还远远不够”。包括很多成绩优秀者在内的大部分学生，空有法律知识却不会实务操作和办案。他们不知道该怎么进行看守所会见，不知道怎么开展法律咨询，纠纷调解摆在面前时手足无措，甚至写不好一份离婚协议书。

第一层次显然不是教学最终任务，法律实践教学必须实现第二层次任务，即让学生将法律实务知识付诸实践，通过教学中的训练形成自身的实务技能。如前所述案例教学理论性有余实践性不足，模拟法庭等项目也只适用于部分专业课程和部分专业技能。法律诊所倒是可以和课程教学紧密联系，由教师指导学生参与办理真实案件，属于完全的法律实战，可是要在我国法律专业教学中大面积开展存在很大难度。首先，学生与专业教师的师生比现状无法满足诊所式教学的需要。专业教师承担大量的教学和科研任务，对诊所式教学的投入极其有限。其次，存在制度上的障碍。在校学生没有相关法律职业资格，在办案中身份面临尴尬。最后，法律服务是一项高端的专业技术服务，当事人是否愿意接受学生服务也是个现实问题。

三、校内实践教学的突破路径——角色演练

法律的生命不在于逻辑而在于经验，经验来源于解决法律问题的实践操作，此即所谓“纸上得来终觉浅，绝知此事要躬行”。法律实践教学需要一种理想的实践形式，便于设置适当的实践情境，还原纷繁复杂的社会环境，让学生从亲身体验中收获直接经验，即法律实务技能。角色演练（legal demonstration）就是这样的理想实践教学形式。角色演练即在课程教学中模拟各种司法实践环境，让学生扮演相应的法律职业角色和其他相关角色，演练法律实务问题处理过程，以培养学生的专业技能。角色演练是美国法学院在法律实践教学中常用的教学实践形式，美国南卡罗莱纳大学法学院的罗伊·斯塔基（Roy T. Stuckey）教授则推崇它为最佳的法律实践教学方法。

角色演练之所以能为法律实践教学破局，因为它具备一般校内法律实践教学形式不容易实现的实践性、亲历性和综合性。首先，法律实务技能的强实践性决定了它必须在具体司法情境中通过专业训练才能逐步掌握和运用成熟。角色扮演能模拟和重现丰富的社会实践情景，贴近现实

生活,方便训练与之相关的各项法律技能。其次,角色演练不再是由教师讲授为主导,学生被动接收知识和间接经验的灌输,而是让学生在情景中演练实际操作。最后,角色演练不只是单个法律实务技能点的练习,演练中必然包含对法律理论知识的理解与掌握,法律思维能力的训练,语言表达和写作能力的训练,以及团队协作能力的训练等。

角色演练并非法律实践教学的新形态,以往的法律实践教学也一直存在角色演练,比如模拟法庭实训。但是,长期以来教师对角色演练的认知过于狭窄。专业教学中普遍存在的问题是教学思维的固化,教师没有意识到也不懂怎么运用角色演练。其实,角色演练可以在专业教学中广泛铺开。高等职业教育法律实务专业群比本科以上学历教育更注重技能型人才的培养,更需要突出实践教学,辅以适当理论讲授。在日常的专业课堂教学中,教师应突破传统教学习惯的束缚,不再滔滔不绝,而是走下讲台,围绕角色演练进行手把手的教学。为了达到训练学生技能的教学目的,教师需要做更多的教学准备工作。教师需要对专业课程作教学整体设计和实训项目设计,根据课程培养目标凝练出若干实训主题内容,即学生必须掌握的技能点。教师要创设合适情景或选择合适案例,组织学生认领相关角色和任务,练习相关操作与技能。必要时教师要亲自演练示范,学生演练结束及时进行总结和评价。

需要注意的是,角色演练不是照搬剧本和台词的舞台表演,参与实训的学生必须发挥主观能动性和创造性来扮演相关角色演练相关技能。角色演练也不仅仅只是人物角色的排演,演练中还会综合部分动手操作型技能要素,如相关文书写作、法律检索、计算机速录、合同撰写、案卷整理装订,等等。法律实务技能是解决社会纠纷处理人与人之间矛盾的社会性技能,那么相应的演练场景自然存在一定的戏剧性,如法律咨询中当事人的絮叨与迷茫,纠纷调解中双方的争论与激动。这样的戏剧性有利于还原真实的法律生活实践,以达到技能训练目的。但是角色演练不能过于戏剧化,否则可能会本末倒置,销蚀演练中对法律问题的关注和技能的掌控。

参考文献

[1]克罗曼 A. 迷失的律师[M]. 周战超,石新中,译. 北京:法律出版社,2002:44.

[2]房文翠.法律职业技能及培养途径[J].现代法学,2003,1:128.

[3]刘晓兵.法律实践教学中的角色演练与技能培养[J].中国政法大学学报,2015,1:148.

[4]胡铭.司法竞技、法律诊所与现实主义法学教育——从耶鲁的法律现实主义传统展开[J].法律科学,2011,3:48.

[5]吴畅.高职高专法律类专业学生学习现状调查与研究——以湖南司法警官职业学院为例[J].新疆职业教育研究,2017,2:37.

[6]吴畅.微电影与情景剧在高职法律类专业教学中的运用——以婚姻法课程为例[J].法制博览,2017,25:53.

地方高校转型发展背景下法学本科实践课程教学改革研究

——基于法科学生实务能力的培养

周建国*

摘　要:地方高校法学教育转型发展应侧重法科学生实务能力培养。传统法学教育对法学实践课程教学重视不够导致法科学生的实务能力不能适应社会实际需求。法学实践课程教学改革是地方高校法学转型发展和法科学生实务能力培养的必然要求。本文在分析地方高校法学实践课程教学问题基础上,从科学设置实践教学课程、完善教学实施机制、加强师资建设、构建教学中心、平台和基地及创新教学评价与激励约束机制等方面,提出了法学实践课程教学改革的建议,促进学生实务能力提升以服务地方经济社会发展的目的。

关键词:地方高校转型　应用型法律人才　实务能力　实践教学

近年来,随着大学毕业生就业难问题的日益严重,地方本科院校深层次问题也日益显露。与此同时,我国经济社会发展进入新阶段,需要大量技术技能型人才。转型发展中的地方本科院校,如何改变法学毕业生就业难、不适应社会需求的现状已成为一个急需解决的问题。而改革法学实践课程教学,培养法科学生的实务能力无疑则是解决这一问题的核心。

一、加强法科学生实务能力培养是地方高校法学教育转型发展的应有之义

(一)地方高校教育转型发展的必要性

近年来,高校毕业生的就业问题受到社会各界的广泛关注。一方面社会急需各种技术技能型人才,另一方面大量高校毕业生难以有合适的

---

* 作者简介:周建国,男,湖南文理学院法学院副教授,研究方向为法学实践课程教学。
基金项目:湖南文理学院2018年教学改革研究项目“地方高校转型发展背景下法学专业实践课程教学改革创新研究”。

就业岗位。究其主要原因则是来自现有的高等教育结构体系。一些本科院校在办学定位和办学思路上脱离国家和地方经济社会发展需要,出现专业设置、课程教学、人才培养结构和模式同产业生产发展和创新实践脱节,导致高等教育人才供给与劳动力市场需求在人才培养规格上的错位,造成大学毕业生就业困难。要破解人才培养与经济社会发展需求的结构性矛盾,必须加强顶层设计,实行高等教育分类改革,解决部分地方高校的办学定位问题。

(二)加强法科学生实务能力培养是地方高校法学教育转型发展的内在要求

法律人才培养目标定位模糊,导致与重点法学院校教育的同质化程度过高;培养模式较为单一、法科学生法律思维能力、法律分析能力、证据操作能力、口头表达能力、制作法律业务文书能力与组织协调能力等实务能力的训练不够;教学课程设计和教学方法因循守旧,与法律实务和社会对法律人才的实际需求相脱节。例如,很多法科学生缺乏分析具体案件法律权利义务关系的基本能力;分析具体案件时不能抓住双方争议的焦点并清晰流畅地发表个人意见,逻辑思维不严谨;知道法律文书基本格式却不知如何下手写作内容,撰写法律文书的能力较弱。基于我国法学本科教育在学生实务能力培养方面的欠缺,以及法科学生将来就业对实务能力需求之间的差距,决定了我国地方高校法学本科教育应立足于应用型法律人才的培养为主,以实务能力的着力培养为导向。

二、地方高校法学本科实践课程教学改革是实现法科学生实务能力培养的必然要求

法科学生实务能力的培养最终的落点都必然指向法学专业实践课程体系,具体化为一门一门的法学专业实践课程。法学本科实践课程是法科学生实务能力培养的基本依托。地方高校法学本科实践课程教学改革创新的根本目的是培养学生的创新性法律实践应用能力。法学本科实践课程教学更强调学生的主观能动作用,强调学生主体在老师的指导下如何去操作。既是高校培养法科学生实务能力的重要前提,也是培养应用型法律人才的有效方式。一些地方高校本科法学实践教学环节薄弱,导致学生实务能力不足,法学教学没有达到应有的效果,与其法学实践课程

教学是否完善密切相关。因此,为提升法科学生实务能力,地方高校法学教育转型发展必须进行法学专业实践课程教学改革创新,以法学本科生的就业方向为指引,侧重于实务能力的提升让学生全面参与各项法律实践活动,全面提升学生的法律专业能力、法律方法能力、创新创业能力和服务社会的能力,以适应社会实际需求。

三、地方高校转型发展背景下法科学生实务能力培养上的法学实践课程教学问题

(一)法学实践教学课程设置问题

1.法学实践课程教学目标、标准及其设置

第一,设置目标方面。很多地方高校法学院系培养法学人才的目标定位不适应地方高校的转型发展。通过调查发现,一些地方高校法学院系的人才培养方案很少明确法学实践课程教学具体目标。由于在整个实践课程教学体系中,实践课程教学目标是驱动源,实践课程教学内容体系为之服务,只有在准确的实践课程教学目标下,才能制定科学合理的实践课程教学内容体系。第二,标准与设置方面。由于一些地方高校法学院系培养法学人才的目标定位不正确,直接影响法学实践教学课程教学标准设置,并且其设置多由本校法学院系、甚至由各法学教研室独立完成,增加或减少法学实践课程教学课时、调整法学理论教学和实践课程教学课时比例时,缺乏培养技术技能应用型人才所需科学依据。

2.法学实践课程教学内容设置

其内容通常包括以下几类:观摩认识型课程,如庭审观摩;实践知识型课程,如法律谈判、司法口才及辩论技巧、法律实践讲座等;模拟体验型课程,如模拟法庭、模拟仲裁庭、刑事侦查与物证技术试验等;直接参与性课程,如专业实习、疑案辩论、法律诊所、司法见习、社会调查、法律咨询、法律援助等;思考研究型课程,如学年论文、毕业论文等。实践课程教学内容不能适应地方法律人才培养要求,是目前地方高校法学实践课程教学工作中普遍存在的问题,这是其一。其二,法学理论教学内容与实践课程教学内容安排不协调。例如,教学计划将庭审观摩安排在大二的第一学期或第二学期,庭审观摩多为民事或刑事案例,而学生的民法、民事诉讼法、刑法、刑事诉讼法理论授课学习才开始不久或安排在大三学习。其

三,实践课教学内容之间缺乏相关性和渐进性。例如,教学计划将模拟法庭和毕业实习分别安排在大三和大四,而按照实践经验,应该先安排学生到法院、检察院等实务部门参加毕业实习,然后毕业实习返校后学生将所学实践内容与理论内容一并运用于模拟法庭。但是有些地方高校的模拟法庭和毕业实习设置顺序则刚好相反。

(二)法学实践课程教学实施问题

地方高校法学实践课程教学实施存在随意化、形式化等问题。主要表现如下:其一,实践课程教学实施不规范,对法科学生实务能力培养的效果并不显著。有些高校法学院系将所有法学实践课程分配到各教研室,由各教研室主任制定实践课程教学方案并自行安排。校内实践课,由教研室主任安排一个或几个教师承担一个班的实践课,即所谓的"承包到户",教学内容和时间安排有较大的随意性。其二,缺乏有效的实习管理制度和监督机制。校外实践课,就毕业实习而言,大多数高校都是"集中安排实习"和"自行联系实习"方式相结合,大部分学生选择了"自行联系实习"方式,理由是毕业实习与司法考试、研究生入学考试、公务员考试等有一定的时间冲突,绝大多数学生并无实习的打算和精力。"自行联系实习"造假的可能性很大,实习往往流于形式。即便是"集中安排实习"的学生,他们往往为实习单位充当临时工,业务锻炼机会很少,例如,他们主要工作为打扫办公室卫生、接待端茶倒水、打字复印等,学生很少参与法律业务实习。其三,实施法学实践课程教学老师安排的随意化。例如,毕业实习之外的实践课,教研室主任往往在考虑各教师实践课程教学工作量均衡的前提下,将各实践课分配给相应教师,在教学大纲规定的实践课程教学课时明显不足的情况下,通常由实践课的当天没有上理论课的教师、甚至行政管理人员一次性完成任务。

(三)法学实践课程教学师资问题

1.法学院系双师型法学教师严重不足

一方面,地方高校的法学院系成立时间一般较晚,师资力量较为薄弱,双师型法学教师比较少;另一方面,地方高校大部分年轻法学教师从学校毕业从事教学工作,普遍很少接触法律实务,缺乏培养学生法律实务的实践能力。

2. 法学院系部分双师型法学教师徒有“双师”之名

法学院系中的法学教师虽有部分做兼职律师，但他们主要时间和精力用于律师兼职工作上。

3. 法律实践部门教师的实践课程教学也存在不足

一方面，他们大部分没有高校教师资格缺乏教学经历，也缺乏担任高校教师应有的理论教学素养和教学技巧手段；另一方面，一是实务工作繁忙，教学时间精力不够，二是激励约束机制，很难保证实务部门老师认真负责的从事实践课程教学。

（四）法学实践课程教学评价标准问题

在一些地方高校法学院系，由于缺乏对实践课程教学效果和学生实践能力的公正有效评价标准，实践课程教学质量评价也不完善，评价方式缺乏科学的设计，导致大多数实践课程教学走过场，教学效果不理想。例如，有些高校法学实践课程教学的评价方法主要是依据学生的实践日记、实践总结或实践报告等书面材料，由指导老师或带队老师凭学生提交的书面材料给出实践环节的成绩，甚至会出现抄袭他人实践总结或直接从网上下载实践材料的学生成绩比认真撰写实践总结的学生成绩要高。这种评价方式重书面材料而轻实践过程考核，容易造成实践课程教学流于形式，实践课程教学质量无法保障。同时，由于这种单一的评价方式不公平地对待了认真参加实践学习和没认真参加实践学习，甚至根本没参加实践学习的学生，极有可能挫伤学生学习的积极性、影响以后的实践学习。

四、基于法科学生实务能力培养的法学实践课程教学改革措施

（一）科学设置法学实践教学课程

1. 科学设置法学实践课程教学目标与标准

（1）目标设置。地方高校及其法学院系应根据社会对应用型法律人才的需求，既要规定法律人才培养的总体目标，又要明确实践课程教学具体目标，甚至细化出每项实践课程教学目标。

（2）标准设置。正确定位地方高校法学人才培养目标，科学设置法学实践教学课程教学标准。设置法学实践课程教学目标和标准时，地方高

校及其法学院系应该邀请同类院校和法律实务部门的法律专家依据技能型应用型人才培养的实际需要共同制定。

2. 科学设置法学实践课程教学内容

第一,为强化法学实践课程教学,首先,科学协调安排法学理论教学内容与实践课程教学内容,例如,在大一开设法学专业理论课程学习时,应开设法律见习实践课,带领学生到法院、检察院、监狱等司法机关参观学习。其次,加大法学实践课程教学的比重。按照教育部的要求,实践课程教学学时至少应占总学时的 15%,但从实践性很强的法学专业的需求来看,这个比例远远不能够实现提高学生实践能力的要求。最后,在实践课教学内容之间作合理安排,地方高校法学院系可将实践课程教学课程内容应按年级高低由易到难安排,以保障实践课程内容教学的相关性和渐进性。第二,设置法学实践课程技能模块,构建由庭审观摩、模拟审判、司法调研、物证实验、疑案辩论、法律诊所、律师实务实习、毕业论文等组成的新的实践课程教学内容体系,从大一覆盖到大四,贯穿整个人才培养全过程。第三,设置司法文书竞赛、法律辩论赛、演讲比赛、国家司法考试模拟竞赛等多项专业技能竞赛的课外活动,以提高学生的演讲、辩论、司法文书写作、计算机打字水平等法律人才必备能力,实现学生课外活动与专业技能和能力素质培养的对接。第四,地方高校法学院系可依托地方基层资源开设地方特色实践课程,发挥地方高校培养法律人才优势与体现培养特色,如开设基层司法实务等实践课程。

(二)加强法学实践课程教学师资建设

1. 加强校内专职师资队伍建设

教师综合素质的高低决定着人才培养的质量,决定着高等教育的发展命脉。首先,积极鼓励没有取得司法资格证的年轻教师通过司法考试,为加强"双师型"师资队伍建设创造前提条件。其次,选送部分中青年骨干教师到法院、检察院、律师事务所、政府相关部门以及企业法务部门等法律实务部门进修、挂职锻炼等方式工作 1—2 年,提高法学实践课程教学能力和积累法律实践经验。最后,规范法学教师的律师兼职工作,使得律师执业所获得的实践经验真正用于法学教学,提高校内实践课程教学的效果。

2. 加强校外兼职师资队伍建设

首先，建立地方高校与法律实务部门人员合作培养协议。与法院、检察院、律师事务所、司法局、政府其他部门、企业法务部门等法律实务部门分别签订不同的合作培养协议。其次，建立法律实务部门人员聘用制度。从法律实务工作部门聘请具有丰富实践经验、业务素质精湛的法官、检察官、律师等专家担任兼职教师，承担法律专业实践课程教学任务。其次，建立校内外法学教师实践课程教学共同指导机制，例如，由校内外法学教师共同安排法学实践课程、教学计划及毕业论文写作等，努力实现法学理论与实践的有机结合。最后，建立地方高校与法律实践部门合作共赢机制。坚持平等互利原则，实现合作双方互利共赢。与此同时，加强实务部门教师激励与约束机制，保障兼职教师劳务报酬发放，职务（职称）晋升、实践课程教学效果考核与责任承担等措施，以提高教师教学的自觉性。

（三）构建法学实践课程教学中心、平台和基地

法学实践课程教学中心、平台与基地是为法学学生提供参加法律事务、处理案件、全面培养学生创新精神和实践能力的重要场所。地方高校法学院系应充分利用校内外优势资源多方位构建校内法学实践课程教学中心、平台与基地。一方面，可利用本地司法机关、律师事务所、司法局等资源，在不同部门建立相应的应用型法律人才实践培养基地，还可以与行政、司法、律师事务所、司法局等部门建立多类型的应用型法律人才培养的实践基地。另一方面，法学院系多方位构建校内法学实践课程教学中心、平台与基地，例如，可以在大学周围设立大学生法律援助中心、法律诊所式实践基地等。在“中心、平台”内部设立民商事、刑事、行政、经济等案件训练室，开展实践课程教学。

（四）创新法学实践课程教学评价与激励约束机制

1. 评价机制方面

首先，成立专门的实践课程教学质量评价组织，负责审查实践课程教学计划与实施方案是否科学可行。其次，建立法学专业人才实践技能评价体系，将法律实践能力和操作技能等作为评价应用型法律人才能力的重要组成部分，有针对性设置实践课程教学质量评价办法，建立不同实践课程教学课程的评价指标体系。再次，对学生实践效果的评价应结合实践基地指导教师和法学院系指导教师的评价，带队教师对学生的评价内

容应当多元化,降低单凭一份书面实践报告或总结而定成绩的权重,提高实践过程考察的权重。最后,具体对实践课程教学指导教师的评价,应成立实践课程教学领导小组,结合前面的实践课程教学激励约束机制和制定实践课程教学质量工作奖惩办法进行评价。

2. 激励约束机制方面

首先,建立健全一套完备规范的实践课程教学管理制度与质量标准,制定教学计划、教学运行、教学质量监控、教学基本建设、教学管理组织系统及教学管理研究等方面的各项管理制度。其次,完善校院两级质量保障和监控组织体系,充分发挥教学督导专家和校院两级教学管理机构的作用,既有对实践课程教学全过程实施的有效监控,又有对实践课程教学各环节定期进行专项检查与评估。最后,结合实践课程教学管理制度和质量标准分别对学生和法学教师的法律实践予以规范;学校和法律实务部门共同根据指导老师和实习生实践情况评出相应等级,对优秀者颁发证书和奖金,不合格者予以通报批评并补修。

参考文献

[1]姚利民. 有效教学含义初探[J]. 现代大学教育,2004(5).

[2]姚利民. 大学有效教学特征之研究[J]. 现代大学教育,2001(4).

[3]五大政法院校的实践课程学分比最高的也只是西南政法大学的 22 分学分要求,占总学分比例的 13.58% 。刘坤轮. 我国法学类专业本科课程体系改革的现状与未来——以五大政法院校类院校为例[J]. 中国政法大学学报,2017(4).

[4]罗文广. 构建地方工科高校的实践课程教学体系[J]. 电气电子教学学报,2008(5).

案例教学改革中地方转型高校法科生应用技能培养

肖灵敏[*]

摘　要:在地方高校转型发展中,应用技能培养是法学本科教育目标的核心。然而,法学本科教育还没有形成一套良好的应用技能培养模式,法科生就业率低下,传统的案例教学并未发挥其内在功能。培养法科生应用技能的关键在于应用性课程建设,案例教学是应用性课程最有效的教学方式,是培养应用技能的有效路径。进行成功高效的案例教学,既需重构本土化的案例教学文化,又需矫正传统的案例教学方式。

关键词:地方转型高校　应用技能　案例教学

教育部于2014年1月9日到10日主持召开了关于地方普通本科高校转型发展的座谈会,进一步推进地方高校转型发展,提高高等教育服务经济社会发展的能力水平。教育部、国家发展改革委、财政部于2015年10月23日在发布的《关于引导部分地方普通本科高校向应用型转变的指导意见》中提出:“推动转型发展高校把办学思路真正转到培养应用型技术技能型人才上来。”由上可知,国家正推动地方普通本科高校进行以培养应用型技术技能型人才为目标的改革。因此,地方转型高校②法学本科专业的发展遇到了良好的契机,法学本科教育也应以培养应用型技术技能型人才为目标,但同时法学本科教育面临着前所未有的挑战:如何培养应用型技术技能型人才。

一、地方转型高校法学本科教育的培养目标

目前学界对地方转型高校法学本科教育的目标定位和应用型技术技

---

* 作者简介:肖灵敏,女,湖南文理学院法学院讲师,华东政法大学在读博士研究生,研究方向为国际法,经济法。湖南文理学院教学研究改革项目“论转型发展理念下法学案例教学法的完善”(JGYB1714)。

② 为表述简便,本文将向应用型转变的地方普通本科高校简称为地方转型高校。

能型人才的界定尚有争议,因此,为实现地方转型高校法学本科教育的目标,有必要厘清上述争议。

(一)地方转型高校法学本科教育的培养目标定位

我国地方转型高校主要有三种类型:一是以技能训练为主的职业型;二是以培养学生应用能力为主的应用技术型;三是较多强调学科(学术)训练的行业特色型即应用学术型。这三种类型的主要区别在于对学科的认识上,第一种类型不强调学科,而是强调技能训练的职业教育,第二种类型是以学科为基础以应用为导向,强调培养学生的应用能力,第三种是以学科(学术)为导向,强调理论学习及其应用的深度教育。笔者认为,根据《关于引导部分地方普通本科高校向应用型转变的指导意见》和湖南文理学院、邵阳学院、湖南人文科技学院、怀化学院、湘南学院、衡阳师范学院、湖南科技学院等几所湖南省地方本科高校法学专业的培养目标,①地方转型高校的法学本科教育应属于第二种类型,是应用技术型高校教育,其培养目标应符合我国教育政策和社会发展的需要,特别是符合地方经济建设和社会职业需求,以强化培养学生的应用技能为主。

(二)应用技能培养是法学本科教育培养目标的核心

关于什么是应用型技术技能型人才,有的学者认为,应用型技术技能型人才应具有扎实的理论知识、较强的实践能力、创新的思维能力。有的学者认为,应用型技术技能型人才应掌握基本的理论知识,并在应用实践的过程中具有分析动手的能力。笔者对上述观点基本认同,法学本科教育培养的应用型技术技能型人才应在综合素质、知识结构和实践能力三个方面达到法律实务工作的要求。从上述几所湖南省地方普通本科高校法学专业的培养目标可知,应用型技术技能型人才的培养应以知识为基础,以能力为重点,强调知识、能力、素质的协调发展。"法律强

① 参见湖南文理学院 2016 年版法学专业人才培养方案(http://faxx.huas.cn/info/1065/2130.htm),邵阳学院 2017 年版法学专业人才培养方案(http://www1.hnsyu.net/zfx/xygk/xyjj/201809/t20180903_75515.html),湖南人文科技学院 2016 年版法学人才培养方案(http://www.huhst.edu.cn/zzflx/xygk.htm),怀化学院 2015 年版法学专业人才培养方案(http://lpaf.hhtc.edu.cn/index.php?read-575.html),湘南学院 2014 年版法学专业人才培养方案(http://zq.xnu.edu.cn:90/s.php/school21/item-view-id-10592.html),衡阳师范学院法学专业的培养目标(http://law.hynu.cn/xygk/zyjs.htm),湖南科技学院法学专业的培养目标(http://rwxy.huse.cn/xygk/xkzy/flx/)。

调常人的理性，强调实践的理性。”这就要求地方转型高校在法学本科教育过程中注重应用技能的培养，才能适应社会和职业的要求。否则即使能够进入相关法律职业，这样的入职者的法律业务素质也是较低的，无形中会降低法学教育的意义和价值。因此，应用技能是法学本科教育目标的核心，在地方普通本科高校转型改革中，在培养目标和方案、专业方向、教学内容、课程设置、教学方法等方面都应以应用技能的培养为重点。

二、地方转型高校中法科生应用技能培养面临的困境

目前很大一部分的高校在转型过程中人才培养的效果并不理想，无法满足当今社会对应用技术型人才的需求，其中法学本科教育还没有形成一套良好的应用技能培养模式，导致法科生就业率低下，传统的案例教学并未发挥其内在功能。

（一）法科毕业生就业率低下

目前我国法学教育机构和层次过多，全国开设法学专业的高校至少有 490 所，所培养出来的法科生人数迅速扩张，但法科生质量不高，应用技能较差，就业率低下。而且法学教育有研究化倾向，但许多学生却依然选择实务部门就业。中国科教评价网发布的 2016 法学专业大学排名显示，法学专业连续 6 年名列教育部公布的 15 个最难就业的专业名单中。在麦克斯研究院公布的《2016 年中国大学生就业报告》中法学专业连续三年（2013—2015 年）成为十大专业中就业率最低的专业。① 从法律实务部门的反馈来看，法律实务部门要花大量时间和精力对新进的法科毕业生进行应用技能的强化培训，这些技能原本可以在法学本科教育阶段就应已经培养好，从而削弱了高等法学教育的意义和价值。

（二）传统案例教学效果不佳

在美国专业学位教育中案例教学被人推崇有加，“哈佛商学院在全美乃至全球执斯学牛耳，多少系受此法之赐”。案例教学于 20 世纪 90 年代被引进我国专业学位教育中，经过二十多年的实践，取得了一定成绩，被

---

① 参见“大数据|2016 年中国大学生就业报告出炉！”，载 http://jwc. fafu. edu. cn/4b/18/c6514a150296/page. html。

认为是“推进专业学位教学改革的重要途径”①。最近有学者提出在十六门法学核心课程②之外开设单独的案例教学课程,因为“现有的案例教学仍然停留在低层次的案例援引层面,致使案例教学蕴藏的内在功能未能真正得以全部展现”。传统的案例教学的效果不理想,陷入以下困境:教师运用案例教学的意愿不积极,学生参与的自主性不足,教学案例的适切性低。出现这种局面,有其深刻的文化背景:教师科研至上文化、学生“应试学习”惯习、知识至上的教学价值观、案例中民族文化虚化。一些地方转型高校目前正在激励教师改革法学本科教育的讲授型模式,但还只在少数一些法学专业课程中尝试采取案例教学改革,③尚处于起步阶段,成果未现。

三、案例教学改革中法科生应用技能的培养对策

地方转型高校法学本科教育应改革传统的满堂灌教学模式,以学生为本,以能力培养为主。可引入启发式、互动式、讨论式、项目式等新型教学模式,精心设计课程体系,特别是要对法学专业课程中传统的案例教学进行改革,以培养法科生的应用技能。正如美国教育家约翰·杜威所说,最好的教学方法就是牢牢记住学校教材和现实生活二者相互联系的必要性,使学生养成一种态度,并习惯于寻找这两方面的接触点和相互关系。案例教学就是将这两方面接触点和相互关系连接起来的一种绝佳方式。

(一)案例教学改革是培养应用技能的有效路径

首先,与其他教学方法一样,案例教学也是以培养造就具有坚定的信念、优良的道德品质、丰富的专业知识、优秀的实务能力的高素质法律人才为目标。《关于完善国家统一法律职业资格制度的意见》中强调“以案例分析、法律方法检验考生在法律适用和事实认定等方面的法治实践水平”。可见,案例教学的目标与转型高校法学本科教育的目标是一致的。

---

① 参见“教育部关于加强专业学位研究生案例教学和联合培养基地建设的意见”,载 http://old. moe. gov. cn//publicfiles/business/htmlfiles/moe/moe_824/201505/187792. html。

② 参见“十六门法学专业核心课程”载 http://blog. sina. com. cn/s/blog_a5d2404f010184op. html。

③ 例如,湖南文理学院的2016年法学专业人才培养方案已对民法、刑法、经济法、商法、知识产权法、劳动与社会保障法等课程进行案例式教学改革,但只要求案例教学的时数占全课程的30%。

其次，实现地方转型高校法学本科教育的目标的落脚点在于应用性课程建设，案例教学是应用性课程最有效的教学方式，是法学教育手段与方法中不可或缺的有机组成部分，“应当以职业能力提升为目标价值来引导案例教学，把案例教学作为连通理论知识与实践操作技能的重要桥梁”。可以说成功的案例教学是培养应用技能的有效路径。一方面，案例是社会生活的真实反映，它来自于社会生活中的实际问题；另一方面，用文字描述实际问题，搜集和整理真实案件存在的实际问题，形成具有现实意义的教学案例，这就是一种学校教材，案例教学正是连接学校教材与社会生活的纽带。它不但可以把案例中的间接经验有效地转化为学生的实践知识，而且可以帮助学生把实践知识转化为可以直接应用于法律实践的应用技能并进而形成自身的直接经验。

应该说，法学教育界已充分认识到案例教学在法学课堂教学中的重要性，一些法学课程教学将案例教学与法学原则、法律制度相结合。如，湖南文理学院、湘南学院、邵阳学院等一些法律院校专门开设典型案例评析课程或民法、刑法、诉讼法、商经法、行政法等部门法的案例与实务课程。又如，湖南师范大学于 2016 年起分两个学期设置了民事诉讼实务、合同起草和审查、法律礼仪与职业规范、谈判与调解等四门法律实务课程。但目前我国传统的案例教学采取的方式不当，效果不佳，需进行改革。而进行成功高效的案例教学，既需重构本土化的案例教学文化，又需矫正传统的案例教学方式。

（二）改革传统案例教学的策略

1. 重构本土化的案例教学理念与文化

“案例教学并不仅仅只是一种简单的教学方法和教学技巧，而是一场涉及从知识观、教学观、师生观到具体的课堂组织形式、教学手段的广泛变革。”因此，为了激发案例教学的生命力，必须改变传统的案例教学观念、重构本土化的案例教学文化。

（1）树立正确的案例教学理念。其一，建立自主、合作、探究的现代学习观。教师应善于运用案例教学充分调动学生学习的积极主动性，改变学生的学习观念，使学生由被动接受教育转变为主动学习，由受外部压力下的被迫学习转变为源于内部需求的快乐学习。引导学生深度参与并合作分析案例，培养学生在案例教学中的法律问题意识和探索精神。其二，确立案例教学“三位一体”的价值取向。案例教学的价值取向不是为了强调人、社会或知识某一方面的价值,而是整合“人的价值、社会价值与知识价值”,并达到互动平衡。具体来说,在追求人的价值的过程中,案例教学应“以学生为中心”,重视培养学生改造社会、引领社会进步的专业素质,并具有“国家责任”和“全球视野”。在追求社会价值的过程中,注重培养学生的社会责任感与社会责任能力,并具有社会适应性。在追求知识价值的过程中,突出知识的实用性和应用性,高度契合知识生产方式的应用情境、跨学科、问题导向的特征与专业学位的应用性、专业性和职业性的内在规定性。

(2)建构本土化的案例课程文化。在全球化的时代,虽然我们应该吸收外来文化的先进文明成果,但也要在坚守中华民族文化的前提下,把外来文化融入中华民族文化之中,防止中华民族文化被淹没在外来文化的洪流中。教育应对全球化挑战的关键因素是传承中华民族文化,弘扬民族精神。事实上“在绝大多数国家,教育的主要功能之一仍然是形成公民群体和民族认同,国家课程仍然倾向于强调民族语言和文化”。因此,在案例教学中,首选文化应该是中华民族文化,因为中华民族文化具有高效的指导作用,而且博大精深、源远流长的中华民族文化是案例教学本土化的丰富教育资源。例如,“经世致用”“罕譬而喻”“不愤不启,不悱不发”等传统文化中的教学观念,如果我们善于提炼并运用,就会成为案例教学文化的发展点与结合点。在案例教学中,应克服只关注案例的工具性意义而忽略案例文化价值的倾向;应将中国文化的民族特点,如系统思维、普遍联系思维等融入案例教学中,以克服西方案例分析只见树木不见森林、知行分离的倾向。总之,案例教学改革需要一种与之相适应的本土化案例课程文化,只有如此,才能产生合理的教学目标,促进有效的教学对话,激励学生自主学习和创造性学习,突显案例教学的生命力。

2. 矫正传统的案例教学方式

在重构本土化的案例课程文化基础上,在法学专业课程教学中教师应当充分理解、积极运用案例教学,选择典型案例并采取恰当的方式进行教学。

(1)遴选典型的本土化案例。

第一,案例教学的重点在于案例的精心选择,这是法学教育界公认的。“掌握法学原理最有效的方法是学习包含着这些原理的经典案例。”美国案例教学法的成功与选择案例的经典程度密切相关。在课堂教学中,教师要将理论知识结合案例分析进行教学,通过案例由点到面、由外及内逐次展开对理论知识的讲授,运用生动的案例自然而然地引导学生学习理论知识,培养学生主动运用所学理论知识结合案例进行积极思维的习惯,从而避免知识传授性教学方式导致学生产生厌倦心理而造成学习效果不佳。在案例教学中,学生对法律原则或规则的理解来源于案例这个“源”与“木”。如果案例选择不当,学生就不能正确地、深入地理解相应的法律原则或规则,就会影响学生学习和探索的积极主动性。事实上,学生在课堂中的活跃程度与所选用的教学案例也直接相关。因此,案例的选择对案例教学效果和目标的实现至关重要。

第二,选取典型案例的要求。其一,应尽量避免过难过偏以及过于综合。过难过偏则失去案例的经典性,也使学生失去学习和探索的兴趣。综合性的案例涉及的知识点多,不利于集中解决案例中的焦点问题。其二,应当具有争论性。若案例的结果一目了然,则会影响学生的讨论案例的积极性。其三,应根据本土化的案例课程文化尽量选取最新的中国司法案例。学生对于具体的案例,尤其是最新的中国的案例,比较感兴趣。目前各门法学专业课程的案例教程中编写的案例过时,缺乏经典性,分析不够透彻,而任课教师浏览选择的案例是零散的、杂乱的、有限的,很难真正实现案例教学的目标。因而,急需理想的案例教材,即全面系统梳理经典案例并将其有机整合到相关课程及其知识体系中。当然这种理想的教材并非一蹴而就,目前可由有关教育部门或者法学教育研究会利用互联网技术,组织同一门法学专业课程的任课教师组建案例库,并能保持随时更新,等条件成就时编纂成书。

(2)避免案例教学课程的单一化。

第一,案例教学并非单纯的案例分析。在采取案例教学的同时,不能忽视讲授型的教学方式能使学生高效获取知识的优点,但要克服其较少关注学生应用技能培养的不足,应将理论知识的讲授穿插在案例分析中。同时应合理分配好法学理论讲授与案例教学时间,建议时间各占一半,这样既有利于法律基础理论的掌握,也有利于应用技能的培养。当然也要避免传统的案例教学以案说案,在案例教学过程中应在简明介绍案例后注重分析,理顺涉及的理论知识,将案例与法学原理、法律制度相融合。如果案例内容较长,则延伸课堂教学,通过布置作业由学生在课下查阅相关案例或者写出案例分析报告。

第二,设置单独的案例教学课程并不现实。有学者提出,"案例教学应当在基础性的法学课程开设之后,以单独的案例教学课程来进行展开,而不是在基础课题的讲授之中糅杂案例的方式来进行教学"。笔者认为不妥,理由如下:其一,一些高校设置的一门到几门案例分析或者法律实务等课程的教学效果并不理想,尚未获得大部分学生的认同,也无法替代十六门法学专业核心课程的案例教学任务。而在地方转型高校中法律实务课程的设置尚欠缺相应的师资力量。其二,法科生应用技能的培养不是仅靠几门课程或几个任课老师就能胜任完成的,需在整个大学阶段依靠教学团队的合力,在各门法学专业课程中均运用案例教学,才有可能实现。

参考文献

[1]郭建如. 地方本科高校转型发展中的核心问题探析[J]. 黄河科技大学学报,2017,19(1).

[2]童杰,张晓鹏. 台湾东吴大学应用型人才培养模式研究与启示[J]. 新课程研究,2016(6).

[3]农胜隆,高尚晗,周胜飞,等. 基于高校培养应用技术型人才转型发展的探讨[J]. 教书育人(高教论坛),2016(9).

[4]苏力. 法不前识(代序)[J]//法学前沿(第5辑). 北京:法律出版社,2003.

[5]谭世贵. 以法律职业能力培养为目标的法学教育改革——以浙江省大学生法律职业能力竞赛为实例[J]. 中国大学教学,2014(11).

[6]梅友红,黄红英. 地方高校转型发展研究[M]. 北京:光明日报出版社,2015.

[7]曹文泽. 司法改革背景下的法学高等教育走向[J]. 法学教育研究,2017,16(1).

[8]张民杰. 案例教学法:理论与实务[M]. 北京:九州出版社,2006.

[9]陈伟. 论以职业能力提升为目标的法学案例教学改革[J]. 法学教育研究,2017,16(1).

[10]李太平. 案例教学困境及其超越的文化思考[J]. 高等工程教育研究,2017(4).

[11]兰霞萍,陈大超. 案例教学的问题与出路[J]. 教学与管理,2017(10).

[12]李友根. 论基于案例研究的案例教学——以"经济法学"课程为例[J]. 中国大学教学,2015(3).

[13]蔡明山,谷正气.以课程案例教学助力地方本科院校深度转型[J].武陵学刊,2017,42(6).

[14]张新平.论案例教学及其在教育管理学课程中的运用[J].课程·教材·教法,2002(10).

[15]万森.知识生产模式转型与我国专业学位教育人才培养模式创新研究[J].学术论坛,2016(6).

[16]格林.教育、全球化与民族国家[M].朱旭东,徐卫红,译.北京:教育科学出版社,2004.

[17]SAMYRM. Teacher thinking and case method: theory and future direction[M]. New York: Teacher College Press, 1993.

论干部教育培训中模拟法庭教学的运用

刘勇华*

摘　要:法学教育是我国干部教育培训的重要内容之一。模拟法庭教学是创新干部教育培训方法的重要方式,是提升领导干部法律意识和依法行政能力的有效途径。应通过加强物质保障、师资保障和建立与法院等司法部门的横向合作机制,充分发挥模拟法庭教学在干部教育培训中的积极作用。

关键词:模拟法庭教学　干部教育培训

1997 年党的十五大提出依法治国,法学教育在我国干部教育培训中日益得到重视和发展。2012 年党的十八大报告首次提出"提高领导干部运用法治思维和法治方式推动发展、深化改革、化解矛盾、维护稳定的能力"。尤其是 2014 年党的十八届四中全会以来,中央高度重视党政领导干部法治素养的提升,党政领导干部在我国法治建设中的职责和作用得到重视。2018 年 8 月习近平总书记主持召开中央全面依法治国委员会第一次会议,提出了"十个坚持"的依法治国新理念新思想新战略,其中,坚持抓住领导干部这个"关键少数"成为重要内容之一。由此,法学教育仍将长期是我国干部教育培训的重要内容之一。

《中国共产党党校工作条例》第 25 条明确提出,党校要努力创新教学方式,大力推行研究式教学,综合运用讲授式、案例式、模拟式、体验式等教学方法。充分调动教员和学员两个方面的积极性,做到教学相长、学学相长。2015 年新修订的《干部教育培训工作条例》指出,第 30 条干部教育培训应当根据内容要求和干部特点,综合运用讲授式、研讨式、案例式、模拟式、体验式等教学方法,实现教学相长、学学相长。引导和支持干部教育培训方式方法创新。干部教育培训中法学教育方法方式的创新亦是摆在我们每一个从事干部教育培训工作者面前的重要课题。笔者于 2016

---

* 作者简介:刘勇华,女,中共湖南省委党校、湖南行政学院法学部副教授,主要研究方向:政府法治、行政诉讼法。

年在湖南省委党校处干班创新教学方式,以模拟法庭教学方法讲授专题课《政府行政败诉:成因、风险及防范》,颇受学员欢迎,教学效果较好,现总结两年多模拟法学教学的教学经验,对今后如何更好推进干部教育培训中模拟法庭教学作一些思考和探讨,以期抛砖引玉。

一、干部教育培训中设置模拟法庭教学的意义

模拟法庭是指通过案情分析、角色划分、法律文书准备、预演、正式开庭等环节模拟刑事、民事、行政审判及仲裁的过程。模拟法庭是法律实践性教学的重要方式,一直被各法学院广泛采用。在各种实践性教学方法中,模拟法庭教学法有着无可比拟的优越性。通过模拟法庭教学,学生能较快将法学理论与法学实践相结合,快速锻炼学生的司法实操技能,因此是一种培养实用型法律人才的有效教学方法。干部教育培训的法学教育有别于高等院校法学教学,两者在教学对象、时间、目标、需求等方面有较大区别,因此对在干部教育培训中是否适合采用模拟法庭教学一直有不同的声音,模拟法庭教学在各级干部教育培训机构的应用率亦相对不高。笔者以为,干部教育培训中设置模拟法庭教学意义明显。

(一)模拟法庭教学是创新干部教育培训方法的重要方式

干部教育培训工作是党的干部工作的重要组成部分,是干部培养、选拔和任用的基础。抓好这项工作,对于优化干部知识结构、提高干部综合素质、转变干部作风、加强干部队伍建设、巩固执政基础,确保党的各项事业健康发展具有重要的意义。讲授式教学一直是多年来我国干部教育培训主要采用的教育方式,我国领导干部的法学教育一度亦以讲授式教学为主,这种教学方式的优点是有利加强学员的理论修养,有利于学员较广泛系统深入掌握理论知识。但讲授式教学因其特点是以理论教学为主,因而其突显的弊端亦明显:缺乏理论与实践的结合,不利于调动学员的学习积极性和激发学员的创造性思维,课堂相对沉闷,被动接受知识,因此其教学效果亦大打折扣。近年来我国干部教育培训对象呈现出学历、阅历、整体素质越来越高的趋势,因此在讲授式传统式教学方式的基础上创新干部教育培训方式尤其迫切。为适应干部教育培训面临的新形式,研讨式、案例教学、情景模拟式教学、现场教学等诸多教学方式越来越普遍的被引入干部教育培训课堂,对弥补传统讲授式教学方式的不足、提

升干部教育培训效果发挥了重要作用。模拟法庭教学是案例教学和模拟教学的结合,案例教学和模拟教学的优点在模拟法庭教学中得以较好的融合和体现,契合了我国干部教育培训教学方式创新的需求。

(二)模拟法庭教学是提升领导干部法律意识和依法行政能力的有效途径

模拟法庭一般有刑事、民事和行政案件的模拟。因干部教育培训对象主要为领导干部或公务员,因此主要采用行政案件模拟教学(下文论述),偶尔采用刑事案件模拟(主要是公职人员涉嫌职务犯罪案件,旨在警示教育)。随着我国法治政府建设的不断推入,对领导干部依法行政能力的提高亦提出了更高要求。特别是2015年行政诉讼法的修订,长期困扰我国行政审判的"立案难""审理难"和"执行难"得以有效解决,立案审查制的实行,法院行政案件受案量大幅增长,大量新型疑难复杂行政案件进入司法审查,行政机关负责人出庭应诉的考核、行政机关败诉责任追究机制的推行,等等,都对我国行政机关依法行政和行政应诉能力提出了新的挑战。通过模拟法庭教学,选取政府行政管理中的典型案例,学员通过案情分析、角色扮演和互换、总结分析,对提升领导干部的法律意识、依法行政能力、行政应诉能力、防止行政败诉意义重大。

二、模拟法庭教学在干部教育培训中的运用

模拟法庭教学在干部教育培训中的运用主要分为三个阶段:教学准备、教学实施和教学总结。在各个不同教学阶段其相应工作任务安排也有所不同,笔者认为,可以从以下方面来开展和实施干部教育培训的模拟法庭教学。

(一)教学准备

充分有序的教学准备是模拟法庭教学得以顺利进行和取得良好教学效果的重要前提和保障,笔者以为,在教学准备阶段应当着重做好以下工作。

1.教学设计

结合多年干部教育培训工作的教学经验,笔者认为模拟法庭的教学设计主要是两个层面:一是教学班次的设计安排。笔者以为,模拟法庭教学是在将法学理论知识运用于法学实践,需要充分调动学员积极参与,因

此，教学班次设计在中青年干部班和乡镇长班更为合适。首先，中青年干部因为有年龄优势，同时这个年龄段的学员学历相对较高、亦有较丰富的行政管理经验，学习主动性和积极性更强，学习参与意愿更高，因此，更适合承担模拟法庭教学中的角色模拟任务。其次，为什么要选取在乡镇长班设置模拟法庭教学呢？考虑主要基于两点：第一，乡镇长班的年龄特点更容易调动学员的积极性，提高教学的参与度；第二，基于乡镇依法行政能力提升的现实。据最高人民法院发布的 2015 年度和 2016 年度全国法院司法统计公报，乡镇府被诉的行政诉讼一审案件均排名为第五，败诉率亦呈上升趋势。如 2015 年 12 月天津市高级人民法院向社会通报全市法院行政诉讼案件审理情况及典型案例，2015 年 1 月至 10 月，全市法院行政诉讼一审案件中行政机关的平均败诉率为 12.89%，其中乡镇政府行政案件败诉率最高，达 21.95%。2015 年 5 月北京市高级人民法院发布 2014 年北京法院行政案件司法审查报告。报告显示，2014 年北京市行政机关的平均败诉为 12.7%，在所有败诉案件中，乡镇政府以 30.4% 高居榜首。据以上数据，乡镇府被诉多和败诉率高表明乡镇府作为我国政府层级设置中的最基层，其依法行政能力和行政应诉能力都亟待提高，而模拟法庭教学不失为一种有效的提升途径。二是模拟法庭教学方案的设计。教学方案设计主要包括教学目的，具体教学实施步骤等内容，教学方案设计笔者以为最为重要的是时间的预先合理安排，如果不能预先合理安排时间，则可能出现模拟法庭过早结束或拖堂的情形，而无论出现哪种情形都将会在一定程度上影响最终的教学效果。

2. 教师配备

每次承担模拟法庭教学任务的教师建议可以为一人或两人，尽量由有一定行政诉讼实务经验或政府法律服务工作经验的教师担任，亦可适当聘请法院行政庭的相关法官担任兼职教师。

3. 案例的选取和技术处理

案例的选取在模拟法庭教学中是尤其关键的一环。笔者以为，模拟法庭教学的案例选取应当注意以下方面：第一，选取的案例一般应为已经生效，尽量不要选取还未终审裁判并且有较大争议的案例；第二，中青年干部班尽量选取一审为中级人民法院的案例，主要基于一审为中级人民法院的案例被告通常为县级以上人民政府，具有一定的典型性，同时中级人民法院的办案水平、能力、质量、裁判文书说理都有较好的保障;乡镇长班则尽量选取被告为乡镇政府的案例,可以是一审在基层人民法院,也可以是因为共同被告情形下一审在中级人民法院;第三,案例要有典型性。案例既可为常发案例,亦可为新型案例,笔者建议,如果是政府胜诉案例则尽量优先选取新型案例,如果是政府败诉案例,则尽量优先选取常发案例,这样更能突显所选取案例的典型性;第四,适当把握案例的难易程度。因为行政管理具有较强的专业性、技术性等特点,因此被诉行政案件亦呈现以上特点,如果选取的案例专业性、技术性太强,生僻复杂,毕竟学员不是专业的法律工作者,因此可能会使模拟法庭教学的顺利推进包括旁听人员的观感打折扣,从而最终影响到教学效果;第五,案例尽量就地选取,但最好不要选取被告败诉的案例中,恰好教学班次中有这个败诉单位的领导或学员。要选取到合适的案例,除了要注意以上五点,更为重要的是要平时和当地法院或教学基地法院形成良好的沟通合作常态,平时多收集相关案例,建立起模拟法庭教学的案例库。

选取案例后经相关程序到法院复印案卷,笔者建议不宜直接拿原案卷来进行模拟教学,应当对案卷的某些信息作适当的技术处理,比如当事人的信息、审理法院等,特别是涉及国家秘密、商业秘密、个人隐私的案例,当然通常这类案例也是不太适合作为模拟法庭教学的案例。

4. 学员的分组

学员的分组是模拟法庭教学能否得以顺利推进的重要保障。可以在承担模拟法庭教学班次将学员分为审判组、原告组和被告组三个大组,在具体分组前一定要对学员的基本信息有一定的了解,主要了解学员有无法律专业学习背景、有无从事法律工作经验等。建议审判长由有审判经验或诉讼经验的学员担任,可以由一名没有法律教育背景或法律工作经验的学员担任人民陪审员,原告组和被告组中都要适当有法律专业经验的学员,被告组尽量选取一名现任行政机关负责人的学员,原告组亦尽量选取一名现任行政机关负责人的学员,这样有利于通过模拟法庭教学的角色互换从而促进今后领导干部在行政管理中站在被管理者的角度换位思考。学员的分组可以事先征求学员是否担任模拟角色的意愿,但切勿把学员分组特别是担任模拟任务的角色分配完全交由班主任或班干部担任,教师一定要提前适当沟通和介入。

（二）教学实施

学员分组后进入到教学实施。教学实施主要包括模拟前辅导和模拟法庭的正式演示两个阶段。

1. 模拟前辅导

模拟前的辅导是保证教学能有序进行的前提，同时也是法庭审理严肃性的体现。模拟前的辅导主要做好以下工作：第一，下发案卷。在正式模拟前一周左右的时间建议教师制作一个案情简介和证据卷一起发给学员，文书卷不要发给学员，以便充分调动学员的积极性，从而尽量让模拟法庭教学去模拟化。第二，讲解案情。可以在案卷下发后三天左右的时间召集学员进行。在学员对案卷有初步了解的基础上，任课教师适当对案例中的焦点和争议点进行归纳，以便学员有针对性的准备；第三，给审判组、原告组、被告组布置相应的任务，主要是各自要制作相应的文书（起诉状，答辩状，证据目录，质证意见，代理词，判决书等）；第四，介绍法庭审理程序，最好是任课教师能提前制作一个完整的法庭审理流程发放给学员，特别是要重点对审判组进行相应的审理流程培训。

2. 模拟法庭的正式演示

模拟前的正式演示是完全交给学员的，在此阶段任课教师要认真观摩并做好记录。

（三）教学总结

模拟的正式演示后应当进行最后的总结。首先可以由学员来对本次模拟演示进行总结，包括旁听学员和担任模拟角色任务的学员分别进行，通过学员的总结交流充分体现了个案对学员的启示；其次是任课教师总结。任课教师应当对学员就案例中的焦点、争议点及疑问进行回应、答疑，提高学员对某些问题的认识，实现教学互动，焦点难点共解，这亦是充分发挥模拟法庭教学方式的优点。同时，教师也应当指出本次模拟法庭演示存在的一些问题，从案例出发归纳在推进依法行政中存在的主要问题以及在行政应诉过程中应当注意的问题。

三、模拟法庭教学良性运行的保障条件

模拟法庭教学要得以持续良性运行，至少需有如下保障。

(一)物质保障

首先,为保证模拟法庭教学的严肃性,应当设置模拟法庭室,切勿以普通教室充当模拟法庭,这样既会极大削减学员对法庭审判的神圣庄严的认知感,同时也不利于树立学员对法律的敬畏意识。其次,应当建立模拟法庭教学档案,对每次教学的案例,学员撰写的文书进行归档,建立模拟法庭教学案例库。

(二)师资保障

模拟法庭的教师不仅要具有扎实的法学理论基础,更要有丰富的司法实践经验和较高的实践操作能力。学校可以通过挂职锻炼、考察观摩等方式安排教师到法律实务部门进行专业实践和考察,鼓励教师适当参与司法实践。

(三)建立与法院等司法部门的横向合作机制

通过与法院等司法部门的横向合作,利于教师较准确地把掌握行政管理和领导干部在法治思维法治方式等方面存在的主要问题,确保模拟法庭教学的时效性和针对性。同时在横向合作中,可以聘请专业素养高、品行良好的法官对模拟法庭教学进行不定期的指导和评价,以不断完善模拟法庭的教学实践活动,达到教学预期目标。

参考文献

[1]丁建国.关于干部法律培训若干问题的思考[J].学习论坛,2012(12).

[2]尹国辉.新形势下党校法学教育的强化[J].工作研究,2016(12).

法律职业伦理教育改革实践

郭　哲　王君蕊*

摘　要：在我国法治建设的道路上，除了要求具有相当完备的法律规范，还需要恪守职业操守、专业技能娴熟的法律职业群体。目前，在即将实施的法学学科的课程改革中，法律职业伦理已被列入必修课程的范围内，但对于法律职业伦理教育的教学内容、教学方法等课程设计仍在探索中。本文通过我国法律职业伦理教育的必要性和现状分析，结合国外法律职业伦理教育发展历程和教学借鉴，对我国法律职业伦理教育提出"高校—职业—社会"三方齐发力的法律职业伦理教育体系。

关键词：法律职业伦理　法学教育　法学课程改革　法治

一、法律职业伦理教育的必要性

（一）伦理对法律职业是必要的

徒法不足以自行，在法律的运作和适用中最重要的是与之密切相关的法律职业工作者。一个职业最重要的就是其职业伦理道德，这是该职业或者行业能够长久发展、永葆活力的关键，伯尔曼在《法律与革命》中便将法律职业伦理的传承作为西方法律职业共同体的一个重要特征②。法律职业工作本身兼具技术性与伦理性，一方面需要运用专门的法律知识解决实务中的权利义务纠纷，另一方面常常面临多元的、冲突的利益选择问题，因此二者不可偏废。一个抛弃了职业伦理的法律人，即使法律知识再渊博、法律技能再娴熟，也不能将其纳入法律职业者的范围内。

国家司法体系赋予了法律职业者以具体适用、解释法律的职责，其对他人权利义务关系纠纷的处理和解决过程，实际上也是体现国家对于某种价值的赞扬或谴责的引导过程。在此过程中，法律人通过处理法律工作重复对民众普及国家引导的社会价值，与此同时，自己的伦理价值观也

---

* 郭哲，女，法学博士，湖南大学法学院副教授，主要从事法理学、法律职业伦理研究。王君蕊，女，湖南大学2016级法学本科生。本文为2018年湖南省学位与研究生教育教学改革研究课题（项目号：JG2018B028）阶段性成果。

② ［美］伯尔曼：《法律与革命》，贺卫方译，中国大百科全书出版社1993年版，第9页。

被不断影响和强化。因此,伦理对于法律人而言,应是在潜移默化中培养和发展的。

法律职业伦理不仅对法律人个体至关重要,也深深影响着法律职业群体。法律职业伦理决定了法律职业群体在社会上的认可度和地位,法律职业伦理教育的目的也在于维护法律职业群体的社会声誉。高尚的职业伦理有利于树立良好的职业形象。

社会对于法律职业的尊重和信赖关键来自于对于其道德性的尊重。法律职业的技术性,即运用法律领域的专业知识处理具体问题,是其能够作为一类区别于其他职业的外在重要特征,这种仅起到标识作用的性质被认作理所当然的存在,并不足以引起民众的尊重。相比而言,伦理性正是法律职业的内在基本价值,社会民众能容忍法律有漏洞,却不能允许法律人不公正。法律职业群体在掌握技术层面的法律知识的基础上,还需要在法律的范围内正确运用、在伦理的层面上理性选择,后者运用和选择的行为正是法律职业人格属性的凸显。

(二)法律职业伦理需要教育

法律人在从业过程中无时无刻不在与法律打交道,作为精通法律运作和使用规则的行业群体,若是只具备过硬的专业技能,而缺乏相应的职业道德修养和自我伦理约束,那么很有可能出现滥用法律、钻法律漏洞等危害社会秩序和安定的现象,法律本身的神圣性也会因此遭到践踏。同时,法律职业工作者在职业活动中通常面临的是不同利益主体之间的纠纷,就职责而言,经常需要在多元的,甚至相互冲突的利益追求之间做出选择。李学尧学者也认为法律职业本身就是要解决利益冲突和价值矛盾,因此法律职业共同体面临着比一般人更为严峻的道德困境①。可见,法律职业伦理不仅需要存在和被遵守,而且需要提出比其他职业更高的标准和要求,才有利于法律职业的健康发展,进而促进国家法治建设。

法律职业伦理的主要内容往往是情与法的抉择、平衡利益冲突、约束法律技术的滥用等,也正是基于法律职业伦理相比社会中的一般伦理或其他职业伦理的高要求性,这些内容不可能从一般的道德规范中习得,因此需要通过法律职业伦理教育进行系统、完整地学习和掌握。

---

① 李学尧:“非道德性:现代法律职业伦理的困境”,载《中国法学》2010 年第 1 期。

诚然，我们不能指望开设一门法律职业伦理教育的课程，就迅速提高法律人的职业伦理水平，杜绝法律职业伦理低下缺失的不良现象，但是开设这样一门课程至少可以向“未来的法律人”进行最基本的法律职业伦理熏陶，区分可以接受的职业行为和不可接受的职业行为，启发思考关于法律职业伦理的重要问题。美国学者研究表明，法律职业伦理课程与法律职业伦理行为之间具有较强的关联性，职业伦理信仰在很大程度上是可以教导的。

因此，在法学教育中探寻法律职业伦理教育存在和发展的规律性问题，丰富教学方法和完善评价体系，从而实现将法律职业伦理规范内化为“未来法律人”的潜在意识，并在法律实践中外化为自觉行动，这是目前法律职业伦理教育实践和理论研究亟须解决的现实问题。

二、法律职业伦理教育的现状

改革开放以来，我国法治建设不断进步，但在此大背景下也存在着不可忽视的隐患——法律职业伦理的低下乃至缺失。有学者提出，法律职业伦理教育不仅影响法律职业者人格的塑造，也影响国家法律制度品质的教育和法治思想的养成①。因此，应重新认识法律职业的伦理性并将其提高到与工具性同样重要的高度，进行法律职业伦理教育的调整和改革具有重要的现实意义。目前，在即将实施的法学学科课程改革中，法律职业伦理已被列入必修课程的范围内，但对于法律职业伦理教育的教学内容、教学方法等课程设计仍在探索中，相关研究仍很薄弱。

（一）法学教育急功近利

近年来，社会对于法律方面高端人才的需求量不断增长，法学专业人数也急剧上升，但在此种情况下法学专业就业率却持续走低，连续多年成为“红牌”专业，法学专业毕业生越来越难以学有所用。因此，从现实层面看来，掌握更多的法律知识远比拥有更高的法律职业伦理更为实用，但同时也直接导致法学教育的功利化倾向，法律职业教育被简单地定义为“职业教育”。法律是工具性和伦理性兼具的统一体，现今法学教育受到社会

① 齐延平：“论现代法学教育中的法律伦理教育”，载《法律科学》2002年第5期，第12页。

急功近利风气的影响,过于强调其工具性、职业性,而忽视伦理教育的培养。

(二)授课内容空洞、方式单一

当下,讲授法律职业伦理课程的教师往往会将法律职业伦理视为“正义”“公平”等抽象的观念,而意识不到它涉及的首先是法律职业伦理规范——即抽象价值具象化的法律职业者的行为规则,其次是在法律实践中运用所学伦理规范和所悟理念倾向,解决所面临的职业伦理困境,做出正确的价值判断和价值选择。因此,法律职业伦理课程的授课内容应该是规则性和实践性的结合,并且应该更侧重于伦理规范的实践应用。

除授课内容过于空洞和脱离实践外,法律职业伦理课程的授课方式还呈现出手段单一的不足。面授讲课是最基本的授课方式,但存在单纯灌输知识的缺点,无法吸引学生的兴趣。法律职业伦理课程其本身的实践性,决定了授课方式应是与社会实际和法律实践密切结合的。

(三)学生学科评价标准滞后

目前,高校学生学业评价标准主要是由平时成绩(提交论文、案例讨论等)和考卷成绩组成。对于其他部门法而言,首要的是掌握基本法条和其内在联系规律,其次是运用进实际纠纷的解决中,并且这种应用是可以通过传统的案例课、讨论课实现。但在法律职业伦理课程中,了解和掌握法律职业伦理规范固然是前提,但更为重要的是在面临真正的伦理选择困境时做出正确的利益衡量和价值选择,这种实践操作是传统考核评价方式所不能真正体现的。因此,需要探索建立全新的学生学业评价标准体系,合理反映学生对于课程的掌握程度。

三、其他国家或地区经验借鉴

运用比较的视野来看,在国外的法学教育中,法律职业伦理教育被置于相当重要的基础性地位。以下对美国、加拿大、德国、日本进行简要介绍。

(一)美国

美国的“律师职业伦理”已经形成一套完整的运作体系,它由全美律师协会和各州律师协会制定的有关规范、法学权威人士的著述和权威法律文献以及法院的相关判例组成①。在美国,由于法律职业共同体的自治性,大多数州都要求本州执业律师毕业于全美律师协会认证的法学院,基于此,全美律师协会的伦理规则能够直接反映到法学院的法学教育之中。

《1921 年法学教育标准》是美国最早成型的法学教育标准,1973 年全美律师协会代表会议批准了《法学院批准标准》,这两个标准对法律职业伦理教育的定位,也构成了美国早期法学教育中法律职业伦理教育的基本发展走向。1972 年的"水门事件"将许多律师牵连进丑闻之中,社会和法律界都呼吁在法学院中强调法律职业伦理教育。1974 年,全美律师协会在《法学院批准标准》中加上了标准 302(a)(iv),即强制法学院开设法律职业伦理课程。1996 年,全美律师协会将其调整为标准 302(b),即法学院在其法律博士项目中应当要求所有学生接受法律职业及其成员之历史、目标结构、义务、价值观以及义务的教育,包括《全美律师协会职业行为模范规则》的教育,在这一过程中,法学院应该提供法院成员和律师协会成员的实际指导教学②。正是由于 302 标准的确立,美国法律职业伦理教育得以在法学教育体系中正式得到强有力地推行。

在将法律职业伦理课程设置为必修课的同时,法科生只有在通过法律职业伦理考试的前提下才能毕业。美国大部分州都要求学生在参加律师职业资格考试之前必须通过全国统一的法律职业伦理考试——美国跨州职业伦理联考(MPRE),这无疑也是一种促使法科生认真学习法律职业伦理课程和提高自身职业伦理水平的有效措施③。

(二)加拿大

与美国相同,加拿大的法学教育目标也定位在职业教育,其课程设置、教学方法等都是以法律职业教育为导向展开的。加拿大的法学教育在重视传授法律技能的同时,也相当强调法律职业伦理教育。加拿大的法律职业伦理教育经过数几十年的发展,也已渐趋成熟,已形成较为完善的法律职业伦理教育体系,主要体现在课程架构和方法论的多样性。从

---

① 许身健:"欧美律师职业伦理比较研究",载《国家检察官学院学报》2014 年第 22 卷第 1 期,第 45 - 57 页。

② Laurel S. Terry, *A Survey of Legal Ethics Education in Law Schools in Legal Ethics in Academia*, Penn. Academy of Science 1999, Chap. 5.

③ 许身健:"认真对待法律职业伦理教育",载《检察日报》2018 年 2 月 28 日,第 7 版。

课程设置上,加拿大法学院对于法律职业伦理教授主要包括以下四种课程设计选择方案:①贯穿性教学课程设置方法;②诊所式教学方法;③仿真实践;④单独课程。从教育方法上,加拿大法律职业伦理教学过程中运用多种方法,如案例教学法、讨论法、问题中心法、苏格拉底教学法等。虽然每个学校在法律职业伦理教育的实践中采取不同的课程设计方案,但都将法律职业伦理提升到法律职业基础性的高度,目的是培养学生法律职业意识,强化法律至上的观念①。

(三)日本

2001 年 6 月 12 日发布的《日本司法改革审议会意见书——支撑 21 世纪日本的司法制度》成为日本新一轮司法改革的风向标,在革新法学教育方面,2004 年开始日本各大学纷纷开始设立"法科大学院",意图在传统理论法学教育基础之上增加完善实务法学教育以促发展,临床法学教育模式便是在这样的契机之下被引入日本。在典型的法律诊所教学方法之外,日本多个大学还根据实际情况进行了有益的教育创新。名古屋大学为培养学生会面、询问以及交涉等技能,将学生实际演练的过程予以录像建立数据库,并以此为材料编制新教材。关西学院大学为解决真实案源不足的问题,借鉴医学教育中的模拟患者做法,委托普通市民充当模拟委托人。②

日本本土化后的临床教育模式,有利于在实践操作中将实体法和程序法融会贯通,深化法学理论的学习,锻炼书面和口头表达交流能力,在分析评价案件事实的过程中内化法律人的职业伦理和增强社会责任感。除此之外,日本高校也开设有《法曹职业伦理与道德》《法律谈判》等必修课程③,在理论层面强化职业责任和伦理教育。

(四)澳门

基于历史原因和《澳门特别行政区基本法》的立法精神,澳门基本保留了葡萄牙的大陆法系传统,其法律执业体系也带有较强的葡萄牙制度特色。澳门法学教育分为高校基础教育和职业培训实习两个阶段,目前

---

① 刘坤轮:"法律职业伦理教育必要性之比较研究——以美国、澳大利亚、加拿大和韩国为比较",载《中国法学教育研究》2014 年第 4 期。

② 宫川成雄:"日本型臨床法学教育の形成と展望",载《早稲田法学》2010 年第 85 卷 3 号。

③ 刘敏:"论高校法律职业伦理教育的实现",载《法制与经济》2015 第 21 卷。

澳门高校中尚未开设专门法律职业伦理课程，而是在第二阶段加入职业道德、诉讼与非诉讼等实务方面的课程，并且学生只有在培训课程考试和实习考核合格后才能成为正式的法律执业者。此种安排方式，体现出法律职业伦理的实践性特征，对法律职业伦理规范的理解和适用需要在具体的司法实践中进行沉淀和积累。

此外，澳门法学教育注重法律职业伦理教育对象的多样性，在第二教育阶段中将法官和律师的培训与实习进行区分，体现出法官和律师在法律职业中角色担当不同，所应具备的职业伦理要求也具有差异性。①

四、法律职业伦理教育的建议性措施

法律职业伦理教育并不只是开设一门课程那样简单，从微观上讲，法律职业伦理的课程设置需要探索学科规律、架构教学框架、创新教学方法；从宏观上讲，法律职业伦理教育需要形成从高校到职业的接轨，从业内到社会的延伸，只有内在自我觉醒、外在引导监督相互配合、相互作用，才能建立“高校—职业—社会”三方齐发力的法律职业伦理教育体系。

（一）高校教育

1. 教学内容

“法律职业伦理”首先应立足于法律职业伦理规范，即律师法、检察官法等法律法规和相关行业规范。“法有明确禁止不可为”，了解客观明确的限制性条文可以从外在行为上进行强制性约束。其次是法律至上、正义为先等伦理道德观念的激发和培养。法律人在面对种种利益冲突的伦理选择困境时，外在约束固然必要，但在利益诱惑和侥幸心理作祟的情况下，自以为能成为“漏网之鱼”地去冲撞法律约束的案例不胜枚举。因此，内在信仰往往才是能够抵抗一切利益诱惑的强大力量。最后，理论的学习和价值的引导需要在现实情况中进行体悟和感受。“纸上得来终觉浅，绝知此事要躬行”，结合实际的案例对其适用的伦理规范进行对应，具体分析每件个案中所面临的不同情形的利益冲突困境，总结出共性的可供参考解决的方案对策。

---

① 王思远：“内地与澳门法律职业伦理教育模式比较刍论”，载《绵阳师范学院学报》2015 年第 34 卷第 12 期。

2. 教学方法

传统式教学。对于大量基础性法律职业伦理规范的讲解,采用讲授法更利于理论体系的建构和系统把握,但由于该种教学方法倾向于单向输出知识,容易使学生陷入乏味、缺乏兴趣的状态,因此在讲解过程中老师可以充分利用多媒体的视频、音频、图片等创造关注点,在与学生"提问—回答"的双向互动中增强课堂趣味性。在课堂上,理论与实际可以通过案例课、讨论课实现良好的结合。针对某一具体案例,判断是否有明确条文规定可循,探索其利益冲突困境的成因和最适当的解决方法。讨论与法律职业伦理相关的某一争议性话题,在多种观点的碰撞下迸发全新的思想火花。

贯穿式教学。法律职业伦理课程所进行的价值倡导并非局限于这一门课程的课堂之上,而是也可以从其他理论法学课程、部门法学课程中进行潜移默化的贯穿式影响。例如,在法理学公平、公正等法律价值理论的讲授中,任何法律规则都不得违背公平公正的基本法律价值,因此背离了应然法意义的"实体法"也并非真正的"法",而法律职业者在运用法律规则的活动中也应当秉持法治信仰的基本法律价值,将公平公正作为自己的职业准则①。在以民法为例的部门法学科教学中,公平原则、诚信原则等公认的民法学基本原则也是可以延伸到法律职业伦理教育中的。法律职业者在进行法律工作活动中,与当事人应属于平等的民事行为主体,其民事法律行为也应适用公平、诚信等基本原则的规制。

感受式教学。在法律职业伦理教学中,高校教师可能缺乏实际操作经验,对于案例的认识和分析只能从旁观者的角度进行解读,学生感受可能不够深刻。因此,可以在课堂引入法律职业领域经验丰富的法律人现身说法,如律师、检察官、法官、仲裁员等。一方面,亲身经历过的职业伦理困境的法律人讲述起来更能还原案件原貌,更能吸引学生兴趣;另一方面,这些法律职业者所从事的工作大多也是法科学生的未来择业方向,因此能够在二者之间形成良性互动,调动课堂活跃气氛。

体验式教学。"诊所式法律教育"最初来自美国医学院校诊所式教学模式的启发,鼓励学生亲自代理案件、参与诉讼,通过这种方式提高学生

---

① 杜承秀:"法律职业伦理培养的路径分析",载《广西社会科学》2018年第6期。

法律技能、培养学生职业道德、树立学生法治信仰。但作为教育改革的措施引入我国的过程中，主要在于改变“学不能以致用”的难题，出现偏重强调其法律职业技能培训的倾向，这与法学教育的职业性和伦理性相结合的性质有所违背。因此，在法学教育的诊所式教学方法运用中，要注意提升学生知识运用能力的同时，也要关注学生法律职业品格的养成，在真实案例的体验中感受法律职业伦理价值。此外，还可以通过社区基层组织开展法律公益服务活动，让学生在与基层民众的交流中直接了解现实案例，感受法律职业的伦理性。

3. 学生评价机制

检验是否掌握法律职业伦理规范以及是否树立内在信仰的关键在于实践。也许法律职业伦理规范的掌握可以通过笔试的方式进行测验，但内在价值选择却不是能够用一道简答题或论述题就能轻易下定结论的。因此，目前评价学生掌握所学知识的方法并不完全适用于法律职业伦理这门课程。基于前述的教学方法提议，这门课程的评价结果应由基础法条笔试、案例讨论表现、诊所实践服务表现构成，其中案例讨论课以课堂参与度和观点贡献度为参考标准，诊所实践服务板块分为小组成员互相评价、基层组织工作人员评价和自我评价三部分。此外，由于该科目的特殊性，具体分数的量化评价机制不适合体现法律职业伦理的掌握程度，因此，学科最终成绩建议采取等级化评价，即“优秀”“良好”“合格”“不合格”等大体的划定标准。

(二)职业教育

1. 律师

加强实习期职业伦理教育。通过律所和律师行业协会定期组织的实习培训教育活动，加大对法律职业伦理部分的培训，引导实习人员树立对律师职业伦理和职业精神的正确认知，形成正确的职业价值观，注重诚信执业理念的培养。

完善“传帮带”机制。律所实习期内，实习人员通常由指定的实习指导律师进行师徒关系的“传帮带”学习。在此过程中，实习指导律师除需要传授实务操作的技能和经验，还应强化其教育管理职责，在指导法律执业技能的同时，还应教导实习人员遵守法律职业伦理规范，从执业伊始注入律师职业伦理观念。

同行互相监督。在互帮互助、互相尊重的前提下,倡导律师领域同行互相监督。发现苗头、及时纠正、抓早抓小,防止从违纪走向违法,有利于维护律师行业的整体形象和长远发展。

2. 法官

注重实践经验积累。法官是正义的裁决者、法律的代言人,其做出的每一份判决都应落实独立审判、彰显公平正义,因此,法官资格的获得和执业上岗都需要经过严格的筛选和培训。由于法官自由裁量部分主要取决于其裁判经验和案件状况,因此法院内部对于法官人才队伍的培养应注意实践经验的积累,定期组织观摩学习、经验交流等。

加强职业伦理教育培训。根据法官队伍的实际情况开展职业伦理教育,在普及法官职业伦理规范的基础上,丰富职业伦理培训形式,以实际案例为中心,邀请相关案件处理经验丰富的法官现身说法,引导法官职业道德的树立和提升。

树立优秀法官模范榜样。开展“先进法官”“十佳法官”等德才兼备的优秀法官评选活动,为法官队伍树立榜样。充分发挥先进法官模范的引领示范作用,引导法官群体从内心道德层面实现自律,坚定公平正义的司法价值,落实公正裁判、忠实履职。

3. 检察官

推动形成检察法律文化。以职业群体化角度看待检察官队伍,关注其活动方式、心理特征,培养其共同价值取向,形成检察法律文化。以整体检察法律文化风貌,为检察实践活动提供强大精神动力,保证其正确发展方向。在检察官队伍的日常活动中,以实际案件处理、相关培训学习为契机,增强检察官人员的交流与沟通,追求司法价值认同和工作行为规范的统一,提高检察官职业群体的归属感和认同感。

自我教育与职业系统教育相结合。以检察官职业伦理法纪检规的主动学习为基础,紧跟时代脚步,及时自觉更新职业伦理规范的具体内容。检察官入职前、后伦理培训教育“两手抓”,入职前重在熟悉和职业伦理规范,为日后工作实践的运用和遵守奠定基础;入职后继续职业伦理教育培训,加强检察官职业伦理意识,提高遵守职业伦理的自觉性,结合岗位工作履行实际对检察官职业伦理现状进行教育和督促,推动检察官伦理履职的习惯化和常态化。

（三）社会环境

1. 净化高校校园氛围

当前社会环境中本身存在着许多冲击法律职业伦理的现象和观念，例如，“官本位”思想、身份等级观念等，这些错误思想涌入高校，对“未来法律人”的发展造成法律职业伦理培养的极大阻力。[①] 净化校园环境虽然不是直接作用于法科学生的职业伦理教育，但对其法律职业伦理内在价值的引导具有潜移默化的影响。只有合乎伦理道德的校园环境，才能有利于法律职业伦理教育作用的发挥；相反，若学生身处满是与所学法律伦理相违背的校园环境，其内心无法对所学的正确价值产生共鸣，因而也不能指望学生能够外化为积极遵守法律职业伦理规范的实际行动了。

营造合乎法律职业伦理的校园环境，首先，需要去除强调行政等级的“官本位主义”，正确认识学生组织的功能和目的，以服务和便利学生为管理的根本目标，而不是一味着重“上级”对“下级”的打压和控制。近日网络曝光的四川、浙江等地高校社团干部和成员之间极为等级化的身份定位和行政化的言语表达，正是这种“官本位”思想渗入高校的体现。其次，在涉及学生利害关系的公共事务应做到信息公开，充分尊重学生的“意思自治”，将学生的利益诉求体现于最终的事项决策中。现今高校在召开涉及学生利益的会议时，都会按照一定比例选取部分学生代表参会，这些学生代表便是学生切身利益的表达者和参与决策的代表者。

2. 调和民众与法律人之间关系

当前，民众在与法律人之间的交往过程中，往往表现出“法律工具主义”的倾向和认知。受传统“重结果轻程序”的法律观念影响，人们有时还是会将现代律师与古代“拿人钱财，替人消灾”的“讼师”甚至“讼棍”相混淆，认为律师不过是利用法律技术谋取利益的群体，只要酬劳“到位”，个人的利益诉求无论是否合乎法律都可以充分实现。而在法庭之上，“情”与“法”经常是法官裁判案件中需要慎重权衡的，但在部分当事人看来，法律却是毫无温度的，自己的权益合乎情理却无法得到法律的保护，因此在法庭之上出现公然扰乱庭审秩序、辱骂法官人员等情形。

---

① 罗丽琳：“我国法律职业伦理教育的问题分析与破解路径”，载《教育与职业》2014年第2期。

实际上,法律并非“无情的工具”。律师在运用法律技术的同时,还需要受到职业伦理规范的约束和限制,其内心的法治信仰和伦理价值是不应该被金钱衡量和跨越的。法官在裁判案件时,是在法律规定的前提下行使合乎立法价值和社会利益的自由裁量权,因此“情”与“法”的较量不必然是“两败俱伤”,而更多的是“情法结合”。民众对于法律的“工具化”认知,严重影响到民众与法律人之间良好关系的建立,也阻碍着法律职业伦理的建立和发展。

因此,破解民众“法律工具主义”的认知是调和二者关系的关键。支持民众合法维权,防止胡闹,培养理性民众,改变民众对于法律职业群体伦理素养的固有偏见,推动社会形成诚信、崇法的良好风气。

3. 树立社会法治信仰

改革开放以来,我国法治建设不断进步,党的十九大报告中也指出,“全面依法治国是国家治理的一场深刻革命”。可以说,国家治理的方方面面,都需要以法治为框架、由法治来贯彻、用法治作保障。法治运作需要人民对之抱有信心并自觉践行,人民对法治的信心也体现于对法律人的信赖。只有建立社会整体法治信仰,才能从民众个体破解前述“法律工具主义”的错误认识,与法律人形成良好的互动关系;才能消解“官本位”“社会关系本位”等错误观念,净化高校校园环境,为“未来法律人”的孕育提供进行职业伦理教育的肥沃土壤。

从纵向教育体系来看,从小学教育、中学教育到大学教育,各个层级的教育阶段都设置独立的法律知识普及课程;从横向职业类别来看,在不同行业领域进行职业行为规范的同时进行法律知识的教育和传播。在整个社会系统中,综合利用公益广告、普法栏目剧等大众传媒,和社区法律咨询角、公益法律服务中心等硬件场所人员设施进行法律知识的传播,在民众主动接受法治教育和被动受到法治精神潜移默化影响的双重作用下,推动树立社会整体法治信仰。

著名法学家和教育家孙晓楼先生曾说:“只有法律知识,断不能算作法律人才;一定要于法律学问之外,再备有高尚的法律道德。”由此可见,真正的法律人才是“德法兼备”的。法律职业伦理教育不仅影响法律职业者的人格塑造,也影响整个国家法律制度建设和法治思想的形成。在当前国家依法治国和法学课程改革的背景下,重视法律职业伦理,完善我国法律职业伦理教育具有重大意义。

参考文献

[1]张燕. 论法律职业伦理道德责任的价值基础[J]. 法学,2018(01):95-103.

[2]陈景辉. 忠诚于法律的职业伦理——破解法律人道德困境的基本方案[J]. 法制与社会发展,2016,22(04):149-172.

[3]张云霄. 法律职业共同体职业伦理应予一体化规范[N]. 检察日报,2018-04-18(3).

[4]徐秀明. 法律职业伦理的培育研究[D]. 云南财经大学,2018年硕士研究生学位论文.

[5]屈茂辉,李勤通. 论法律职业伦理教育的知识性与素养性[J]. 中国法学教育研究,2017(03):148-163.

[6]王超奕. 浅析美国法律职业伦理教育[J]. 法大研究生,2016(02):473-482.

[7]莫爱新. "法律职业指引沙龙"活动的实施与开展——法律职业伦理与职业能力教育的一种方式探讨[J]. 中国法学教育研究,2018(03):123-132.

[8]陈云良. 新时代高素质法治人才法律职业伦理培养方案研究[J]. 法制与社会发展,2018,24(04):24-33.

[9]曹文泽. 司法体制改革背景下高校法治人才培养机制的创新[J]. 法学,2017(07):3-10.

[10]徐胜萍,田海鑫. 21世纪初域外法学本科后教育改革的特点及启示——基于对日、韩、德、英四国的考察[J]. 中国高教研究,2014(02):47-51.

[11]陈景善. 日本的法学教育改革与人才培养模式[J]. 中国政法大学学报,2017(04):131-138,159-160.

[12]赵向华. 我国卓越法律人才培养模式探析——以日本临床法学教育为借鉴[J]. 公民与法(法学版),2016(10):55-58.

[13]吴洪淇. 律师职业伦理的评价样态与规制路径——基于全国范围问卷调查数据的分析[J]. 政法论坛,2018,36(02):85-96.

[14]孙文俊. 论律师职业伦理体系的构建[J]. 中国律师,2017(11):66-68.

[15]钟孝勤. 刑辩律师职业伦理冲突及解决机制研究[J]. 法制与经济,2018(06):147-148.

[16]沈渤钧. 中国法官职业道德价值研究[D]. 吉林大学,2018.

[17]商磊. 需要与尊荣:基层法官职业保障制度之重构[J]. 政法论坛,2017,35(05):176-183.

[18]詹建红. 我国法官惩戒制度的困境与出路[J]. 法学评论,2016,34(02):189-196.

[19]葛琳. 检察官惩戒委员会的职能定位及其实现——兼论国家监察体制改革背景下司法责任追究的独立性[J]. 法学评论,2018,36(02):93-101.

[20]李学武,殷耀刚. 检察官职业伦理及其养成[J]. 人民检察,2017(14):38-40.

"德法兼修、二元融合"的法学实践教学模式创新与实践

刘耀辉　张庆霖*

摘　要：针对当前法学教学普遍存在的单向度、同质化、封闭性等具体问题，为培养适合新时代法治中国需求的德法兼修、明法笃行法治人才，结合教学经验，笔者创造性地提出以知行合一手段、促进德法兼修目标，最终实现德、法、知、行在法学实践教学中互助互利、融会贯通的"德法兼修，二元融合"的法学实践教学模式。这种模式落实了新时代法学教育理念，并且实现法学实践教学的多元化和多样化，突出了法律人才培养的针对性和有效性。

关键词：德法兼修　二元融合　法学实践教学

2016年9月，习近平在北京市八一学校考察时指出："教育要注重以人为本、因材施教，注重学用相长、知行合一。"2017年5月，习近平在中国政法大学考察时针对法学教育进一步强调要"立德树人，德法兼修，培养大批高素质法治人才"。德法兼修、知行合一是习近平总书记对培养新时代中国特色社会主义法治人才的内在要求，也是法学教学改革致力于实现的人才培养目标。我院针对国内法治人才培养重专业教育轻思想道德教育、教学方式"同质化"现象，强化问题意识，朝着培养"德法兼修，知行合一"法治人才的方向，整合校内外资源，倒逼各环节教学改革，形成了颇具特色的教学理论和实践经验，创造性地提出"德法兼修，二元融合"的法学实践教学模式。

一、当前法学教育所面临的主要教学问题

紧扣"培养什么样的人才、怎么培养人才、为谁培养人才"的教育根本问题，直面法学法治人才的实际情况，我们聚焦以下三个亟待破解的法学教学问题。

---

* 作者简介：刘耀辉，男，法学博士（后），湖南工业大学法学院副教授、副院长，硕士研究生导师。张庆霖，男，法学博士（后），湖南工业大学法学院讲师，硕士研究生导师。

（1）创新法治人才培养的"双向度"问题。

我们通过强调法学人才培养的思想政治教育，凸显实践教学地位，重构课程结构、创新实践教学模式，着力打造德与法、知与行、理论与能力等二元融合的实践教学体系。这种教学体系有效解决法学人才培养过程中的片面注重专业教育忽视思想道德塑造、重知识教学轻实践教学，以及实践教学偏向法律实务能力而忽略社会调研等"单向度"问题。

（2）创新法学实践教学模式的"异质化"问题。

我们通过拓展社会驱动式民生调研社会实践教学，以法律援助为中心改造传统法学实践教学模块，构建出体系化法律实务实践教学与项目驱动式社会性实践教学的二元实践教学模式，这种模式能有效解决模式固化老套，千校一面的法学实践教学"同质化"问题。

（3）创新法学教育与社会实践、法治需求的"衔接度"问题。

我们通过走出校园、深入社会、扎根基层、充分利用校外资源，努力践行知行合一的培养方式，借此有效解决法学教育故步自封，与社会实践以及法治建设需求脱节的问题。

二、"德法兼修，二元融合"法学实践教学模式改革的必要性和可行性

（一）必要性

首先，将德法兼修、德才兼备的人才培养目标寓于实践教学当中，实现人才培养模式的异质化，这是由法学学科人才培养的专业特色所决定的。法学属于实践性、应用性较强的学科，其教学应重点突出法律职业伦理和法务实践能力的培养和锻炼。实践教学是法学人才培养的基本途径和有机组成部分，是法律专业人才培养最有效的途径。其次，创新德法融合、知行融合的实践教学模式是法学专业教学改革的需要。改革教学方法是深化教学改革的重要内容。针对目前法学教育中"满堂灌""一言堂""填鸭式"的陈旧方法，以及重教师讲授而不重学生参与的教育模式，仅仅靠政策强调、运动式评估和日常督导是很难彻底改观的。我们认为，法学专业教学改革应当基于实践，从提高实践效果的标准和水平来倒逼理论教学方法的改革。再次，创新德法融合、知行融合的实践教学模式是以内涵发展加快推进法学教育现代化的重要途径。中国特色社会主义已经迈入新时代，新时代的高等教育踏上了建设教育强国的新征程。党的十九大报告中明确指出，"建设

教育强国是中华民族伟大复兴的基础工程,必须把教育事业放在优先位置,加快教育现代化,办好人民满意的教育”。我们认为,“人民满意的法学教育”要做到:走出法学院的毕业生,能够基本符合法治建设、法治实践和法治服务对德才兼备法治人才的多元化要求。在教学改革中,亟待强化人才培养的中心地位,坚持内涵式发展之路,以全面提高人才培养质量为核心,多措并举,不断引入法治实践部门的教育教学资源,引领人才培养模式创新,进一步提高教育教学质量,培养德法兼修的高素质法治人才。

(二)可行性

第一,创新德法融合、知行融合的实践教学模式具备良好的理论与实践基础。法学是一门强实践学科,实践教学是法学人才培养的基本途径和有机组成部分已成为法学界和法律界的基本共识。法学教学实践中,实践教学是融通法律职业道德、法学原理、法律知识和法务技能的必修环节。法学教育走上正轨以来,全国在法学实践教学方面已经形成和积累了丰富的理论和实践经验,为本项目奠定了坚实的基础。

第二,创新德法融合、知行融合的实践教学模式具有良好的试点环境和工作条件。湖南工业大学法学院作为株洲地区唯一的高层次法治人才培养单位,坚持以学生为中心,积极开拓“包装+法学”“自然科学+法律科学”“中国特色老年法”“新时代警察权”等特色法治人才培养平台和实践教学基地,高度重视实践教学,不断吸纳优秀法官、检察官、律师、公证员、仲裁员、法律顾问等实务精英,组成实践教学师资队伍。这些都为团队开展探索提供了环境和条件支持。

第三,“四个全面”引领下的新时代中国特色社会主义法治建设,为检验和展示德法融合、知行融合的实践教学模式的人才培养效果提供了舞台。全面依法治国是协调推进“四个全面”的法治保障,依法治国需要依靠法治人才来实现。党的十九大报告要求“实现高等教育内涵式发展”,而法学高等教育的内涵式发展必然要求法学教育在内容上、方法上、培养人才的特色上“去同质化”,以回应中国特色社会主义法治建设对法治人才的多元化需求。

三、“德法兼修,二元融合”的法学实践教学模式建构

(一)构建了“二元融合”法学实践教学体系

首先,建立分阶式理论与实践课程体系,突显实践教学核心地位。依

据课程的理论程度和实践教学的独立性,将整个课程分为一、二阶理论课程与一、二阶实践课程,在二阶理论课程中安排实践教学环节。包含理论教学的课程占总课程数的 83% ,一阶理论课程主要安排在低年级,由博士和教授主讲。体系化实践教学逐步向高年级开放,由双师型教师和校外实务导师组成的混合式实践教学团队负责。

其次,建立兼顾制度构建与实施、整合校内与校外资源的实践教学支撑体系。一是建立健全贯彻立德树人、德法兼修新时代法学教育理念的教学制度,将以实践教学为核心的法学人才培养经验制度化。二是搭建法律援助中心、法律实训基地、大学生社区法律服务中心三位一体的实践教学平台,翻转传统的校内课堂实践教学。三是组建以双师型教师、校外实务导师、双千计划互派人员、调研项目导师等为主的专门化的实践教学团队,为改造传统实践教学提供充分的智力保障。

最后,构建多元化、多样统一的实践课程评价核体系。重视过程评价,主要对课程的参与性和积极性进行考核,平时成绩占总成绩的主要部分。评价标准多元化,从出勤、态度、表现、文书写作能力、口头表达能力、组织沟通能力,以及第三方反馈等方面对学生进行全面、综合考核。评价方式多样统一化,采取主观评价与客观评价相结合,兼顾自评、互评、他评等方式。经过不断完善和发展,新的考核体系作用明显,调动了实践教学的广泛参与性和学生学习积极性(见图 1)。

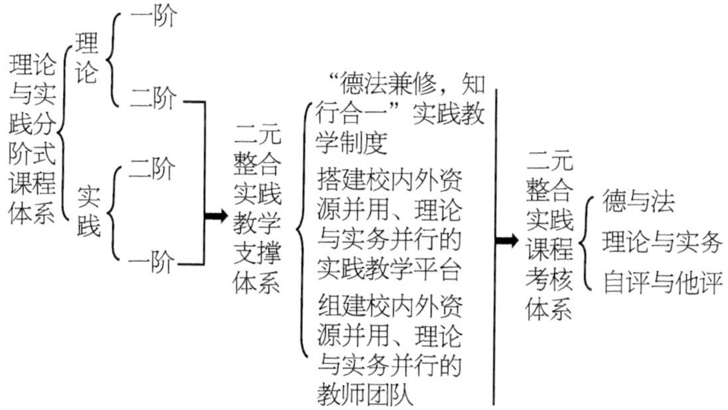

图 1　二元融合的法学实践教学体系

(二)创新"二元融合"的法学实践教学模式

一是以法律援助为抓手,整合模拟法庭、认知实习、班级与社区法务等实践教学模块,以应用案例教学为手段,构建体系化实务实践教学模式。法律事务实践教学模式的体系化特点表现在,班级与社区法务成为法律援助案例的主要来源,在援助案件导师制的组织形式下,结合案件进展到相应实践教学基地开展认识实习,以此为基础在法院庭审之前组织模拟法庭真案实演。援助案件导师组由律师导师、法官导师和检察官导师构成,其中受委托方律师导师一般由校内双师型教师担任,其他则由相应校外实务导师担任。该体系化法律实务实践教学以实战模式翻转了传统的观摩性实践教学,既能充分调动学生的广泛参与性与积极性,亦紧密衔接社会生活与司法实践,确保学生求真知、铸真品、炼真能。

二是以项目驱动为依托,围绕老年人、农民工等社会弱势群体民生保障实践教学项目领域,形成师生、教研良性互动的社会实践教学模式。通过兴趣小组、社调小分队等形式,推动师生深入法律实施实际,探索社会问题的法治方式。形成以老年人权利保障、农民工权利保护、基本医疗服务保障等特色化社会实践教学领域,每个领域形成稳定的博士化导师团队策划引领,先后孵化出包括国家社科基金重大攻关项目、国家社科基金重点项目、国家社科基金项目(4 项)、国家级在校大学生实践性学习和创新性研究项目(5 项)等一系列重大理论研究成果(见图 2)。

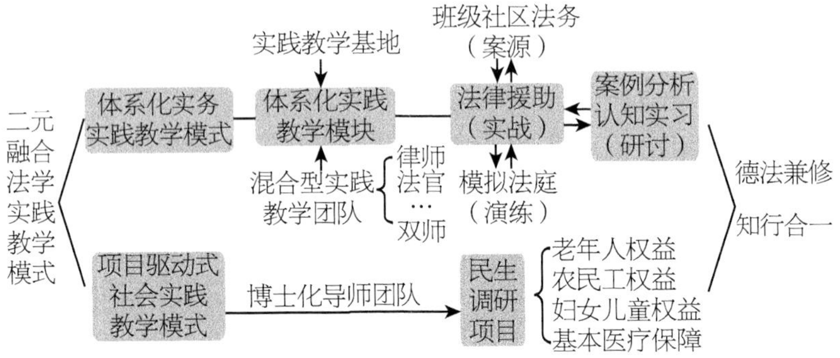

图 2 二元融合法学实践教学模式

(三)构建实践教学"德法""知行"二元融合机制

一是德、法二元融合。从教学理念拓展、教学内容选择和教学方式改进等三个主要方面,改变专注专业素质培养而忽略思想政治教育的法学教育现状。明确立德树人的根本性教育原则,坚持立德与修法齐头并进,培养德才兼备的社会主义法治人才。实践教学以践行社会主义核心价值观为出发点和落脚点,以法律援助为主要方式重点在民生关怀与保障领域开展实践教学活动。让德、法二元人才培养目标有机统一在实践教学中,通过对社会弱者的关注和援助,使学生思想观念和道德素养不断得到提升,促进其对法的正确认识及坚定学法、用法的信念和信心,从而进一步提升维护公平正义的认识和能力。

二是知、行二元融合。突出实践教学在法学教学体系中的地位,强调以知行合一即知识教学和实践教学二元并进的方式实现"德法兼修"的法治人才培养目标。实践教学服从服务于知识教学,旨在让学生更好地理解和消化法学理论知识。实践教学在提升学生法律实务能力的同时,更重要的是以"行"的方式检验法学理论,促进学生对专业知识的有效掌握。本成果实践期间,学生在知、行方面均表现出良好的发展势头。我校学生在湖南省大学生模拟法庭、知识产权等竞赛中,多次获得"最佳辩手""优秀书状奖"、一等奖、团体奖等奖项。

三是德法、知行二元融合。本成果通过实践教学知行合一的方式,践行立德树人新时代教育理念,实现德才兼备的新时代法学教育人才培养目标。随着学生思想道德水平的提升和法学理论、法律实务能力的提升,推动实践教学的进一步深化。如此良性互动,形成德、法、知、行等二元四项元素在实践教学中互助互利、融会贯通的发展格局。具体而言,以法律援助中心的体系化法律实务实践教学,让学生"在服务他人、奉献社会中收获了成长和进步,找到了青春方向和人生目标",为法治人才培养立德铸魂。项目驱动式民生关注与保障领域社会实践教学,强调"热爱基层、扎根基层,增长见识、增长才干",为法治人才培养定向领航、夯实根基。(见图3)

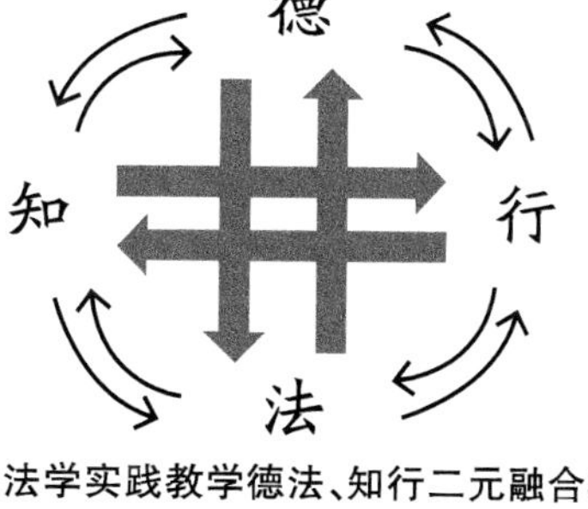

图3 法学实践教学德法、知行二元融合机制

结　论

“德法兼修”,既是新时代法学教育理念与目标,也是实践教学的具体运作方式。通过践行社会主义核心价值观的实践教学,一方面扎根基层、服务弱者、奉献社会,立德树人;另一方面,将传统的观摩式、形式性实践教学转变成角色化、实战性操练,实现学生法律实务能力和法学理论的双提升,以法塑身。

“德法兼修,二元融合”的法学实践教学模式,具体落实了新时代法学教育理念,也符合新时代法治中国建设对法治人才培养的需求,并且实现了法学实践教学的多元化和多样化,突出了法律人才培养的针对性和有效性。

“互联网＋”背景下工程法学实验室建设的研究与探索

——基于湖南理工学院工程法学教育之实践

刘　杨*

摘　要:工程法律人才培养是跨学科人才培养的创新和实践,湖南理工学院政法学院对此进行了试点。要符合人才的培养的需要,实践教学手段需不断更新提高,“互联网＋”背景下工程法学实验室建设的不断完善是工程法律人才培养的重要方法手段,我们应该充分利用实验室教学,注重实践教学,密切关注实务问题,研讨应用型方案,为工程法学跨学科人才培养提供有力支持。

关键词:工程法学　实验室　建设　研究

“卓越法律人才教育培养计划”的时代背景下,高等法学教育模式应做出相应的调整,尝试科际整合,倡导教学模式创新,为法治建设培养应用型、复合型的法律职业人才,是高等法学教育的目标之一。工程法学是培养德智体美全面发展,掌握法学基本理论和土木工程基础知识,能够运用所学知识分析解决实际法律问题特别是土木工程领域现实法律问题,熟悉诉讼和非诉讼程序,具备从事工程建设法律实务的职业能力,能在检察机关、审判机关、仲裁机构、法律服务机构、工程建设管理行政机关、土木工程类企业及其他企业从事法律工作的高素质复合型、应用型法律职业人才。工程法学是跨学科人才培养的先行者,但其发展从培养方案到师资建设,从实践教学到教学手段都任重而道远,需要不断建设。本文从湖南理工学院政法学院的实际情况出发,探讨“互联网＋”背景下工程法学实验室建设的完善方法,充分利用实验室教学,注重实践教学,密切关注实务问题、研讨应用型方案,为工程法学跨学科人才培养提供有利智力支持。

---

* 刘杨,女,湖南理工学院政法学院副教授。课题项目:湖南省教育厅教改课题“法学专业实验教学信息化应用研究”(湘教通〔2015〕291 号,文件编号 343)。

一、工程法学实验室基本情况

(一)工程法学基本情况

2011年经过调研、邀请实务部门工作人员、我校土建学院工程领域教师集体研讨、反复论证,将湖南理工学院法学专业确定为"专业综合改革试点"和"卓越法律人才教育培养计划"项目,从2012年秋季开始,开办了首届工程法律实验班,现以已招生六届。法学专业工程法律实验班培养方案对原来所有高校法学专业千篇一律的课程体系作了重大调整,在保证法学专业主干课程及其基本课时的前提下,在公共基础课中开设高等数学,在主干课程与专业课程中开设工程力学、土木工程概论、工程制图、建筑材料、房屋建筑学、工程结构、工程施工、工程造价、工程项目招投标、工程合同管理、工程法律法规与工程法律风险防范等课程。此外,在专业课程中还开设了会计学原理及实务、企事业单位法务实务等课程,并形成了本专业方向的核心课程群。现已有两届毕业生,毕业生的根据就业协议或者自主择业,就业情况较好。

(二)工程法学人才培养模式的特色

1.专业特色鲜明,属全国首创

目前全国开设法学专业的六百三十多所高校中,只有长沙理工大学法学专业开设了工程法学这样的单一课程;即使像北京建筑大学法学专业开设了建筑工程概论、建筑工程造价、工程制图与识图、工程项目管理等课程,也全部是选修课。至今没有一所高校的法学专业作为必修课开设了土木工程学科几乎最核心的课程,更没有一所高校的法学专业以工程法律实验班的形式从高考理科生中进行招生培养。

2.复合型人才培养模式凸显

在司法实践中,工程领域涉及许多法律问题,如房地产合同纠纷、房屋建筑质量纠纷、违法进行工程招投标、工程领域的职务犯罪,等等,而目前的法官、检察官、律师,绝大部分不具有工程知识背景,要客观公正地办理相关案件,显然会力不从心。因此,工程法律职业人才的培养是对以往传统法学专业同质化现象的重大突破,法学学科与土木工程学科的结合,从根本上解决了法律工作者办理工程领域法律案件的能力问题。

3.明确地方高校应用型人才培养定位,突出学生实践能力培养

首先,学制上,在保持4年学制不变的前提下,实行校内3年校外1

年的"3+1"的学制培养模式。

其次,实践环节上,工程法律实验班培养方案规定的实践环节达到了991学时、55个学分,分别占总学时3014的32.88%、总学分172的31.9%,均超过教育部、中央政法委《关于实施卓越法律人才教育培养计划的若干意见》规定的15%比例的一倍,从而保证能够较好地实现培养高素质复合型、应用型法律职业人才的目标。

4.人才培养理念上重在实用,方式上虚实结合

课程体系方面注重实用,将毕业论文改为毕业设计。实践环节方面,建立了校内法律实务模拟实训和校外实务部门顶岗实践相结合的学生法律实务技能综合实训体系。这种内外结合、虚实结合的全方位实训,大大提高了学生的实践能力。

(三)工程法学"互联网+"实验室基本情况

湖南理工学院法学实验室利用中央财政支持地方高校建设专项资金进行了全面信息化改造升级建设。该实验室的建设根据学校的发展规划、办学层次和办学定位,建设成为开放式、模块化、数字化的基础实验实训平台,为课程实验、项目实训等实践环节提供了优质的实验环境。工程法学"互联网+"实验室教学应用是指教学管理者、教师、学生在现有三种法学实验——虚拟实验、模拟实验、操作实验中对已建成的信息化管理平台、数字资源、智能软件等进行充分利用并产生良好效果的过程。法学实验教学是培养学生的职业素养技能的重要教学手段。工程法学"互联网+"实验室针对工程法学在虚拟实验室中增加了建筑工程管理仿真实训、工程造价仿真实训,先进的实验教学软件能提供逼真的现场从而提高实训效用。在模拟实验中特设了工程法律纠纷类模拟法庭,在操作实验中增加了工程类实训。该模式突出学生实践能力和创新精神的培养,体现专业性和实践性特点,减少验证性和演示性实验,提高综合性、设计性、创新性实验、实训的比例,集实验、实训、实习及创新功能于一体的充分满足相应专业教学的具有示范效应的专业实验实训平台。

在中国的学术话语体系中,存在着一种把理论泛化的倾向,往往将知识笼统地看作"理论"的范围,而将现实的活动看作"实践"的领域。实践领域应该内涵更广,实验室教学应该也属于实践领域。工程法律培养方案实践环节包括校内和校外两个方面。校内实践环节完全依托法学实验室进行,而"互联网+"的运用提高了校内实践的效果。校内实践环节有

与中级人民法院和基层人民法院无缝对接的数字审判网可供学生观摩和模拟审判,有证据分析室可供工程法律学生进行文检、测谎等训练,有专业技能模拟实训室可供工程法律学生进行法学案例分析、法律诊所训练、法律文书写作、庭审速记、建筑工程管理实训等活动。

二、工程法学"互联网+"实验室建设完善情况

(一)针对工程法学实验室现状分析探讨

第一,工程法学"互联网+"实验室教学应用中存在的问题及其归因分析。我们通过研究发现存在法学教学专业课程实践教学环节和实验课信息化程度不高,法学教学教师缺乏信息化创新能力,法学课程设置对实验环境的信息化操作不重视等问题。

第二,工程法学"互联网+"实验室教学应用效果的影响因素分析。工程法学实验教学应用的效果受着多方面因素的制约。影响工程法学"互联网+"实验室教学应用效果的因素通过本文研究探讨的主要是信息化投入的成本较高,需要国家社会学校的大力支持,教师改变传统的实践教学观点,可充分利用工程法学"互联网+"实验室教学操作机制进行实践教学,学生需要对此有进一步的接受。

第三,工程法学"互联网+"实验室教学应用的具体操作模式研究。建立工程法学实验教学优质资源共享系统,法学模拟性实验(模拟法庭、模拟听证、模拟调解)教学中信息资源有效利用机制,解决了法学虚拟性实验(案例分析、法律诊所)教学中软件的有效利用问题,提供了法学操作性实验(证据科学实验)教学中信息化管理手段等。

(二)工程法学"互联网+"实验室探索

第一,通过工程法学实验信息化管理平台与全校教育信息管理平台的对接达到了优质资源共享目的。

第二,在工程法学模拟性实验教学中通过建立案件资源库、共享全程法律文书资料、开放视频资源和运用综合评价系统等达到了信息资源的有效利用的目的。

第三,在工程法学虚拟性实验教学中通过对教师进行软件使用培训,对学生加强课内实验指导并鼓励课外自主实验和对实验成绩动态管理等达到了对软件的有效利用的目的。

第四,在工程法学操作性实验教学中通过对实验设备、实验项目、实

验环境、实验过程、实验结果进行全面信息化管理达到了信息化有效应用的目的。

三、工程法学"互联网+"实验室建设完善的价值

第一,有利于充分应用教育资源,达到教育信息化目的。高校"互联网+"建设初期强调基础设施资源建设,在发展完善时期更应关注现有资源的充分应用以提高教学质量和教育效率,如果忽视该问题很有可能造成资源闲置浪费阻碍教育信息化的发展。对工程法学"互联网+"实验室教学应用进行研究,既可以避免工程法学教育领域资源的浪费,又可以尝试探寻适用我校信息化建设应用的普适性方案,以期促进我校信息化建设不断发展。

第二,有利于教师掌握信息化实验教学方法,提高教学水平。当前部分高校教师缺乏法律实务经验,实践指导能力有限。"互联网+"建设下的法学实验教学高度模拟实务操作环境,教师对此进行应用可以弥补自身法学实践的不足,且在频繁应用过程中掌握新的实验教学方法、提升自身信息化教学水平、提高工程法学实验课教学质量。

第三,有利于锻炼学生法律实践能力,提升法律职业素养。传统法学教育下毕业生的实际执业技能与法律执业要求能力之间的差距较大。"互联网+"建设下的工程法学实验教学利用情景模拟的原理搭建传统课堂与司法实务之间的桥梁,有助于学生在反复运用过程中锻炼法律实践能力,提升法律职业素养。

第四,有利于增强法学实验课吸引力,提升法学实验课教学效果。"互联网+"建设下的工程法学实验教学使得学习更直观、更具有吸引力,具有驱动力,在应用过程中能激发老师教学的创造力和学生学习的积极性形成师生的良性互动,可以不断完善"互联网+"实验室教学应用从而提高工程法学实验课教学效果。

参考文献

[1]黄喆.工程法律人才培养若干问题之探讨——基于东南大学工程法教育之实践[J].法学教育研究.2017(01).

[2]徐文娟.财经特色的法学实验室建设实践[J].教育教学论坛.2014(02).

[3]郭广辉,武建敏.理论与实践:中国法学教育的困境与希望[J].河北法学.2014(03).

论高等职业院校社区矫正专业人才的培养

陈　冲*

摘　要:当前社区矫正队伍力量薄弱,高等职业院校社区矫正专业人才培养与行业需求存在一定差距。本文以湖南十年来社区矫正人才队伍发展现状为基础进行分析,提出当前高等职业院校社区矫正专业发展思路及社区矫正专业人才技能培养方向,以期推动社区矫正人才培养工作进一步向前发展。

关键词:社区矫正　队伍建设　人才培养

一、社区矫正概述

(一)社区矫正的概念

社区矫正是指将管制、缓刑、假释和暂予监外执行的罪犯放在社区内,进行监督、教育和帮扶的非监禁刑罚执行活动。

虽然社区矫正工作已经开展了十年,但是广大社会公众对社区矫正工作仍然了解不够,有的把社区工作、居委会工作与社区矫正相提并论,或是将已废止的劳动教养与社区矫正混为一谈;另一方面,受"犯罪就要坐牢"等传统刑罚观念影响,社会公众对罪犯被宣告社区矫正,误认为是司法不公、司法腐败,对罪犯在社区服刑存在恐惧、猜疑、抵触等思想情绪。由于社区矫正工作尚未得到社会各界的广泛认知,加上社会力量参与社区矫正工作的准入机制、制度规范尚未建立等多方面的原因,目前社区矫正工作的社会认知度、参与度比较低。

(二)社区矫正的意义

1. 社区矫正大量节省了社会资源

监禁刑罚执行的成本昂贵,社区矫正节省了大量刑事司法资源。据统计,一名社区矫正服刑人员的年矫正经费仅为监狱服刑罪犯监管经费

---

* 作者简介:陈冲,女,湖南司法警官职业学院法律系专任教师,湖南大学法律硕士,研究方向:刑事法学。

的1/10,除了节约刑事司法资源,社区矫正而还节约了大量其他资源,如亲属探监的费用,社会救济费用,等等。

2. 有利于维护社会和谐稳定

把符合条件的罪犯放在社会上进行监管改造,实施有针对性的教育帮扶,既能有力打击和震慑犯罪、维护法制的严肃性,又能发挥基层组织和人民群众,包括罪犯家属的积极作用,调动罪犯改造的积极性,有效减少社会对抗,最大限度地增加和谐因素,维护社会和谐稳定。

3. 有利于完善刑罚执行制度、推进司法体制改革

相比以监管为主的监禁刑,实行社区矫正,探索建立融监督管理、教育矫正与社会适应性帮扶为一体的社区矫正制度,对于进一步改革完善我国刑罚执行制度,建立监禁刑和非监禁刑相协调的统一刑罚执行体制、有效整合刑罚执行资源、科学有效地执行刑罚具有重要意义。

4. 有利于体现国家尊重和保障人权、贯彻宽严相济刑事政策的内在要求

实行社区矫正,把那些主观恶性较小、社会危害性不大、可从宽处理的犯罪人员,放在社会上进行监管改造,体现了国家尊重和保障人权的宪法原则,贯彻落实了宽严相济的刑事政策,有利于更好地完善人权司法保障,实现法律效果和社会效果的有机统一。

二、当前湖南社区矫正人才队伍发展现状

社区矫正作为我国司法体制改革的重要内容和社会治理的创新举措,从2003年开始探索推进,2009年在全国试行。湖南作为全国第二批试点省份,社区矫正工作于2008年正式启动,2010年起全面试行,2012年全面推进。10年来,社区服刑人员重新犯罪率一直维持在较低水平,取得了良好的政治、法律和社会效果,为维护社会安全稳定做出了积极贡献。

2014年4月21日,习近平总书记在听取司法部工作汇报时做出关于社区矫正工作的重要指示,指出:"要持续完善社区矫正工作制度,加快推进相关立法,理顺工作机制,加强矫正机构和队伍建设,切实提高社区矫正工作水平",为社区矫正工作指明了方向,带来了重大发展契机。提高社区矫正工作水平的重中之重在于人才建设,目前湖南社区矫正队伍建设存在诸多问题。

(一)专职队伍数量

1. 专职执法力量严重不足

据司法部数据统计,2012 年至 2017 年专职社区矫正国家工作人员配比率(专职从事社区矫正的国家工作人员与在册服刑人数的比例)一直处于 1.5%—1.8% 的较低水平,平均每个专职社区矫正国家工作人员负责监管 55 个社区服刑人员。湖南 2012 年省、市、县三级专职执法工作者仅为 267 人,2018 年增涨 112%,目前仍然只有 581 人。10 年来,全省已累计接收社区服刑人员 16.58 万元,累计解除矫正 13.2 万元,在册 3.38 万元。执法人员与服刑人员比例达到1∶58,据湖南省司法厅调查,监所单位警囚比例约为 1∶18,由此可见,执法力量严重不足。

2. 专职社工队伍建设滞后

社工队伍是社区矫正的一支重要工作力量,为了缓解社区矫正工作力量不足的难题,湖南在 2016 年开始全面推行政府购买社区矫正社会服务,投入资金三千九百余万元,目前还只成功培育了十余家较为成熟的社区矫正社会组织,拥有专业社会工作者仅 1260 名。根据湖南省司法厅调研,社区矫正社会工作者与社区服刑人员按照 1∶20 的比例进行配备较为适宜。随着缓刑、假释比例的提升,预计湖南省社区服刑人员数量将会接近 5 万人,按照 1∶20 的比例,全省约需要社区矫正社会工作者 2500 人,因此,社工组织和社会工作者仍大量紧缺。

3. 志愿者队伍力量薄弱

据司法部统计,全国社区矫正志愿者与社区服刑人员数量接近 1∶1 比例,目前,湖南省登记在册的社区矫正社会志愿者有 29471 人,社区矫正志愿者仍有缺口。

(二)队伍素质

除了在数量上目前有大量缺口,队伍在人才素质上也存在一些问题。目前,湖南省社区矫正工作者队伍存在着学历层次偏低,年龄结构偏大,专业结构不合理、不具备专业工作技能等突出问题。湖南省司法厅曾统计到如下数据。

(1)在学历方面,县级社区矫正执法工作者中本科以下学历的占到了县级社区矫正执法工作者总人数的 36%,乡镇(街道)社区矫正执法工作者中本科以下学历的占乡镇(街道)社区矫正执法工作者总人数的 53%。

在社区矫正社工队伍中，本科以下学历占现有社区矫正社工总人数的72%，基层社区矫正工作者学历层次普遍不高。

（2）在专业结构方面，学习教育学、社会学、心理学专业的社区矫正工作者仅占全省社区矫正工作者总人数的2%，而所学专业与社区矫正工作无关的占到了总人数的46%。加上此前县（市、区）司法局及司法所缺乏刑罚执行的理念、思维、方法，导致对社区服刑人员的监督管理难以到位，教育矫正效果不理想。

（三）人才队伍要求

十八届四中全会提出“要推进法治专门队伍正规化、专业化、职业化”。湖南省社区矫正工作管理局开始以“着力打造一支讲政治、有担当、精业务的社区矫正执法工作队伍，引导建设一支高素质、有作为、懂专业的社区矫正社会工作队伍，推动成立一支讲奉献、有爱心、善关怀的社区矫正志愿者队伍”为目标，着力加强队伍建设，提出：

1. 以“职业化”为目标，加强执法工作队伍建设

通过建立职业标准，加强职业道德教育，培养职业意识，增强职业素养，着力打造“政治过硬、思想过硬、业务过硬”的社区矫正执法队伍。

2. 以“专业化”为重点，大力提升社区矫正工作者的专业化水平

通过业务知识培训、专业技能培训等多种途径，培养“精通业务知识、精通执法规范、精通个案矫治、精通队列操练”的复合型社区矫正专业人才，打造专业化队伍。

3. 以“社会化”为方向，积极培育社会组织及社工队伍

广泛吸收社会力量参与社区矫正工作，加强与社会组织的沟通联系，扶持和培育符合条件的社会组织及社会工作者从事社区矫正工作，同时扩大社区矫正志愿者队伍范围，组织开展志愿者活动。

三、高等职业院校社区矫正专业发展方向

湖南省目前还只有湖南司法警官职业学院设立了社区矫正专业，从2013年正式设立至今，毕业生人数稳定在百余人，通过不断修订和完善人才培养方案，其将人才培养定位在培养政治立场坚定，具备从事社区矫正工作的基本知识与应用技能，能够胜任社区矫正工作的高素质法律执行人才，这与行业对人才的需求基本一致。以湖南司法警官职业学院社区

矫正专业为例,目前其在课程设置、师资力量、服务行业的方式上仍然存在一些问题,针对这些问题可以从以下方面进行调整。

1. 调结构,优化课程体系和设置

社区矫正工作不仅需要掌握法学知识,在监管和教育过程中更需要社会学、心理学、教育学知识作支撑。当前社区矫正课程体系建设中法学课程体系比重过大,其他学科课程偏少,理论学习偏多,实务课程偏少,人才培养的职业特色不够鲜明。应当构建更合理的课程体系。

(1)在课程内容方面——将法律类的课程模块化,将刑事法律知识作为重点精讲;常用民事法律知识、行政法律知识有选择性的分专题讲授;增加教育学方面的知识;强化社会工作实务操作的内容,如涉及家庭、青少年等方面的实务内容。

(2)加大与行业共同开发课程和教材的力度和深度,增强课程的实用性。联合行业开发和编写了社区矫正基础、社区矫正实务、社区矫正教育等核心课,还可以开发一些课程模块如“家庭关系处理”“青少年成长”等。同时,可以与行业共建学习资源库。如面向社区服刑人员的教育资源也可以用于我们的日常教学。

2. 聚合力,强化师资力量

目前我院社区矫正专业教师中具有从事社区矫正实务工作经历的较少,副高以上职称教师比例较小,教师团队科研能力偏弱。未来师资队伍建设中要增加教师与行业的交流和学习机会,建立教师与定点行业单位的常态化联系机制,就近选取司法局所及社会工作组织与教师一一对接,与行业专家在实践和教学两方面进行资源交换和共享,形成双赢的合作机制,提升团队的科研能力和整体教学专业化水平,着力打造一支高素质、精业务的专业化教学团队。

3. 抓机遇,增强服务能力

充分发挥专业紧密联系司法行政系统的优势条件,与实务部门加强沟通协调,为在校的学生提供更多接触和服务行业的机会。可以考虑在学校设立社区矫正社会工作室(事务所),为学生校内开设的课程提供固定的实训平台,指导学生成立社区矫正志愿者协会积极参与社区矫正志愿者活动,鼓励学生假期到就近的司法局(所)开展社会实践等活动,让学生扎根实践,不断丰富自身基本知识与应用技能。

四、高等职业院校社区矫正专业学生技能培养方向

作为高等职业院校，除了在专业课程设置、师资队伍力量、服务行业等方式上进行调整，在培养社区矫正专业学生人才技能上可以着重从以下方面进行。

1. 强化社区矫正专业理论知识的传授

因为社区矫正是一项刑罚执行工作，同时也是一项社会性的工作，要求社区矫正工作者掌握法学、社会学、心理学、教育学等各方面的理论知识和工作技能。无论是社区矫正执法者或者社会工作者，首先法学的基础知识要打牢，尤其是刑事法律的知识要掌握，与社区矫正相关的行政法律知识、民事法律知识等要熟知，社区矫正专业课程学习到位。成为社会工作者还需要掌握大量的社会学和心理学方面的知识。

2. 重视社区矫正实务技能的培养

理论最终要转化为实践才能得到运用推动工作发展，因此，除了掌握基本的理论知识，具体的实务技能的培养也是十分重要的。成为社区矫正专干，需要掌握调查评估的流程操作及调查评估意见书的制作，能够有效组织入矫宣告、解矫宣告并制作相关的文书等实务工作技能，较好的制定社区矫正个别教育和集中教育的方案和实践操作流程，熟知这些流程能够为将来的工作带来极大的便利。

3. 强化信息化技术技能学习

目前，湖南省社区矫正管理系统在所有县（市区）全面投入使用。通过社区矫正管理系统，实现了司法所、县区、市州和省四级互联互通，集基本信息、日常工作、网上审批、安全监管、协同办公、统计分析、工作考核等功能于一体，充分利用物联网技术，实行社区矫正网上管理与控制，达到了“人在网上管、执法网上走、结果网上查”的工作目标，初步形成“智慧矫正”的湖南模式。因此，不断提升自己应用信息化手段办公的能力势在必行。此外，在目前大数据背景下，还要注重计算机等信息化技能培养，熟练使用办公软件已经成为一项基本的工作技能，如 Word 文档制作、文字编辑、PPT 制作与使用、Excel 的实际操作。

4. 警务技能知识的掌握

社区矫正是一项刑事执行工作，所面对的是社区服刑人员，成为一名

社区矫正执法者,掌握相应的警务技能知识十分必要。2016 年,湖南省社区矫正管理局在全省部署开展行为规范教育活动。社区服刑人员学行为规范,练队列操练。半年时间,全省共开展行为规范训练近万场,组织大规模会操 14 场,2 万余名社区服刑人员参加训练。通过行为规范教育,社区矫正工作水平得到有效提升,社区服刑人员的服刑意识、身份意识、遵纪守法意识显著增强。因此,社区矫正专业人才培养需重视警体训练,学生应学会基本的队列会操的基本知识,能够对社区服刑人员进行行为规范训练,培养执法意识。

5. 培养良好的沟通和协调能力

社区矫正工作是既是一项执法工作也是一项社会工作,需要与公安、法院、检察院、监狱等部门多沟通协调,在开展调查评估或者监督管理过程中需要走访调查,这些工作都需要与人进行沟通和协商,工作人员需要具备良好的沟通交流能力与协作能力,因此,对于在校学生应当积极参加各类活动,锻炼人际交往能力,有意识培养自己沟通协调的能力。

社区矫正人才培养工作任务艰巨、责任重大、使命光荣,需要求真务实的态度和真抓实干的行动,锐意进取的精神才能推动工作再续新佳绩。使命重在担当,实干铸就辉煌,期待下一个十年,社区矫正专业能够再谱新篇章,为国家和社会培养更多栋梁之材。

参考文献

[1]冀祥德. 对中国法学教育全面反思与展望[J]. 中国政法大学学报,2010(4):50-58.

[2]国家教委计划建设司. 中国教育事业统计年鉴:1997[M]. 北京:人民教育出版社出版,1998:24-27.

[3]李志宏. 做好评估工作推动高等职业教育健康发展[J]. 中国职业技术教育,2006(16):5-7.